Johannes Uebinger

Die Gotteslehre des Nikolaus Cusanus

Johannes Uebinger

Die Gotteslehre des Nikolaus Cusanus

ISBN/EAN: 9783744655361

Hergestellt in Europa, USA, Kanada, Australien, Japan

Cover: Foto ©ninafisch / pixelio.de

Weitere Bücher finden Sie auf **www.hansebooks.com**

Die Gotteslehre

des

Nikolaus Cusanus

von

Dr. Joh. Uebinger.

Münster und Paderborn.

Druck und Verlag von Ferdinand Schöningh.

1888.

Vorwort.

Beschäftigt mit dem Leben und der Lehre meines Landsmannes Nikolaus Cusanus, biete ich hierselbst ein Stück meiner Studien. Es ist ein Streifzug in die Philosophie desselben. Auf diesem soll der wichtigste Gegenstand seiner gedruckten Schriften näher untersucht werden. Überdies ist es mir geglückt, eine gröfsere Schrift, die für verloren galt, wiederzufinden. Da sie den gleichen Gegenstand, die Gotteslehre, behandelt, zog ich auch diese nach Gebühr heran.

Über die Gotteslehre des Cusanus wurde zwar schon manches geschrieben, was Beachtung verdient. Indessen macht das Bisherige, wie ich glaube, die vorliegende Darstellung nicht überflüssig. Indem dieselbe auch jene für verloren gehaltene Schrift berücksichtigt, bietet sie das fragliche Material zunächst vollständiger. Sie bietet es zweitens kritisch gesichtet, da sie den gedruckten Text in vielen, nicht unwichtigen Punkten zu berichtigen in der Lage ist. Endlich behandelt sie ihren Stoff auf eine ganz neue Art. Bislang nämlich nahm man auf die Entwicklung, welche Cusanus in seinen philosophischen Anschauungen durchmachte, wenig oder gar keine Rücksicht. Es ist aber durchaus verkehrt, ein klares Bild von der Philosophie des Cusanus nicht möglich, wenn man bei den Stellen, die man anführt, nicht auf die Abfassungszeit der Schriften, denen sie entnommen sind, achtet. Soll ein klares, vor allem ein wahres Bild entstehen, so mufs man die verschiedenen Schriften, namentlich

bei der Frage, die uns hier beschäftigt, nach der Zeit ihres
Entstehens unterscheiden. Vor allem war ich daher bemüht,
diese genau festzustellen. Hinsichtlich derselben herrschten nämlich bislang noch manche folgenschwere Irrtümer. Auf jener
historischen Feststellung baut sich alsdann die genetische Darstellung des Gegenstandes auf.

Eine genetische Darstellung aber dürfte noch am ehesten
imstande sein, Klarheit zu bringen in den Wirrwar von Ansichten, der noch immer über jenen herrscht. Nach einigen
Schriftstellern nämlich lehrt Cusanus Pantheismus, nach anderen
Monotheismus. Die letzteren sind in der Mehrzahl. Aber die
neueste Ansicht geht dahin, die Frage sei gar nicht zu entscheiden; Cusanus lehre, je nachdem, beides.

Dieses nun ist, kurz gesagt, der Inhalt, die Methode und
das vorgesteckte Ziel der Abhandlung. Indem ich sie der
Öffentlichkeit übergebe, bitte ich für dieselbe um gütige Auf-
nahme und um wohlwollende Beurteilung.

Münster i. W., 1. November 1887.

J. U.

Inhalt.

Erstes Kapitel.

Die Einheit der Gegensätze.

Inhalt.

Zweites Kapitel.

Die Fortbildung der ursprünglichen Lehre.

Drittes Kapitel.

Die Umgestaltung der ursprünglichen Lehre.

Anhang.

Tetralogus de non aliud.

Erstes Kapitel.

Die Einheit der Gegensätze.

Welt und Weltgeschehen waren, rein philosophisch be-
trachtet, für den Cusanus längere Zeit ein unlösbares Rätsel.
Einen befriedigenden Aufschluß fand er darüber weder bei seinen
Vorgängern, noch vermochte er sich selbst einen solchen zu
geben.[1]) Die Welt, sagte er sich, ist die Wirkung einer über
ihr stehenden Ursache, als solche von dieser durchaus abhängig,
nichts aus sich selbst, sondern alles durch jene. Nach ihrer
Ursache richtet sie sich, so weit ihr dies immer möglich ist.
Schwierig ist es daher, die Beschaffenheit der abhängigen
Wirkung zu begreifen, so lange man die absolute Ursache nicht
kennt.[2]) Wer also Gott nicht kennt, der weiß nichts von der
Welt. Wer aber nichts von der Welt weiß, kann offenbar
auch nichts von den Dingen in der Welt wissen. Der Kenntnis
der Einzeldinge muß demnach die Kenntnis der Welt, dieser
notwendig die Erkenntnis Gottes vorangehen.[3])

Gott zu erkennen war darum des Cusanus eifrigstes Be-
mühen. Es läßt sich ziemlich klar nachweisen, wie er viele
Jahre hindurch rastlos dieses hohe Ziel verfolgte, wie er immer

---

[1]) »Accipe . . quae iam dudum attingere variis doctrinarum viis
concupivi, sed prius non potui«. De docta ignorantia III, 12.

[2]) »Cum causatum sit penitus a causa et a se nihil, et originem atque
rationem, qua est id quod est, quanto propinquius et similius potest, con-
comitetur: patet difficile contractionis naturam attingi exemplari absoluto
incognito«. l. c. II, 1.

[3]) De mente 10.

und immer wieder neue Anläufe machte, wie er ursprünglich
das ersehnte Ziel in weite, für uns unerreichbare Ferne rückte,
wie er schließlich demselben ganz nahe zu sein glaubte.

Die Dokumente für diese gewaltige Geistesarbeit sind seine
Schriften. Hauptsächlich kommen folgende in Betracht: 1. »de
docta ignorantia«, vollendet zu Cues am 12. Februar 1440,
2. das Gespräch »de possest«, geschrieben höchstwahrscheinlich
zu Brixen im Frühjahre 1460, 3. das neu aufgefundene Gespräch »de non aliud«, Rom 1462, 4. die Schrift »de venatione
sapientiae« und das kleine Zwiegespräch »de apice theoriae«,
Rom im Frühjahre 1463. Dies sind für unseren Zweck die
wichtigsten Schriften, die übrigen gruppieren sich um jene vier
oder, streng genommen, fünf.

I.
Der Weg zur Gotteserkenntnis.

1. Das dialektische Verfahren.

Die Behandlung wissenschaftlicher Fragen erlangte im Verlaufe des Mittelalters einen fest ausgeprägten Typus. Die vor-
angestellte Frage, die Quaestio, enthält das Thema, das »Videtur
quod non« die Gründe gegen, das »Contra« in aller Kürze die
Gründe für die bejahende Antwort. Die Resolutio bringt die
Entscheidung, sie wägt die beigebrachten Gründe und Gegen-
gründe genau gegen einander ab und bejaht in der Regel die
aufgeworfene Frage. Corollarien beschließen das Ganze, sie
widerlegen im einzelnen die an die Spitze gestellten Gegen-
gründe.

So einfach und durchsichtig dieses Schema auch ist, so
kann man davon doch eine Anwendung machen, die nichts
weniger als klar und deutlich erscheint. Gründe und Gegen-
gründe sollen zwar möglichst knapp gegeben werden, wer will
aber den einzelnen Autor an der breiteren Ausführung hindern?
Wer will mit ihm über das zulässige Maß streiten? Breite hier
zieht notwendig Breite in der Entscheidung nach sich. Außerdem muß es dem Takte eines jeden Autors überlassen bleiben,

wie weit er eine aufgestellte Behauptung in ihren Prämissen
rückwärts verfolgen will. Wenn er nun hier nicht Maſs zu
halten weiſs? Ebenso lassen sich endlich die Corollarien auſser-
ordentlich weit ausspinnen.

Dies alles ist im Verlaufe der Scholastik, namentlich in
deren Verfallszeit, in welcher Cusanus lebte, wirklich geschehen.
Der Syllogismus führte dabei das Scepter, die Dialektik war
Herr und Meister.

Doch dieses dialektische Verfahren gefiel dem Cusanus
durchaus nicht. Die gelehrte Welt, sagt er, schwitzt bei der
überlieferten Lehre des Aristoteles. Eine langjährige Gewohn-
heit will es so.[1]) Wie thöricht! Alle, welche dies thun, verhalten sich zum Vertreter der wahren, echten Wissenschaft,
wie einstmals die Sophisten zu dem groſsen Sokrates. Dieser
scharfsinnige Denker wuſste, daſs er nichts wisse, jene, die
Sophisten, prahlten mit ihrem auſserordentlichen Wissen,
wuſsten darum dennoch viele, viele Dinge nicht, wuſsten
namentlich nichts von ihrem Nichtwissen. Vom delphischen
Orakel aber erhielt deshalb Sokrates das Zeugnis, daſs er weise
sei. Sein Wissen verhält sich in der That zu dem der Sophisten, wie das Wissen eines Sehenden zu dem eines Blinden.
Wenn der Blinde viel von dem Sonnenglanze gehört, namentlich, daſs er so groſs, daſs man ihn nicht zu beschreiben vermag,
so glaubt derselbe zwar, durch das, was er so gehört, einiges
über den Sonnenglanz zu wissen, und doch besitzt er darüber
keine Kenntnis. Wenn dagegen der Sehende über den Sonnenglanz gefragt wird, so antwortet er ohne Zögern, er kenne
dessen Gröſse nicht. Dieser weiſs demnach um sein Nichtwissen, er weiſs, daſs der Sonnenglanz, wenn er ihn mit dem
bloſsen Auge zu sehen versucht, dieses blendet, die Sehkraft
desselben überragt. Jener aber besitzt weder dieses Wissen
noch auch irgend welche Kenntnis des Sonnenglanzes.

Dieser Vergleich, fährt Cusanus fort, paſst auch auf die Ge-
lehrtenkreise heutigen Tages. Die meisten von denen, welche
sich rühmen, die Wissenschaft der Theologie zu besitzen, sind

---

[1]) »Inveterata consuetudine . . . aristotelicae traditioni insudarunt«.
Apologia doctae ignorantiae fol. 34ᵇ. in der Ausgabe Paris 1514.

mit Blinden zu vergleichen.[1]) Fast alle nämlich, die sich dem
Studium der Theologie zuwenden, halten sich an gewisse Über-
lieferungen und deren Formen, dünken sich dann schon, Theo-
logen zu sein, wann sie so zu reden verstehen, wie andere,
welche sie zu Gewährsmännern erwählten. Sie haben keine
Ahnung davon, daſs man jenes Licht, in welchem es keine
Finsternis giebt, nicht beschreiben, nicht begreifen kann. Das
Wissen um dieses Nichtwissen fehlt ihnen. Wer sich dagegen
durch die Belehrung über dieses Nichtwissen von dem bloſsen
Hören zum geistigen Schauen emporschwingt, der freut sich
nicht wenig, das Wissen um jenes Nichtwissen zuverlässig in
Erfahrung gebracht und erreicht zu haben. Aufgeblasene Menschen pflegen zu versichern, sie hätten die Klippen der Philosophie hinter sich, die ganze Schulweisheit binnen. Wer dagegen
klug ist, bekennt offen, wie weit er noch von dem Ziele ist.
Die geschwätzige Logik der Aristoteliker aber schadet der
Theologie weit mehr, als sie ihr nützt. Nicht mit Unrecht
lieſs daher, wie es heiſst, der hl. Ambrosius in den Litaneien
den Zusatz anbringen: »Von den Dialektikern: erlöse uns,
o Herr!«[2])

2. Das kombinatorische Verfahren.

Die kombinatorische Kunst erfand Raymundus Lullus. Nicht
zufrieden damit, die Kirchenlehre gegen alle auftauchenden
Zweifel zu verteidigen, will er sie in allen Stücken, die Dreifaltigkeit und Menschwerdung nicht ausgenommen, durch zwin-
gende Vernunftgründe positiv beweisen. Dies alles sollte die
von ihm erfundene »groſse Kunst« zu leisten fähig sein.

Diese nämlich stellt gewisse Grundbegriffe für Denken und
Sein auf und giebt zugleich an, wie man am besten mit denselben operiert. Die Hauptsache besteht darin, daſs man dieselben mit Buchstaben bezeichnet.

---

[1]) »Sic plerosque, qui se scientiam theologiae habere iactant, caecis
comparavit«. l. c. fol. 34[b].

[2]) Legitur beatissimum Ambrosium litaniis addidisse: »A dialecticis
libera nos, domine«. l. c. fol. 38[b].

A bezeichne also das Prinzip alles Seins und den Haupt-
gegenstand unseres Denkens, Gott; die sechszehn Buchstaben
B—R sechszehn verschiedene Attribute Gottes. Man denke
sich nun einen Kreis A, die Peripherie desselben in sechszehn
gleiche Teile zerlegt, in jeden derselben einen der Buchstaben
B—R eingetragen, so ist das Verhältnis der göttlichen Attribute
zu ihrem Träger figürlich dargestellt. Die Figur A oder die
Figur Gottes enthält also die ganze Gotteslehre. Der Mittelpunkt A läfst sich mit jedem der sechszehn Fächer B—R verbinden, und so entstehen sechszehn Sätze. Die Attribute B—R
lassen sich aber auch zunächst mit sich, dann unter einander
verbinden. Auf diese Weise ergeben sich die Kombinationen
BB, BC, BD, u. s. w. CC, CD, CE u. s. w., im ganzen 136.
Diese 136 Kombinationen bedeuten ebenso viele Begriffsverbindungen, welche generell durch die Ableitungssilbe — ficare,
speziell durch die Stämme der Attributbenennungen bezeichnet
werden. Z. B.: Bonitas bonificat magnitudinem, aeternitas
aeternificat bonitatem.

Wie der Buchstabe A die figura dei, so ist S die figura
animae, T die figura instrumentalis: diese drei sind die wichtigsten. Früh gesellt sich noch die figura virtutum et vitiorum
V, die figura oppositorum X, die figura veritatis Y und die
figura falsitatis Z hinzu. In ihnen giebt es ähnlich, wie in der
figura A, mannigfaltige Kombinationen und Begriffsverbindungen.
Diese waren der Stolz des Lullus, sie sollten gleichmäfsig dem
Gedächtnisse, dem Untersuchen, dem Beweisen und dem Er-
finden dienen.[1])

Mit dieser ars recolendi, investigandi, demonstrandi, inve-
niendi hat sich Cusanus eingehend beschäftigt. Zwar geht dies
aus seinen Schriften nicht hervor. Soweit ich mich erinnere,
erwähnt er den Lullus in seinen Abhandlungen gar nicht, in
den Sermonen, soweit sie gedruckt vorliegen, nur an zwei
Stellen[2]). Aber die Handschrift D 26 zu Cues beweist jenes

---

[1]) Vgl. Erdmann, Grundrifs der Geschichte der Philos. 1, 381 ff.

[2]) Sermo »Fides autem cathol.« in den sog. Excit. fol. 26ᵃ und Sermo
»Non in solo pane vivit homo« fol. 93ᵇ.

ganz unzweifelhaft. Sie enthält eine ganze Reihe lullischer Schriften, Cusanus selbst hat 1428 die Abschriften angefertigt[1]).

Gewisse Ausdrucksweisen in den Schriften des Cusanus wird man daher, ohne fehl zu greifen, als Reminiscenzen betrachten dürfen; so, wenn es heifst: »Est deus deificans«, »est deus deificabilis«, »est postea deificare deificantis et deificabilis«;[2]) ebenso gehören »identificare«, »diversificare« hierher.[3]) Giordano Bruno[4]) weifs sogar zu berichten, Cusanus habe ganz offen erklärt, dafs er den Anlafs zu seinen geheimnisvollen Lehren dem Lullus entnommen habe. Sicher aber ist wenigstens so viel, dafs er sich durch die lullische Kunst nicht dauernd befriedigt fühlte.

3. Das symbolische Verfahren.

a) Die Grundlage.

Auf den verschiedenen Wegen der wissenschaftlichen Systeme versuchte also Cusanus, wie er auch selbst ausdrücklich bezeugt, in jungen Jahren die Rätsel des Daseins zu lösen. Aber lange Zeit hindurch wollte ihm dies nicht in befriedigender Weise gelingen.[5]) Erst bei Gelegenheit der Rückfahrt aus Griechenland, im Anfange des Jahres 1438,[6]) kam er auf den richtigen Grundgedanken. Fortan will er über die unvergänglichen Wahrheiten, die der Mensch wissen kann, hinausgehen und das, was nicht zu begreifen ist, in einer »Belehrung über das Nichtwissen« auch wirklich als unbegreiflich ansehen und behandeln.[7])

---

[1]) Vgl. Kraus, Die Handschriftensammlung des Kardinals Nik. von Cusa im Serapeum XXVI, 24.

[2]) Sermo »In principio erat verbum« fol. 12ᵃ.

[3]) De genesi fol. 70ᵃ.

[4]) De lampade combinatoria Lulliana in der von Gfrörer besorgten Ausgabe II, 627.

[5]) »Accipe . . quae iam dudum attingere variis doctrinarum viis concupivi, sed prius non potui«. De docta ignor. III, 12.

[6]) »In mari ex Graecia rediens« l. c. Bezüglich der Zeitbestimmung vgl. Zhismann, Die Unionsverhandlungen mit den Griechen 218, 221.

[7]) »Ad hoc ductus sum, ut incomprehensibilia incomprehensibiliter amplecterer in docta ignorantia per transcensum veritatum incorruptibilium humaniter scibilium«. Bemerkt sei, dafs synonym mit »Docta ignorantia«

Raymundus Lullus wollte, wie wir hörten, alle Lehren der
Kirche positiv beweisen, für einen Augenblick besticht er unseren
Autor. Doch dieser kommt bald von der Ansicht desselben ab
und schliefslich zu der Überzeugung, dafs es viele Dinge giebt,
die der Mensch nicht begreift, dafs vor allem Gott so, wie er
ist, nicht zu begreifen ist.[1]) Aber wenn nun Gott, die absolute
Wahrheit, auch unbegreiflich ist, so müssen wir ihn doch auf
irgend eine Weise erforschen. Es mufs dies durch einen einzigen
Blick, gleichsam auf dem Wege momentaner Entzückung geschehen, so etwa, wie wir mit dem leiblichen Auge den Sonnenglanz momentan sehen, ohne ihn zu erfassen. An letzterem ist
aber nicht die Sonne schuld, sie ist in höchstem Mafse sichtbar,
sie sendet ihre Lichtstrahlen den Augen in eigener Macht zu; aber
gerade wegen der so vorzüglichen Sichtbarkeit ist sie nicht so
sichtbar, dafs man sie erfassen kann. Ebenso Gott. Er ist zwar
die Wahrheit, das erste Objekt der Vernunft, und folglich an
ihm am meisten zu begreifen, aber gerade wegen seiner mehr
als vorzüglichen Begreifbarkeit ist er nicht zu begreifen.[2])

Obgleich er aber nicht zu begreifen ist, so ist uns doch
nicht alle Kenntnis desselben versagt. Wer daran denkt, wie
jedes Geschöpf ein Bild des einen Schöpfers ist, sieht auch ein,
wie das Abbild keine einzige Vollkommenheit aus sich besitzt,
wie jede Vollkommenheit desselben von dem stammt, dessen
Bild es ist. Gott erscheint somit in den Geschöpfen, wie die
Wahrheit im Bilde. Wer daher sieht, wie die so grofse Mannigfaltigkeit der Dinge das Bild des einen Gottes ist, der läfst alsbald die ganze Mannigfaltigkeit der Bilder beiseite und wendet
sich zu dem Urbilde, zu der absoluten Wahrheit, aber ohne sie

---

wiederholt »Doctrina ignorantiae« vorkommt; vgl. De docta ignor. I, 2.
26. II, praefatio. II, 1. III, 11. Hierdurch mag die auf den ersten Blick,
seltsame Übersetzung gerechtfertigt sein. Unter »Belehrung über das uns
eigentümliche Nichtwissen« kann man sich schon eher etwas Vernünftiges
denken als unter »gelehrter Unwissenheit«, »unwissender Gelehrtheit« oder
»wissentlichem Nichtwissen«.

[1]) »Deus, uti est, incomprehensibilis«. Apologia doctae ignor. fol. 36[b].

[2]) »Sic deus, qui est veritas, quia est obiectum intellectus, est maxime
intelligibilis et ob suam superexcelsam intelligibilitatem est inintelligibilis«.
Apol. fol. 36[b].

zu begreifen; denn die Wahrheit kann in dem Bilde durchaus
nicht so, wie sie an sich ist, erscheinen.[1]

Es liegt nämlich klar auf der Hand: die unendliche Wahrheit steht zu dem endlichen Bilde in keinem Verhältnisse; überhaupt giebt es zwischen dem Unendlichen und dem Endlichen
keine Proportion.[2] Ist daher irgend ein endlicher Gegenstand
gegeben, so ist stets ein zweiter, der gröfser ist, denkbar. Zu
dem schlechthin gröfsten, zu dem Unendlichen, kommt man auf
diesem Wege nicht. Die endliche Vernunft kann daher die
Wahrheit der Dinge durch Bild und Vergleich nicht genau erkennen.[3]

Wäre aber auch der Abstand zwischen dem unendlichen
Schöpfer und dem endlichen Geschöpfe nicht so unendlich grofs,
wie er thatsächlich ist, selbst in diesem Falle würden wir Gott
nicht genau zu erkennen vermögen. Das Ziel des Erkennens
ist die Wahrheit. Was ist aber die Wahrheit? Die Wahrheit
ist die Übereinstimmung der Erkenntnis mit ihrem Gegenstande.
Sie besteht, sagt Cusanus, in einem Erkenntnisakte, der sich
nicht in Teile zerlegen läfst, sie ist nicht mehr und auch nicht
weniger, wie dieser.[4] Nur sie selbst kann sich genau messen,
sonst nichts vermag dies. Es geht hier, wie bei dem Kreise.
Auch dessen Sein läfst sich nicht in Teile zerlegen; nur er selbst
kann sich genau ausfüllen, sonst keine Figur. Eine Vernunft
also, welche selber nicht die Wahrheit ist, begreift diese niemals
genau, stets kann sie die Wahrheit noch viel genauer begreifen.
Sie verhält sich zu ihr, wie das Vieleck zum Kreise. Je gröfser
die Anzahl der · Winkel eines einbeschriebenen Vieleckes ist,
desto ähnlicher ist dasselbe dem Kreise. Gleich indessen wird

---

[1] »Veritas enim in imagine nequaquam, uti est, videri potest«. Apol.
fol. 36[b].

[2] »Infiniti ad finitum proportionem non esse«. De docta ignor. I, 3.
Ähnlich heifst es: »cum non sit proportio creaturae ad creaturam« Apologia fol. 38[a]. »licet finitum sit ad ipsum infinitum penitus improportionale«
l. c. fol. 40[b]. »cum finiti et infiniti nulla sit proportio«. De pace fidei 1.

[3] »Non potest igitur finitus intellectus rerum veritatem per similitudinem praecise intelligere«. De docta ign. I, 3.

[4] »Veritas . . non est nec plus nec minus, in quodam indivisibili
consistens«. l. c.

es ihm niemals, auch wenn es seine Winkel bis in das Unendliche verdoppelt. Erst dann wird es ihm gleich, wenn es
in die Identität mit dem Kreise aufgeht. Offenbar wissen wir
daher von dem Wirklichen nur eins, wir wissen blofs, dafs es
so, wie es an sich ist, nicht genau zu begreifen ist.[1]) Wir
vermögen nicht zu wissen, wie etwas an sich ist.[2]) Keinen
Gegenstand erkennen wir, wie er an sich ist, wenn wir zugeben,
unsere Vernunft sei von dem Gegenstande verschieden«.[3]) Demnach ist für uns die volle Wahrheit nicht zu erreichen, jede
positive Aussage unsererseits über das Wirkliche ist eine Annahme.[4]) Die Wahrheit verhält sich, wie die absolute Notwendigkeit, nicht mehr und auch nicht weniger kann sie sein,
als sie ist. Unsere Vernunft gleicht der Möglichkeit, stets
kann sie an Erkenntnis zunehmen, kann werden, was sie noch
nicht ist.[5])

Es dürfte hiernach klar sein, wie Cusanus über unser Erkennen denkt, welches seine letzte Überzeugung von dem Wesen
desselben ist. Es scheint mir sogar möglich, was Falckenberg[6])
für »schlechtlich unmöglich« erklärt, jene Überzeugung in eine
einfache Formel zu fassen. Als solche könnte schon der bereits
erwähnte Satz dienen: »Jede positive Aussage unsererseits über
das Wirkliche ist eine Annahme (coniectura)«. Wohlgemerkt:
über das Wirkliche (veri), demnach über alles, was ist, und
nicht blofs, wie Falckenberg annimmt,[7]) über die unendliche

---

[1]) »Patet igitur de vero nos non aliud scire, quam quod ipsum praecise, uti est, scimus incomprehensibile«. l. c.

[2]) »Ut nihil uti est scire valeamus«. Sermo »Memoriam fecit mira-
bilium« fol. 60ʰ.

[3]) »Nullum . . intelligibile, uti est, te intelligere conspicio, si intellectum tuum aliam quandam rem esse admittis quam intelligibile ipsum«.
De coniecturis. I, 13.

[4]) »Praecisionem veritatis inattingibilem intuitus est. Consequens est
omnem humanam veri positivam assertionem esse coniecturam«.
l. c. I, 2.

[5]) »Veritate se habente ut absolutissima necessitate, quae nec plus
aut minus esse potest quam est, et nostro intellectu ut possibilitate«. De
docta ign. I, 3.

[6]) Grundzüge der Philosophie des N. Cusanus 99.

[7]) S. 112.

Wahrheit. Die Unendlichkeit des Objektes ist nicht nötig, die blofse Verschiedenheit zwischen Subjekt und Objekt genügt in dieser Hinsicht vollständig.

Und man braucht daher auch nicht mit Falckenberg[1]) zu zweifeln, »ob an der Unbegreiflichkeit Gottes nur das Unvermögen des rationellen Erkennens oder die Beschränktheit jeglicher geschöpflichen Fassungskraft die Schuld trage, ob das Wesen der Gottheit nur dem Verstande, oder ob es überhaupt unzugänglich sei«.

Die Conjectura aber ist, wie Falckenberg bereits richtig bemerkt,[2]) keine Mutmafsung, keine Vermutung im heutigen Sinne, obgleich er diese Übersetzung häufig gebraucht; die Conjectura ist vielmehr eine ihrem Gegenstande mehr oder minder entsprechende Annahme. Das, worauf es in der angegebenen Definition vorzüglich ankommt, läfst sich daher in die ganz kurze Formel fassen: »Dinggedanken sind Annahmen«, das Gegenstück dazu, was uns aber hier nichts angeht, würde lauten: »Gedankendinge sind Wahrheiten«.[3])

Unsere Gedanken von den Dingen sind also nichts wie Annahmen, die ihrem Gegenstande, jenachdem, mehr oder minder entsprechen. Dieser Satz gilt natürlich in erster Linie von den Vorstellungen, die wir uns über Gott bilden. Das Wesen der Dinge, die Wahrheit alles dessen, was existiert, können wir in ihrem reinen Ansich nicht begreifen.[4]) Darum aber kann das Streben nach Erkenntnis doch nicht umsonst in uns liegen. Wir verlangen daher zu wissen, dafs wir nicht wissen. Falls wir dieses Wissen vollständig erreichen können, werden wir die Belehrung über das Nichtwissen erreichen.[5])

---

1) S. 23.

2) S. 117.

3) Um jedoch nicht eine blofse Behauptung hinzustellen, verweise ich vor allem auf De possest fol. 179^b.

4) »Quidditas ergo rerum, quae est entium veritas, in sua puritate inattingibilis est«. De docta ignor. I, 3.

5) »Hoc si ad plenum assequi poterimus, doctam ignorantiam assequemur«. l. c. I, 1. »Docta ignorantia« ist hier nicht, wie gewöhnlich, mit »doctrina ignorantiae«, sondern mit »scientia ignorantiae« identisch. »Belehrung« bezeichnet bekanntlich beides.

Nicht einmal der Eifrigste wird es in der Wissenschaft zu einem
höheren Grade der Vollendung bringen, als daſs er sich eben
in dem Punkte des Nichtwissens, was ihm nun einmal eigen-
tümlich ist, als der gründlichste Kenner zeigt; und um so gründ-
licher ist einer unterrichtet, je mehr er wissen wird, daſs er
nicht weiſs.[1]

Ist sonach unser Wissen zu bestimmen als ein Wissen um
das Nichtwissen, so ist es darum doch nicht ein bloſses Nichtwissen. Dieses grobe Miſsverständnis der Lehre des Cusanus
hat sich ein Zeitgenosse desselben, Namens Wenck, zu schulden
kommen lassen. Da man, meint er,[2] Besitzen von Nichtbe-
sitzen unterscheide, so sei es nicht richtig, wie Cusanus thue,
zu behaupten, das Wissen sei Nichtwissen. Der Angegriffene
entgegnet,[3] er behaupte durchaus keine Identität von Wissen
und Nichtwissen, sondern ein Wissen um das Nichtwissen.
Neuerdings aber hat man geglaubt, letzteres skeptisch deuten
zu müssen. Alles Wissen, so berichtet Windelband,[4] bleibe
nach Cusanus eine gelehrte Unwissenheit. Auch diese Deutung
dürfte nicht richtig sein. Cusanus verneint nicht jedes Wissen,
er stellt nicht radikalen Zweifel als das Höchste hin. Nur wie
ein zweiter Sokrates glaubt er den Dialektikern seiner Zeit
gegenüber die Unzulänglichkeit menschlichen Erkennens betonen
zu müssen.[5]

Keine Skepsis ist hiernach durch die Belehrung über das
Nichtwissen beabsichtigt, andererseits aber auch nicht, wie
Stöckl[6] und Denzinger[7] annehmen, eine rein aprioristische
Konstruktion des gesamten menschlichen Wissens, nicht eine
restlose Auflösung der christlichen Mysterien in reine Vernunft-
wahrheiten.

---

[1] »Nihil enim homini etiam studiosissimo in doctrina perfectius ad-
veniet, quam in ipsa ignorantia, quae ipsi propria est, doctissimum reperiri,
et tanto quis doctior erit, quanto se magis sciverit ignorantem«. l. c.

[2] Nach dem Berichte der Apol. doctae ignor. fol. 37ᵇ.

[3] Apol. l. c.

[4] Geschichte der neueren Philosophie 1, 44.

[5] Apol. fol. 34ᵇ; vgl. oben S. 3 f.

[6] Geschichte der Philosophie des Mittelalters III, 36.

[7] Vier Bücher von der religiösen Erkenntnis 1, 363.

Wohl kennt Cusanus einen Glauben, welcher der Anfang
der Erkenntnis ist.[1]) In jedem Wissensgebiete nämlich werden
gewisse Wahrheiten als erste Prinzipien vorausgesetzt. Diese
werden daher einzig durch Glauben erfafst, aus ihnen entwickelt
sich dann die Einsicht in den Gegenstand, der zu behandeln
ist. Wer nämlich zum Wissen gelangen will, mufs den Sätzen,
ohne die er nicht hingelangen kann, Glauben beimessen. Wenn
ihr nicht glaubet, sagt nämlich Isaias[2]), werdet ihr nicht erkennen. Der Glaube also enthält in sich jeden möglichen Er-
kenntnisakt. Die Erkenntnis aber ist die Entfaltung des Glaubens[3]),
ist die Zergliederung dessen, was der Glaube enthält, in seine
einzelnen Bestandteile. Es richtet sich demnach die Erkenntnis
nach dem Glauben, und der Glaube entfaltet sich durch die
Erkenntnis. Wo daher kein richtiger Glaube vorhanden, da
giebt es auch keine wahre Erkenntnis. Irrtümliche Prinzipien
und eine schwache Grundlage führen unversehens, wie auf der
Hand liegt, zu ähnlicher Folgerung.

Aber diesen Glauben, diesen natürlichen Glauben, wie
ich ihn nennen möchte, unterscheidet Cusanus sehr wohl von
dem christlichen Glauben. Weder Denzinger[4]) noch Stöckl[5])
haben dies beachtet. Der natürliche Glaube ist, wie gesagt, der
Anfang der Erkenntnis, der christliche erleuchtet die Erkenntnis,
er offenbart den Kleinen und Demütigen die gröfsten und tiefsinnigsten Geheimnisse[6]), er reifst uns mit fort, wir betrachten
dann Gott über Verstand und Vernunft in dem dritten Himmel
der einfachsten geistigen Anschauung; daselbst schauen wir ihn
klarer, gleichsam durch eine lichtere Wolke.[7]) Den natür-

---

[1]) »Fidem initium esse intellectus«. De docta ign. III, 11.

[2]) Isaias VII, 9.

[3]) »Fides igitur est in se complicans omne intelligibile, intellectus
autem est fidei explicatio«. De docta ign. III, 11. **Ex**plicatio ist natürlich
zu lesen und nicht, wie in den Drucken steht, **complicatio**.

[4]) S. 369.

[5]) S. 34 f.

[6]) »Maxima . . et profundissima dei mysteria . . . parvulis et humi-
libus in fide Jesu revelantur«. De docta ign. III, 11.

[7]) »Clarius ipsum quasi per nubem rariorem intuemur«. l. c. Das
Wort »rariorem« hat eine seltsame Metamorphose durchgemacht. Im ersten

lichen Glauben müssen wir haben, wenn wir unterrichtet sein wollen. Ohne ihn würden wir nie eine Belehrung annehmen. Wir blieben roh und ungebildet. Einer jeden Annahme geht der Glaube voran, unsere Vernunft nimmt nur dann etwas an, wenn sie dazu durch den Glauben veranlafst wurde.[1]) Der christliche Glaube aber giebt uns die Macht, Kinder Gottes zu werden; diese Macht ist das Vermögen, wodurch die vernünftige Natur dahin gelangt, zu verwirklichen, was sie glaubt. Es glaubt aber einer, dafs Christus Mensch und Gottes Sohn ist, dafs er selbst Christo ähnlich werden könne.[2])

Deutlich unterscheidet hiernach Cusanus einen zweifachen Glauben: den natürlichen und den christlichen. Verschieden ist ihr Inhalt; der natürliche enthält die bei jeder Erkenntnis vorausgesetzten Grundsätze, der christliche unter anderem die gröfsten und tiefsinnigsten Geheimnisse. Verschieden ist ihr Zweck; der natürliche will den Menschen zur Einsicht, der christliche will ihn in letzter Linie zu einem tugendhaften Leben anleiten. Verschieden ist endlich ihre Stellung zu dem Erkennen. Der natürliche Glaube dient ihm zur Unterlage, der christliche steht über demselben,[3]) die Vernunft glaubt mehr, als sie

Drucke steht ganz richtig »rariorem«, im zweiten aber »ratiorem«, im dritten »rationem«. Scharpff, Des N. v. C. wichtigste Schriften 101 schlägt »rationum« vor, ihm schliefst sich an Pünjer, Geschichte der Religionsphilosophie 1, 65.

[1]) »Per fidem, quam habemus, quum instrui literis aut alia arte debeamus, accedimus ad magistrum rudes et indocti. Et sublata fide nunquam caperemus disciplinam. Ante omnem perceptionem praecedit fides, neque intellectus noster percipit, nisi fide motus sit«. Sermo »Confide, filia« fol. 70ª.

[2]) »Fides est potentia illa, de qua dicitur: quotquot autem receperunt eum, dedit eis potestatem filios dei fieri. Illa potestas est potentia, ut intellectualis natura ad id pertingat quod credit. Credit quis Christum hominem et filium dei, et quod ipse Christiformis fieri possit«. Sermo »Alleluia! Veni, sancte spiritus« fol. 184ᵇ. Stöckl 34 deutet diese Stelle nicht in ethischem, sondern in intellektualistischem Sinne: Der Glaube »ist die Potenz dazu, dafs der Verstand zur Erkenntnis, zum Wissen desjenigen gelange, was er glaubt«. Nach dieser Deutung wäre der christliche Glaube allerdings nichts wie »eine blofse Anticipation des Wissens«.

[3]) »Altior fides est quam intelligere, quia plus credat quam intelligat«. Sermo »Fides autem catholica« fol. 26ᵇ.

erkennt. Jener Glaube überragt die Natur[1]). Wo der Verstand
nicht ausreicht, da tritt der Glaube ergänzend ein[2]).

Solche Sätze sprechen offenbar nicht für Apriorismus. Sehr
schlecht würde dieser auch übrigens zu dem bereits ausführlich
dargelegten Grundgedanken der Belehrung über das Nichtwissen
stimmen. Unsere Vernunft kann die göttlichen Geheimnisse
nicht ergründen und denknotwendig beweisen, sie erkennt Gott
nicht, wie er an sich ist. Daher bleibt einzig die Belehrung
über das Nichtwissen oder der Versuch, die Unbegreiflichkeit
als solche zu begreifen, noch der richtigste Weg zur Gotteserkenntnis[3])

b. Nähere Bestimmungen.

Weil demnach Gott an sich nicht zu erkennen ist, so bleibt
uns nichts Anderes übrig, als in Symbolen Nachforschungen
über ihn anzustellen.[4]) Fraglich bleibt dann aber noch immer,
was für Gegenstände wir zu diesem Zwecke am füglichsten
verwenden.

Ein jedes Bild nähert sich allem Anscheine nach zwar der
Ähnlichkeit mit dem Urbilde. Indessen jedes könnte ihm unendlich ähnlicher sein.[5]) Ferner darf hinsichtlich des Bildes
nicht der leiseste Zweifel bestehen. Nun befinden sich aber
die sinnlichen Dinge insgesamt wegen der materiellen Möglichkeit, die in ihnen vorherrscht, in einer beständigen Unbeständigkeit. Abstrakter als diese und darum für uns zuverlässig gewiß
sind die mathematischen Vorstellungen. Unter ihnen suchten
die Weisen fleißig nach Vergleichen mit den Dingen, welche
sie gerade zu erforschen hatten. Diesen Weg der alten Weisen
betritt nun auch Cusanus. Da uns nur Symbole zu den göttlichen Dingen hinführen, so wird es am zweckmäßigsten sein,

---

[1]) »Intelligo fidem superare naturam«. De possest fol. 178[b].

[2]) »Ubi ratio deficit, fides supplet«. Sermo »Fides autem catholica« fol. 25[h].

[3]) »Unde sola docta ignorantia seu comprehensibilis incomprehensi-
bilitas v e r i o r v i a manet ad ipsum (deum) transcendendi«. Apol. fol. 36[b].

[4]) »Spiritualia per se a nobis inattingibilia symbolice investigentur«.
De docta ignor. I, 11.

[5]) »Non est imago adeo similis aut etiam aequalis exemplari, quin
p e r i n f i n i t u m similior atque aequalior esse possit«. l. c. I, 11.

dafs wir uns der mathematischen Figuren bedienen wegen ihrer unvergänglichen Zuverlässigkeit.[1])

Aber nicht so ohne weiteres geht dies. Gott ist nichts von dem, was wir wissen oder erfassen. Wenn wir daher durch Symbole nach ihm zu forschen uns vornehmen, so müssen wir über den einfachen Vergleich hinausgehen. Alle mathematischen Figuren sind endlich, sind begrenzt und lassen sich anders gar nicht vorstellen. Wollen wir daher diese endlichen Figuren zum Vergleiche verwerten, um zu dem absolut Gröfsten, um zu Gott emporzusteigen, so mufs vorher ein Dreifaches geschehen.

Wir müssen die Figuren der Mathematik zunächst nehmen, wie sie sind; wir müssen sehen, was sie sind, wie sie sich verändern. Mit anderen Worten: wir müssen die begrifflichen Wesenheiten derselben feststellen. Dies ist das Erste.[2]) Wir müssen uns dann die endlichen Figuren als unendliche vorstellen.[3]) Aber auch dies genügt noch nicht. Wir müssen uns drittens noch höher erheben, indem wir die Begriffe der unendlichen Figuren auf Gott übertragen.[4]) Derselbe ist nicht blofs frei von der Endlichkeit, er ist auch frei von jeder körperlichen Gestalt, er ist schlechthin einfach, das einfache Unendliche. Jene Bestimmungen also, die von den unendlichen Figuren gelten, können auf den unendlichen, einfachen Gott nur in uneigentlichem Sinne Anwendung finden. Erfüllen wir aber die angegebenen Bedingungen, dann wird unser Nichtwissen darüber belehrt, wie wir uns von dem Allerhöchsten noch am richtigsten und zutreffendsten eine Vorstellung bilden sollen.[5])

---

[1]) »Cum ad divina non nisi per symbola accedendi nobis via pateat, . . tunc mathematicalibus signis propter ipsorum incorruptibilem certitudinem convenientius uti poterimus«. l. c. I, 11.

[2]) »Primo necesse est figuras mathematicas finitas considerare cum suis passionibus«. l. c. I, 12.

[3]) »Et (nicht »secundo«, wie in den Drucken steht,) ipsas rationes correspondenter ad infinitas tales figuras transferre«. l. c.

[4]) »Post haec tertio adhuc altius ipsas rationes infinitarum figurarum transsumere ad infinitum simplex« l. c.

[5]) »Tunc nostra ignorantia incomprehensibiliter docebitur, quo modo de altissimo rectius et verius sit nobis in aenigmate laborantibus sentiendum«. l. c.

Nicht auf dialektischem Wege, wie die Scholastiker, auch
nicht durch kombinatorisches Verfahren, wie Raymundus Lullus,
sondern mit Hülfe von mathematischen Figuren, die zweck-
entsprechend umgestaltet sind, will demnach Cusanus zu einer
annähernden Erkenntnis Gottes gelangen.

II.
Die Einheit der Gegensätze.
1. Das Problem der Gotteslehre.

Es darf als bekannt vorausgesetzt werden, wie die Scholastiker des Mittelalters Gott eine ganze Reihe von Eigenschaften
beilegen; Eigenschaften des Seins wie Einheit, Einfachheit, Notwendigkeit, Ewigkeit, Unveränderlichkeit, Allgegenwart, Uner-
mefslichkeit; Eigenschaften des Wirkens wie das absolute Erkennen und das absolute Wollen.

Dieses Verfahren gefällt dem Cusanus nicht. Die ganze
Gotteslehre, behauptet er, beruhe auf einem Zirkelbeweise, die
göttlichen Attribute würden wechselweise durch einander bewiesen.[1]) Darnach sei die höchste Gerechtigkeit höchste Wahrheit und die höchste Wahrheit höchste Gerechtigkeit. Dasselbe
gelte von den übrigen göttlichen Eigenschaften. Ganz und gar
beruht also die Gotteslehre auf einem Zirkelbeweise?[2])

Solchen Zirkelbeweis will er unter allen Umständen vermeiden. Richtigkeit, Wahrheit, Gerechtigkeit und Güte, erklärt
derselbe, sind eins. Man solle daher von ihm nicht annehmen,
dafs auch er das eine göttliche Attribut durch ein anderes beweise, dafs er z. B. behaupte, infolge der unendlichen Einfachheit Gottes sei die göttliche Gröfse die göttliche Macht und
umgekehrt, die göttliche Macht sei die göttliche Kraft und so
weiter in der Weise, wie sich die ganze Gotteslehre auf einen
Zirkelbeweis gründet.[3])

---

[1]) »Omnis theologia circularis et in circulo posita existit, adeo
etiam quod vocabula attributorum de se invicem verificentur circularitur«.
De docta ign. I, 21.

[2]) »Tota est in circulo theologia«. l. c. II, 3.

[3]) »Nec credas me dicere velle modo, quo tota theologia est in
circulo posita.« De sapientia II. fol. 79ᵇ.

Gelöst sollte das Problem werden durch das erste Buch der »Belehrung über das Nichtwissen«.

2. Die Einheit der Gegensätze.

Gott, das absolut Gröfste, ist alles dasjenige, was sein kann, ist daher durch und durch wirklich. Es giebt demnach zunächst nichts, was gröfser sein kann. Ebenso wenig zweitens etwas, das kleiner sein kann. Was aber so beschaffen, dafs nichts kleiner sein kann, dies ist am kleinsten. Weil nun das Gröfste diese Beschaffenheit besitzt, so liegt auf der Hand: das Kleinste fällt mit dem Gröfsten zusammen.[1]

Gegen die vorstehenden Sätze d. h. gegen ihr lateinisches Original hat man viel, sehr viel einzuwenden. Stöckl giebt zunächst folgende Paraphrase desselben:[2] »Ist Gott das Gröfste, dann ist er alles, was sein kann, wirklich; denn würde er etwas sein können, was er nicht wirklich ist, dann wäre er eben nicht mehr das Gröfste. Steht aber dieses fest, dann ergiebt sich daraus von selbst, dafs Gott als das Gröfste zugleich auch das Kleinste sei. Denn ist er als das Gröfste alles, was sein kann, wirklich, dann kann er auch nicht kleiner sein, als er ist. Könnte er nämlich kleiner sein, als er ist, dann würde in ihm schon die Möglichkeit liegen, etwas zu sein, was er nicht ist, und er wäre nicht mehr actu alles, was sein kann. Was aber nicht kleiner sein kann, als es ist, das ist eben das Kleinste. Folglich ist Gott zugleich das Gröfste und Kleinste«. Nicht mit Unrecht bemerkt sodann Stöckl später,[3] dafs er in der angegebenen Paraphrase nur ein Spiel mit Worten erkennen könne. »Das absolut Gröfste kann nicht kleiner sein, als es ist; folglich ist es zugleich auch das Kleinste, weil dasjenige, unter welchem es ein Kleineres nicht mehr geben kann, notwendig das Kleinste ist. Aber läuft«, frägt Stöckl, »in dieser

---

[1] »Maximum absolute, cum sit omne id, quod esse potest, est penitus in actu. Et sicut non potest maius esse, eadem ratione nec minus, cum sit omne id, quod esse potest. Minimum autem est, quo minus esse non potest. Et quoniam maximum est huiusmodi, manifestum est minimum maximo coincidere.« De docta ignor. I, 4.

[2] S. 39 f.

[3] S. 82.

Beweisführung nicht offenbar eine Äquivokation mit unter? Das
absolut Gröfste kann als solches nicht kleiner sein, als es ist,
— das ist wahr; aber folgt daraus nun, dafs es so klein, dafs
es nicht kleiner sein könnte? Gewifs nicht. Es kann nicht
kleiner sein, weil es als das unendliche und notwendige Sein
nichts verlieren kann; aber nicht deshalb, weil es so klein ist,
dafs es nicht mehr kleiner sein könnte. Nur das zweideutige
Spiel, das hier mit dem Begriffe des Kleinen und Kleineren
getrieben wird, kann Cusanus zu dem Schlusse bringen, dafs Gott
zugleich dafs Gröfste und das Kleinste sei«.

Die letzten Bemerkungen Stöckls sind zum Teile richtig,
sie richten sich indessen nur gegen die von ihm gegebene
Paraphrase, und diese ist nicht richtig. Cusanus sagt nicht,
»dafs Gott als das Gröfste zugleich auch das Kleinste sei«;
er sagt nicht: »Weil Gott das unendlich Grofse ist, ist er
auch das unendlich Kleine, und umgekehrt«.[1]) Sagte er wirklich
dies, so fiele er gerade in den Fehler zurück, den er vermeiden
will, den Zirkelbeweis in der Gotteslehre. Ebenso wenig sagt
Cusanus: »Das absolut Gröfste kann nicht kleiner sein, als es
ist; folglich ist es zugleich das Kleinste«; er sagt auch nicht,
was Scharpff[2]) ihn sagen läfst: »Das Kleinste ist, was nicht
mehr kleiner sein kann.« Er sagt vielmehr, um ganz wortgetreu zu übersetzen: Am kleinsten ist, in Vergleich zu
dem (quo) ein Kleineres nicht sein kann, in Vergleich zu dem
es ein Kleineres nicht geben kann.[3]) Ebenso definiert er das
schlechthin und absolut Gröfste; es ist dasjenige, »in Vergleich
mit welchem (quo) es ein Gröfseres nicht geben kann«.[4]) Gott
also ist das absolut Gröfste, es kann in Vergleich mit ihm nichts
Gröfseres geben; er ist das Kleinste, es kann in Vergleich zu
ihm nichts Kleineres geben. Warum? beides aus demselben
Grunde, weil er alles das ist, was sein kann.[5])

---

[1]) Stöckl S. 41.

[2]) Scharpff, Schriften S. 8 und Scharpff, Der Cardinal N. von Cusa
als Reformator S. 353.

[3]) »Minimum autem est, quo (nicht quod) minus esse non potest«. l. c.

[4]) »Maximum, quo maius esse nequit, simpliciter et absolute . . .«. l. c.

[5]) »Et sicut non potest maius esse, eadem ratione nec minus, cum
sit omne id, quod esse potest«. l. c.

Man hat die zuletzt angezogenen Worte bisher ganz anders ·gedeutet. Man übersetzte: »Wie es (das Gröfste) nicht gröfser sein kann, so auch aus demselben Grunde nicht kleiner, da es alles das ist, was sein kann«.[1]) Ich leugne zwar nicht, dafs man jene Worte an und für sich so übersetzen kann, wohl aber, dafs sie, so übersetzt, einen Sinn geben. Das Gröfste soll aus dem nämlichen Grunde nicht gröfser und zugleich das Gegenteil, nicht kleiner, sein können! Dies wäre nicht ein blofses »Spiel mit Worten«, sondern Unsinn. Es ist daher auch nicht richtig, wenn Lewicki den Cusanus schliefsen läfst: »Weil das absolut Gröfste nicht kleiner als das Gröfste sein kann, so ist das Gröfste zugleich auch das Kleinste«.[2])

Die Begriffe kleiner und gröfser dürfen, wie die angegebenen Definitionen deutlich zeigen, nicht unmittelbar auf das schlechthin Gröfste bezogen, sondern erst durch Vergleich mit ihm in Beziehung gebracht werden. Dann erst enthält die viel besprochene und nicht leicht verständliche Stelle einen Sinn, dann besagt sie folgendes: Gott ist alles, was sein kann, wirklich; nichts kann gröfser, nichts kleiner sein, wie er; er ist eben alles, er ist das Gröfste so gut, wie das Kleinste, und das Kleinste so gut, wie das Gröfste; er ist die Einheit des Gröfsten und des Kleinsten.

Unbegründet ist es demzufolge, wenn Scharpff[3]) die Frage aufwirft, »ob die besprochene Beweisführung als ein zweideutiges Spiel mit Begriffen, also (für) eine gewisse absichtliche Täuschung des Lesers oder als eine mifslungene Deduktion anzusehen sei, mit welcher das lautere Forschen nach Wahrheit immerhin vereinbar ist«. Auch ist nicht richtig, was Stöckl behauptet,[4]) die Grundvoraussetzung des cusanischen Systemes sei das Prinzip der Koincidenz der Gegensätze in Gott. Die Grundvoraussetzung ist vielmehr der Satz, dafs Gott alles das wirklich ist,

---

[1]) Scharpff, Schriften S. 8. Reformator S. 353.

[2]) »Cusanus .. ex eo, quod absolute maximum non potest esse minus maximo, concludit, idem absolute maximum esse simul et minimum«. Lewicki, De cardinalis Nicolai Cusani pantheismo (NB. angeblichen) S. 32.

[3]) Reformator S. 354.

[4]) S. 82.

was sein kann. Es ist schon eine Folgerung aus demselben,
wenn es hier heifst, das Kleinste sei mit dem Gröfsten eins.[1])
Späterhin verallgemeinert Cusanus diese Folgerung. Er spricht
von »der Zusammenfassung aller, sogar der kontradiktorischen
Gegensätze«,[2]) von »einer Verbindung der kontradiktorischen
Gegensätze in der einfachen Einheit«,[3]) von »der Zusammenfassung der Gegensätze und ihrer Einheit«.[4]) Der gebräuch-
lichste Ausdruck aber wird »E i n h e i t d e r Gegensätze.«[5])

Das absolut Gröfste ist also alles dasjenige absolut wirklich,
was sein kann, es ist dies ohne irgend welchen Gegensatz auf
die Weise, dafs mit dem Gröfsten das Kleinste zusammenfällt[6]).
Demnach ist dasselbe über jede Bejahung und Verneinung erhaben.[7]) Was das absolut Gröfste unserer Auffassung nach ist,
dies alles ist es und auch nicht; und was es unserer Auffassung
nach n i c h t i s t, dies alles ist es nicht und doch auch wiederum.
Das Absolute ist dies oder jenes auf die Weise, dafs es zugleich
alles; es ist alles auf die Art, dafs es nichts von allem ist.
Endlich ist das Absolute dies oder jenes auf die Weise zumeist,
dafs es gerade dieses zumindest ist.[8]) Sage ich z. B.: Gott
d. i. das absolut gröfste Sein ist Licht, so bedeutet dieser
Satz: Gott ist auf die Art zumeist Licht, dafs er es gleichzeitig
zumindest ist.[9]) Wäre dies nämlich nicht so, dann wäre das

---

[1]) »Minimum maximo coincidere«.

[2]) »Deum esse omnium complicationem etiam contradictoriorum«. De
docta ignor. I, 22.

[3]) »Copulatio contradictoriorum in unitate simplici«. De coniect. I, 8.

[4]) »Complicatio oppositorum et eorum coincidentia«. l. c. II, 1.

[5]) »C o i n c i d e n t i a contrariorum, oppositorum oder contradictoriorum«. Z. B. De coniect. II, 1. 2. Apologia 35[b]. 37[a].

[6]) »Maximum absolute est omnia absolute actu, quae esse possunt,
taliter absque quacumque oppositione, ut in maximo minimum coincidat«.
De docta ign. I, 4.

[7]) »Super omnem affirmationem est pariter et negationem«. l. c. I, 4.

[8]) »Omne id, quod concipitur esse, non magis est, quam non est.
Et omne id, quod concipitur non esse, non magis non est, quam est. Sed
ita est hoc, quod est omnia, et ita omnia, quod est nullum, et ita maxime
hoc, quod est minime ipsum«. l. c. I, 4.

[9]) »Non est aliud dicere : »deus, qui est ipsa maximitas absoluta, est
lux« quam : »ita deus est maxime lux, quod est minime lux». l. c. I, 4.

absolut gröfste Sein nicht alle möglichen Dinge wirklich, es
wäre nicht unendlich, wäre nicht die Grenze für alle Dinge,
liefse sich möglicherweise sogar durch irgend etwas begrenzen.

Freilich, wie es möglich ist, dafs in dem absolut Gröfsten
die Gegensätze zusammenfallen, dies geht über unsere Vernunft.
Diese kann kontradiktorische Gegensätze nicht zu einer Einheit
verbinden. Über das diskursive Denken hinaus sehen wir also,
wie das absolut Gröfste unendlich ist, wie ihm nichts gegenüber steht, dafs mit ihm das Kleinste zusammenfällt.[1]

Dies sehen wir allerdings, begreifen aber können wir es
nicht. So verbindet sich also in unserem Erkennen auf eine
ganz eigentümliche Weise Wissen mit Nichtwissen. Diese Eigen-
tümlichkeit erkannte Cusanus ohne fremde Beihülfe aus sich,
hauptsächlich auf Grund seiner mathematischen Bildung. Nachdem er aber dieselbe erkannt, suchte er bei den alten, bewährten
Schriftstellern nach Bestätigung derselben[2], fand diese auch
nach Wunsch. Dionysius nämlich behauptet in dem ersten
Briefe an Gajus, das vollkommenste Nichtwissen sei Wissen[3],
und spricht von diesem Wissen um das Nichtwissen an vielen
Stellen. Augustinus aber sagt, Gott werde durch das Nichtwissen eher, als durch das Wissen, erreicht. Auch erklärt uns
derselbe, wie der Satz zu verstehen, dafs in uns die Belehrung
über das Nichtwissen sei. Indem er nämlich die Worte des
Römerbriefes: »Wir wissen nicht, um was wir bitten«[4] auseinander setzt,[5] sagt er unter anderm: »Wir wissen zwar, dafs
jenes Gut existiert, um was wir bitten; aber wir wissen nicht,
wie dasselbe beschaffen ist. Die Belehrung über dieses Nicht-

---

[1] »Supra omnem igitur rationis discursum incomprehensibiliter absolutam maximitatem videmus infinitam esse, cui nihil opponitur, cum qua
minimum coincidit«. l. c. I, 4.

[2] Apologia fol. 36b.

[3] »Ἡ κατὰ τὸ κρεῖττον παντελὴς ἀγνωσία γνῶσίς ἐστιν« bei Migne
1065 B.

[4] Röm. 8, 26.

[5] Epist. 121 ad Prob. c. 15, eine Stelle, auf die bereits Storz in der
Tüb. Theol. Quartalschrift 1884 S. 346 hindeutete.

wissen, um so zu sagen, ist in uns durch den Geist, der unserer
Schwachheit hilft.«[1])

Bei Dionysius und Augustinus fand Cusanus also dem
Grundgedanken nach dasselbe, was ihm, wie er angiebt[2]), war
geoffenbart worden. Aber diese thatsächliche Übereinstimmung
ist keine prinzipielle Abhängigkeit. Cusanus begründet die Unbegreiflichkeit Gottes in seiner Weise und faſst dann den Inhalt
des Gottesbegriffes in eine Formel, die ihm ebenfalls eigen-
tümlich ist. Gott ist alles, was sein kann, wirklich; in ihm
sind die Gegensätze eins, oder kürzer: er ist die Einheit der
Gegensätze.

Streng genommen müſste die Gotteslehre des Cusanus hier
zu Ende sein. Auch die Scholastik lehrte bekanntlich, daſs in
Gott, an und für sich betrachtet, kein Unterschied sei zwischen
Möglichkeit und Wirklichkeit, kein Unterschied zwischen Wesenheit und Thätigkeit, kein Unterschied zwischen Wesenheit und
Eigenschaften, kein Unterschied zwischen den verschiedenen
Eigenschaften, weil jede das göttliche Wesen ganz ausdrücke.
Aber sie schlieſst mit diesem Satze, Cusanus geht von ihm aus
und konnte konsequent zu keinem weitern kommen. Storz
freilich meint,[3]) Cusanus habe »das ihm eigentümliche Prinzip
der Koincidenz der Gegensätze« aufgestellt, um sich über die
bloſs negative Theologie der Mystik zu erheben. Daſs unser
Autor diesen Zweck im Auge gehabt, bezweifele ich nicht, daſs

---

[1]) »Esse quidem, quod quaerimus, scimus, sed quale sit, non novimus,
quae, ut ita dicatur, docta ignorantia per spiritum, qui adiuvat infirmitatem
nostram, in nobis est«: lautet in der »apologia« fol. 36ᵇ zwar sinn- aber
nicht wortgetreu das Citat aus Augustinus. Worauf es aber hauptsächlich
ankommt, der Ausdruck »docta ignorantia« findet sich auch bei Augustinus.
Weit über Bonaventura, was man (vgl. Eucken, Beiträge zur Geschichte der
neueren Philos. 17) bislang nicht annahm, läſst sich derselbe demnach zurück-
verfolgen. Noch sei bemerkt, daſs »docta ignorantia« bei Augustinus offenbar
»Belehrtsein«, dagegen bei Cusanus gewöhnlich »Belehren über das
Nichtwissen« bedeutet; eine Ausnahme hievon s. oben S. 10 Anm. 5.
Über die Bedeutung des Ausdruckes »docta ignorantia« bei Gassendi, bei
Locke vgl. Eucken in den Philos. Monatsheften Bd. 17. S. 110.

[2]) Apol. fol. 36ᵇ.

[3]) Die spekulative Gotteslehre des N. von Cusa in der Tüb. Theol.
Quartalschrift 1873 S. 18.

er ihn erreicht hat, bezweifele ich dagegen sehr. Gerade mit jener Formel muſs er notwendig in der negativen Theologie stecken bleiben. Sage ich, um das Beispiel des Autors zu wiederholen, Gott sei Licht, so bedeutet dieser Satz: Gott ist auf die Weise zumeist Licht, daſs er es gleichzeitig zumindest ist. Gott ist auf die Weise Licht, daſs er zugleich nicht Licht, daſs er zugleich alles Übrige ist. Er ist auf die Weise alles, daſs er gleichzeitig nichts von allem ist. Wie kurz ist hiernach die ganze Gotteslehre! Auf jede Frage nach dem Wesen Gottes können wir mit Ja und mit Nein antworten. Er ist dieses, und er ist jenes, er ist weder dieses, noch jenes, er ist jedes zumeist und zumindest.

3. Die Einheit, absolute Notwendigkeit und Dreifaltigkeit.

Nach dem Vorstehenden ist zwar nicht recht abzusehen, welche Attribute wir denn nun Gott eigentlich beilegen müssen. Dennoch entschlieſst sich Cusanus, gewisse Attribute an dem göttlichen Wesen besonders hervorzuheben. Er bemerkt aber schon zum voraus: »Das absolut Gröſste läſst sich erkennen, aber nicht begreifen, ebenso läſst es sich benennen und doch eigentlich nicht benennen«.[1])

Am ersten aber wird man dasselbe noch die Einheit nennen dürfen. Im Gebiete der Zahlen nämlich kommt man notwendig auf ein Kleinstes, in Vergleich zu dem es ein Kleineres nicht geben kann. Dies ist die Einheit. Sie ist, weil nichts kleiner, als sie, sein kann, das schlechthin Kleinste, welches mit dem Gröſsten zusammenfällt. Die Einheit aber kann nicht Zahl sein; denn diese läſst eine Vergröſserung zu. Weil das Kleinste, ist sie vielmehr das Prinzip jeder Zahl, und, weil das Gröſste, gleichzeitig der Abschluſs einer jeden. Demnach ist die absolute Einheit, der nichts gegenüber steht, nichts anderes, als das absolut gröſste Sein d. i. Gott.[2]) Diese Einheit läſst sich nicht vervielfältigen; denn sie ist alles, was sein kann; sie kann also

---

[1]) »Maximum absolute incomprehensibiliter intelligibile pariter et innominabiliter nominabile«. De docta ign. I, 5.

[2]) »Est igitur unitas absoluta, cui nihil opponitur, ipsa absoluta maximitas, quae est deus benedictus«. l. c. I, 5.

auch selbst nicht Zahl werden. Durch die Zahl also erkennen
wir, dafs Gott, der nicht zu benennen ist, noch am ehesten die
absolute Einheit zukomme, und dafs Gott in dem Mafse einer
ist, dafs er alles das, was möglich, wirklich ist.[1]) Darum ist
diese Einheit für ein Gröfser oder Kleiner nicht empfänglich,
sie läfst sich auch nicht vervielfältigen. Die Gottheit ist demnach die unendliche Einheit.[2])

Die Gottheit ist ferner die absolute Notwendigkeit.[3]) Alle
Dinge aufser dem einen schlechthin Gröfsten sind im Vergleich
zu ihm endlich und begrenzt. Als solche haben sie ein Prinzip
und ein Endziel. Man darf nun nicht sagen, Prinzip und Endziel seien blofs gröfser als das gegebene Endliche, und dabei
doch endlich. Folglich ist das aktuell Gröfste notwendig Prinzip
und Endziel alles Endlichen.

Aufserdem könnte nichts sein, wenn das schlechthin Gröfste
nicht wäre. Jedes Endliche nämlich ist verursacht, folglich
stammt es von einem andern. Wäre es nämlich aus sich, so
wäre es gewesen, als es noch nicht war. Nun darf man auch
bei den Ursachen nicht ins unendliche fortschreiten. Also kann
ohne das schlechthin Gröfste nichts sein.

Die beiden soeben erwähnten Beweise für Gottes Dasein
enthalten durchaus nichts Neues und sind aus der Scholastik
hinlänglich bekannt. Dagegen tragen die beiden, welche noch
folgen, ein eigentümliches Gepräge. Beziehen wir, heifst es,
das Gröfste für einen Augenblick ausschliefslich auf das Sein
und sagen: Dem gröfsten Sein steht nichts gegenüber, demnach weder das Sein überhaupt, noch speziell das kleinste Sein.
Man kann sich darum gar nicht denken, das Gröfste könne
nicht sein; denn das kleinste ist bei ihm das gröfste Sein.[4])

Eine ähnliche Spielerei mit dem Begriffe des Gröfsten

---

[1]) »Innominabili deo unitatem absolutam proprius convenire, quodque
deus ita est unus, ut sit actu omne id, quod possibile est esse«. l. c.

[2]) »Deitas itaque est unitas infinita«. l. c.

[3]) Docta ign. I, 6.

[4]) »Praeterea contrahamus maximum ad esse et dicamus: maximo
esse nihil opponitur, quare nec esse nec minime esse. Quomodo igitur
intelligi potest maximum non esse posse, cum minime esse sit maxime
esse?« l. c. I, 6.

und Kleinsten enthält der zweite Beweis; und auch in spätern
Schriften[1]) begegnet man hin und wieder derartigen Beweisen.
Irgend welche Bedeutung dürften dieselben schwerlich bean-
spruchen. Der Autor selbst freilich denkt darüber ganz anders.
Er knüpft daran die in seinen Augen nicht unwichtige Folgerung,
Sein schlechthin oder sonst irgend ein Name bezeichne das
Gröfste nicht präzis, dagegen passe gröfstes und unbenennbares
Sein für dasselbe noch am ehesten.[2]) Der erste Teil dieser
Bemerkung richtet sich offenbar gegen die Scholastiker, welche[3])
mit Johannes Damascenus[4]) annahmen, das Sein sei der erste
unter allen Namen Gottes. Wie es scheint, war dem Cusanus
diese Bezeichnung zu allgemein. Darum will er seinerseits Gott
das gröfste und nicht benennbare Sein nennen.

Dieses gröfste Sein aber ist endlich die dreifaltige und eine
Ewigkeit. Nach M. Varro[5]) hätten die Sissennier die Einheit
als das Gröfste[6]) angebetet. Pythagoras aber, fügt Cusanus
hinzu, versicherte, jene Einheit sei dreifaltig. Mit Recht. Was
nämlich der Veränderlichkeit voraufgeht, ist offenbar ewig. Nun
geht die Einheit der Veränderlichkeit voraus, sie ist also ewig.
Ebenso geht die Gleichheit der Ungleichheit, die Verbindung
der Trennung voraus, sie sind darum auch ewig und machen
zusammen mit der Einheit, da es nur eine Ewigkeit giebt, die
eine Ewigkeit aus.

Von der Einheit ist die Gleichheit gezeugt. Zeugung nämlich bedeutet entweder Wiederholung der Einheit, oder Verviel-
fältigung derselben Natur, die von dem Vater auf den Sohn

---

[1]) De coniect. I, 7. De sap. II, fol. 78[b].

[2]) »Unde, etsi per praemissa manifestum sit, quod hoc nomen esse
aut aliud quodcunque nomen non sit praecisum nomen maximi, . . tamen
esse maxime et innominabiliter per nomen maximum super omne esse
nominabile illi convenire necesse est«. l. c. I, 6.

[3]) z. B. Thomas Aquinas S. theol. 1. qu. 13. art. 11.

[4]) De orthod. fide 1, cap. 9.

[5]) Nicht »M. Varro«, sondern »Minar« steht in den Drucken. Die
ersten Herausgeber haben das »M. var'« ihrer Vorlage im cod. E 1 zu
Cues offenbar mifsverstanden; und doch hätte sie der Zusatz »in libris
antiquitatum« auf die richtige Fährte bringen sollen.

[6]) »pro maximo« nach den Handschriften, nicht »maxime«.

übergeht[1]) Diese letztere Art der Zeugung findet sich bloſs
bei den vergänglichen Dingen. Die Zeugung der Einheit von
der Einheit aber ist die eine Wiederholung der Einheit und die
eine ein einziges Mal.[2]) Wenn ich die Einheit vervielfältige,
zwei, drei oder mehrere Male nehme, so wird die Einheit aus
sich ein ganz anderes Ding schaffen, nämlich die Zwei, die
Drei oder sonst eine Zahl. Die Einheit aber, einmal wiederholt, zeugt die Gleichheit der Einheit. Dies will nichts anderes
besagen als: die Einheit zeugt die Einheit, und diese Zeugung
ist ewig.

Die Zeugung der Einheit von der Einheit ist also die eine
Wiederholung der Einheit. Der Ausgang aus beiden ist die
Einheit der beiden; sie eint jene Wiederholung der Einheit
eben mit dieser, oder, wenn man lieber will, sie eint die Ein-
heit mit der Gleichheit der Einheit.[3]) Man versteht aber unter
Ausgang ein gewisses Erstrecken von dem einen zu dem andern.
Wenn z. B. zwei Dinge einander gleich sind, so erstreckt sich
von dem einen zu dem andern eine gewisse Gleichheit, welche
die beiden gewissermaſsen verbindet und verknüpft. Mit Recht
also sagt man, von der Einheit und deren Gleichheit gehe die
Verknüpfung aus. Von beiden geht sie aus; denn sie geht von der
Einheit zu der Gleichheit und von der Gleichheit zu der Einheit.

Die Einheit aber nennen die hl. Kirchenlehrer den Vater,
die Gleichheit den Sohn und die Verknüpfung der beiden den
hl. Geist. Und dies ist, fügt Cusanus am Schlusse hinzu, meines
Erachtens die deutlichste Darstellung der Dreifaltigkeit in der
Einheit und der Einheit in der Dreifaltigkeit nach — pythago-
reischer Methode.[4])

---

[1]) »Generatio unitatis repetitio est vel eiusdem naturae multiplicatio
a patre procedens in filium«. l. c. I, 8.

[2]) »Generatio autem unitatis ab unitate est una unitatis repetitio e t
u n a s e m e l«. l. c. I, 8. Statt der gesperrten Worte steht in den Drucken:
»id est unitas semel«, worin kein Sinn liegt.

[3]) »Processio ab utroque est repetitionis illius unitatis sive mavis
dicere unitatis et aequalitatis unitatis ipsius unitas». l. c. I, 9.

[4]) »Et haec est meo arbitratu iuxta Pythagoricam inquisitionem trinitatis in unitate et unitatis in trinitate semper adorandae manifestissima
inquisitio«. l. c. I, 9.

III.

Die Symbole für diese Begriffe.

1. Für die einfache, unendliche Wesenheit.

So viel also steht jetzt fest: Gott ist alles, was sein kann, das Gröfste, mit dem das Kleinste zusammenfällt, die Einheit der Gegensätze; er ist die absolute Einheit, die zugleich Dreifaltigkeit ist. Begreifen aber lassen sich diese Verhältnisse nicht. Die Dreifaltigkeit in der Einheit und die Einheit in der Dreifaltigkeit, die Unendlichkeit bei der Einfachheit und die Einfachheit bei der Unendlichkeit übersteigen unsere Begriffe.

Unsere Einsicht in diese Verhältnisse zu erhöhen ist die Mathematik nach den früher erwähnten näheren Bestimmungen noch am ehesten geeignet. Denken wir uns also für einen Augenblick die Figuren der Mathematik unendlich, denken wir uns zunächst eine unendliche Linie. Gäbe es eine solche, so würde dieselbe gerade, sie würde Dreieck, Kreis und Kugel sein.[1]) Zuerst nun ist die unendliche Linie offenbar gerade. Der Durchmesser eines Kreises ist eine gerade, die Peripherie eine krumme Linie und gröfser, wie der Durchmesser. Diese krumme Linie nun verliert in demselben Verhältnisse an Krümmung, als der Kreis, dessen Peripherie sie ist, gröfser wird. Demnach mufs die Peripherie des gröfsten Kreises, der nicht mehr gröfser sein kann, im kleinsten Mafse krumm und im gröfsten gerade sein. Es fällt demnach mit dem Gröfsten das Kleinste zusammen.

Zweitens hiefs es, die unendliche Linie sei unendliches Dreieck, sei Kreis und Kugel. Um diesen Nachweis zu liefern, müssen wir an endlichen Linien sehen, was in der Möglichkeit derselben liegt. Wir wissen nun schon, dafs die endliche Linie länger und gerader sein kann, dafs die gröfste Linie am längsten und am geradesten ist. Wenn sich nun weiter eine Linie *ab* um den einen festen Endpunkt a dreht, so entsteht zunächst

---

[1]) »Dico igitur: si esset linea infinita, illa esset recta, illa esset triangulus, illa esset circulus et esset sphaera«. l. c. I, 13.

ein Dreieck und schliefslich ein Kreis. Dreht sich nun einer
der Halbkreise um seinen Durchmesser, so entsteht zuletzt eine
Kugel. Diese ist das letzte Produkt aus der Potenz der Linie.
Wenn nun in der endlichen Linie diese Figuren potenziell liegen,
wenn ferner die unendliche Linie alles das wirklich ist, was
die endliche potenziell ist, so folgt hieraus, dafs die unendliche
Linie zweifellos Dreieck, Kreis und Kugel ist.

Die unendliche Linie ist also auf unendliche Art alles dasjenige in Wirklichkeit, was in dem Vermögen der endlichen
liegt.[1]) In übertragenem Sinne haben wir bei dem absolut Gröfsten
ganz das Gleiche.   Das Gröfste ist im höchsten Grade alles
dasjenige wirklich, was in dem Vermögen der absoluten Einfachheit liegt. Was nämlich ist, dies alles ist das Gröfste aktuell.
Dennoch stammt das Gröfste nicht aus dem Möglichen, sondern
ist stets im höchsten Grade und als solches eben alles Mögliche. Überdies ist die absolute Möglichkeit nichts anderes als
das wirkliche Gröfste; die unendliche Linie ist ja auch unendliche Kugel. Aber nur bei dem Gröfsten ist dies der Fall;
denn anderswo ist die Möglichkeit nicht Wirklichkeit, ebenso
wenig, wie die endliche Linie Dreieck ist. Das Gröfste ist
also dasjenige, in welchem das Kleinste zugleich das Gröfste
ist, dasjenige, welches jeden Gegensatz unendlich überragt.[2])

Gott also ist die einfachste unter allen Wesenheiten; alle,
welche wirklich sind, waren oder sein werden, sind in ihr
immer und ewig sie selbst; darum sind alle ebenso sehr, wie
sie selbst. Sie selber aber ist eine jede auf die Art, dafs sie
gleichzeitig alle und keine von ihnen insbesondere ist.[3]) Und

---

[1]) »Infinita linea est omnia illa actu infinite, quae in potentia sunt
finitae«. l. c. I, 16. Statt »finitae« steht in dem ältesten Drucke »infinite«, in den spätern »infinita«; durch diese Änderung geht der eigent-
liche Sinn der ganzen Stelle verloren.

[2]) »Ipsum est tale, quod minimum est in ipso maximum ita, quod
penitus omnem oppositionem per infinitum supergreditur«. l. c. I, 16.

[3]) »Elicimus transsumptive in maximo de simplicissima et infinitissima
eius essentia, quoniam ipsa est omnium essentiarum simplicissima essentia,
ac quomodo omnes rerum essentiae, quae sunt, fuerunt aut erunt, actu
semper et aeternaliter sunt in ipsa ipsa essentia et ita omnes essentiae, sicut
(nicht »sunt«, wie in den Drucken steht) ipsa omnium essentia, ac quomodo

wie die unendliche Linie das adäquateste Maſs aller Linien, so
ist in gleicher Weise die gröſste Wesenheit das adäquateste
Maſs sämtlicher Wesenheiten. Sie ist nicht gröſser, weil das
Kleinste, nicht kleiner, weil das Gröſste. Also wird die unend-
liche Wesenheit für alle übrigen das adäquateste und genaueste
Maſs sein.[1])

Nicht bloſs ihr Maſs, sondern auch ihr Grund. Die unendliche Linie nämlich ist der Grund der endlichen Linie und
in gleicher Weise das schlechthin Gröſste der Grund von allem.
Nun sind freilich die endlichen Linien unter einander sehr verschieden, die eine ist zwei, eine andere drei Fuſs lang. Es
scheint daher, als ob auch der Grund derselben verschieden
sein müsse. Doch es scheint bloſs so. In der unendlichen
Linie ist die zwei und die drei Fuſs lange nicht verschieden,
und jene unendliche ist bekanntlich Grund der endlichen. Darum
ist der Grund für beide Linien nur einer. Die Verschiedenheit
der Dinge oder Linien rührt nicht von einem verschiedenen
Grunde, der nur einer ist, sondern von einem Accidens her;
die Linien können nämlich nicht auf völlig gleiche Weise an
dem Grunde teilnehmen. Ebenso giebt es für alle Dinge nur
einen Grund, an welchem dieselben in verschiedener Weise
teilhaben. In verschiedener Weise aber müssen sie deshalb
teilnehmen, weil nicht zwei Dinge völlig gleich und darum
auch nicht in völliger gleicher Weise Teilnehmer an dem einen
Grunde sein können. Und wenn ich jene wegdenke, dann
finde ich Gott. Die Teilnahme nämlich weggedacht, bleibt das
einfachste Sein zurück, welches die Wesenheit aller existierenden
Dinge ist. Freilich scheint es, als ob in diesem Falle nichts
zurückbleibe; indessen das hl. Nichtwissen belehrt mich, wie
dasjenige, was der Vernunft nichts zu sein scheint, das unbegreifliche Gröſste ist.[2])

---

ipsa omnium essentia ita est quaelibet, quod simul omnes et nulla singula-
riter«. l. c. I, 16.

[1]) »Est igitur adaequatissima et praecisissima omnium essentiarum
mensura infinita essentia«. l. c. I, 16.

[2]) »Sublata igitur ab omnibus entibus participatione remanet ipsa
simplicissima entitas, quae est essentia omnium entium; et non conspicimus

2. Das Symbol für die Dreifaltigkeit.

Das schlechthin Gröfste ist also erstens gleichsam die gröfste
Linie, es ist zweitens dem gröfsten Dreieck zu vergleichen. In
dem letztern ist jede der drei Seiten unendlich, mehr wie eine
unendliche Seite aber kann es nicht geben, alle drei bilden daher
eine einzige unendliche Linie. Das gröfste Dreieck aber ist
wirkliches Dreieck, welches ohne drei Linien nicht bestehen
kann. Jene unendliche Linie ist daher notwendig drei, und
die drei sind eine. Dasselbe gilt von den Winkeln. Es giebt
nur einen unendlichen Winkel, dieser eine ist drei, und die drei
sind ein Winkel. Auch kann das gröfste Dreieck nicht aus
Seiten und Winkeln zusammengesetzt sein. Die unendliche
Linie und der unendliche Winkel sind dasselbe, die Linie ist
Winkel, die drei Winkel sind Linie.[1])

Dieses wirkliche Dreieck, das zugleich einfachste Linie,
ist ein Bild der Dreifaltigkeit. Verschiedenheit und Nichtverschiedenheit sind hier keine Gegensätze. Wo die Verschiedenheit zugleich als Nichtverschiedenheit gilt, da ist die Dreifaltigkeit Einheit; umgekehrt wo die Nichtverschiedenheit zugleich
Verschiedenheit ist, da ist die Einheit Dreifaltigkeit. Dasselbe
gilt von der Mehrheit der Personen und der Einheit des Wesens.
Wo die Mehrheit Einheit ist, da ist die Dreifaltigkeit der Personen identisch mit der Einheit des Wesens; umgekehrt wo
die Einheit Mehrheit ist, da ist die Einheit des Wesens die
Dreifaltigkeit in den Personen. Man beachte auch, wie das
unendliche Dreieck seinem wahren Sein nach drei Winkel verlangt; es giebt in ihm also wirklich drei Winkel, jeder von
ihnen ist der gröfste, und alle drei bilden das eine Gröfste.
Ebenso nun auch hier; die Einheit der einfachsten Wesenheit
verlangt ihrem wahren Sein nach drei Personen, jede von ihnen
ist Gott und alle drei der eine Gott. Aufserdem verlangt jenes
Dreieck, dafs der eine Winkel nicht der andere sei, dafs die

---

ipsam talem entitatem nisi in doctissima ignorantia, quoniam, cum omnia
participantia entitatem ab animo removeo, nihil remanere videtur«.
l. c. I, 17.

[1]) l. c. I, 14.

drei Winkel nicht irgend welche drei verschiedene Dinge, sondern eins sind. Auch dies trifft hier zu; der Vater ist nicht der Sohn, der Sohn nicht der hl. Geist, und doch sind dies nicht drei Götter, sondern ein Gott. Man verbinde also diese Sätze, die einander entgegengesetzt scheinen; dann wird man nicht ein und nicht drei Wesen, sondern ein dreieiniges haben, und dies ist die Wahrheit.[1]

3. Das Symbol für die Einheit.

Wie bekannt, ist Gott die Einheit. Als solche ist er dem unendlichen Kreise zu vergleichen; denn dieser ist die vollendete Figur der Einheit und Einfachheit. In ihm ist alles unendlich und als solches eins; Mittelpunkt, Durchmesser und Peripherie sind dasselbe.

Hieraus entnehmen wir, dafs jenes, dem das Kleinste nicht gegenüber steht, das unbegreifliche Gröfste ist. In ihm ist der Mittelpunkt Peripherie. Das Gröfste ist auf die vollkommenste Weise in jedem Dinge, weil es der unendliche Mittelpunkt, es ist aufser jedem und umfafst alle Dinge, weil die unendliche Peripherie, es durchdringt alle, weil ihr unendlicher Durchmesser. Dasselbe ist Prinzip aller, weil Mittelpunkt, das Endziel aller, weil Peripherie, der thätige Mittler aller, weil Durchmesser. Das absolut Gröfste ist bewirkende Ursache, weil Mittelpunkt, formale, weil Durchmesser, finale, weil Peripherie.

Dasselbe verleiht das Sein, weil Mittelpunkt, lenkt es, weil Durchmesser, erhält es, weil Peripherie. Das Gröfste ist mit

---

[1] »Veritas trianguli requirit tres angulos. Sunt igitur hic verissime tres anguli et unusquisque maximus et omnes unum maximum. Et ita hic requirit veritas unitatis simplicissimae essentiae. Requirit insuper veritas trianguli, quod unus angulus non sit alius, [et ita hic requirit veritas unitatis simplicissimae essentiae] quod tres illi anguli non sint aliqua tria distincta sed unum. Et hoc etiam verum est hic. Coniunge igitur ista, quae videntur opposita, antecedenter, ut praedixi, et non habebis unum et tria vel econverso, sed unitrinum seu triunum, et ista est veritas«. l. c. I, 19. In den Handschriften und natürlich auch in den Drucken stehen die gesperrten Worte nicht dort, wo sie gesperrt, sondern dort, wo sie eingeklammert sind. Dafs sie nicht an diese, sondern an jene Stelle gehören, zeigt der Zusammenhang ganz klar.

keinem Dinge identisch und von keinem verschieden, alle sind in ihm, aus ihm und durch dasselbe; denn es ist gleichsam deren Peripherie, Durchmesser und Mittelpunkt.[1])

4. Das Symbol für das wirkliche Dasein.

Die Kugel ist, wie wir sahen, das letzte Produkt der Linie und durchaus wirklich. Durch und durch wirklich ist auch das absolut Gröfste; und wie die Kugel die Wirklichkeit von Linie, Dreieck und Kreis, ebenso ist das Gröfste die Wirklichkeit aller Dinge. Jedes wirkliche Ding verdankt ihm, was es an wirklichem Sein besitzt; es existiert selbst insoweit wirklich, als es in dem Unendlichen wirklich ist. Die Existenz in diesem ist die Norm für die selbsteigene Existenz, die ewige Existenz die Norm für die zeitliche. Demnach ist das absolut Gröfste die Form der Formen und die Form des Seins oder das gröfste wirkliche Sein.[2]) Wie daher die Kugel die höchste Vollendung der Figuren, so ist das Gröfste die vollendetste Vollendung alles Seins. Jedes Unfertige ist in ihm das Vollendetste, Unvollkommenheit ist unendliche Vollkommenheit, die blofse Möglichkeit unendliche Wirklichkeit. Das absolut Gröfste ist gleichsam die gröfste Kugel.[3])

Zwischen den angegebenen Figuren der Mathematik und dem absolut Gröfsten besteht also nach Cusanus ein vollständiger Parallelismus. Die unendliche Linie ist zugleich Dreieck, Kreis und Kugel, die unendliche Wesenheit Gottes ist Dreifaltigkeit, Einheit und aktuelle Existenz; die unendliche Linie versinnbildet die einfache, unendliche Wesenheit, das unendliche Dreieck die Dreifaltigkeit in der Einheit und die Einheit in der Dreifaltigkeit, der unendliche Kreis die absolute Einheit und endlich die Kugel die aktuelle Existenz.

---

[1]) »Apprehendis, quomodo maximum cum nullo est idem neque diversum, et quomodo omnia in ipso, ex ipso et per ipsum, quia circumferentia, diameter et centrum«. l. c. I, 21.

[2]) »Maximum est forma formarum et forma essendi sive maxima actualis entitas«. l. c. I, 23.

[3]) »Cum maximum sit ut sphaera maxima«. l. c. I, 23.

Der ganze Vergleich hat etwas Gesuchtes. Die Symbole:
die unendliche Linie, das Dreieck, der Kreis und die Kugel
sind keine natürlichen, sondern Phantasie-Gebilde; und darum
hält man den Vergleich für wenig beachtenswert, für absonder-
lich, ja sogar für verfehlt.[1]) Nur eins übersieht man dabei,
das Ergebnis desselben.

Die Symbole sind willkürlich gebildet als Symbole; man
könnte ihnen ganz andere Eigenschaften beilegen, als wirklich
geschieht. Warum sollte auch die Phantasie in ihrem Schaffen
beschränkt sein? Wenn es trotzdem nicht geschieht, wenn
die Symbole gerade dies und nichts anderes sind, als wie angegeben wird, so ist dies einzig aus dem Streben zu erklären,
sie dem Gegenstande, den sie veranschaulichen sollen, möglichst gleichförmig zu gestalten. Keine Eigenschaft, die ihnen
beigelegt wird, ist darum für das richtige Verständnis der cusanischen Gotteslehre bedeutungslos. Nicht ohne Grund heißt
es daher: die unendliche Linie ist auf unendliche Art alles
dasjenige wirklich, was in der Möglichkeit der endlichen liegt,
sie ist wirkliches Dreieck, wirklicher Kreis und wirkliche Kugel;
die unendliche Linie ist der Grund für all die verschiedenen
Linien, diese nehmen an ihr teil, und doch nehmen sie keinen
Teil von ihr; denn die unendliche Gerade ist nicht teilbar.
Nicht ohne Grund heißt es von dem unendlichen Dreiecke,
daß es einfache Linie ist, daß es in ihm drei Winkel und drei
Seiten giebt, daß die drei eins, daß die Winkel identisch mit
den Seiten; vom Kreise sodann, daß in ihm Centrum, Durchmesser und Peripherie identisch; und von der Kugel, daß sie
durch und durch aktuell ist.

IV.
Gott und Welt.
1. Begriff des Weltalls.

Der Vergleich mit den unendlichen Figuren aus der Geo-
metrie also belehrt uns des nähern darüber, was Gott ist.

---

[1]) Stöckl S. 44, ebenso Riefs in der Tüb. Theol. Quartalschrift 1847
S. 536.

Er ist die unendliche, einfachste Wesenheit, Dreieinigkeit, die
absolute Einheit und die aktuelle Existenz. Wenn dies also Gott
ist, was ist dann die Welt? Ist die Welt mit Gott identisch?
Ist sie von ihm verschieden? Ist sie inhaltlich dasselbe, wie
Gott, aber in entgegengesetzter Form? Ist Gott nach Cusanus
die erfüllte Allgemeinheit und die Welt der Inbegriff der Be-
sonderheiten?

Einiges zur Beantwortung dieser Fragen wurde schon im
vorstehenden gelegentlich erwähnt. Das absolut gröfste Sein,
Gott, ist alles Mögliche wirklich, die Grenze von allem und
durch nichts begrenzbar; die unendliche Einheit, die sich nicht
vergröfsern und nicht verkleinern läfst. Gott ist darum auch
alles das wirklich, was in der Welt existiert, mit keinem Dinge
in der Welt identisch und von keinem verschieden. Ist denn
nun Gott dasselbe, wie die Welt, und diese dasselbe, wie Gott,
nur in anderer Form?

Gott ist unendlich; es giebt nichts, und es kann nichts
geben, was die göttliche Allmacht zu begrenzen vermöchte. Hat
sie etwas hervorgebracht, so kann sie stets etwas anderes hervorbringen, was gröfser oder kleiner, als das Gegebene, ist.

Auch das Weltall ist unendlich, aber nicht in dem Sinne,
wie Gott. Blofs Gott, das absolut Gröfste, ist alles das wirklich,
was sein kann, und darum ganz allein negativ unendlich.[1]) Das
Weltall aber kann nicht negativ unendlich sein. Da es alles
umfafst, was nicht Gott ist, so ist es freilich ohne Grenze,
somit privativ unendlich und in dieser Hinsicht weder endlich,
noch unendlich.[2]) Das Weltall kann nämlich nicht gröfser sein,
als es ist. Diese Unmöglichkeit rührt nicht von seiner Vollkommenheit, sondern von einem Mangel her. Die Möglichkeit
nämlich oder die Materie erstreckt sich nicht über sich selbst
hinaus. Das Weltall ist eben diese Möglichkeit, dieses Seinkönnen; und wer behauptete, das Weltall könne stets aktuell

---

[1]) »Solum igitur absolute maximum est negative infinitum, quare solum
illud est, quod esse potest«. De docta ign. II, 1.

[2]) »Universum vero cum omnia complectatur, quae deus non sunt,
non potest esse negative infinitum, licet sit sine termino et ita privative
infinitum, et hac consideratione nec finitum, nec infinitum est«. l. c. II, 1.

größer sein, müßte auch behaupten, das Seinkönnen gehe in
das aktuell unendliche Sein über. Das ist unmöglich. Die
unendliche Wirklichkeit ist absolute Ewigkeit, kann deshalb nicht
aus dem Können entstehen. Sie ist vielmehr aktuell die Möglichkeit eines jeden Seins. Mit Rücksicht auf die unendliche Macht
Gottes, die sich nicht begrenzen läßt, könnte daher das Weltall
allerdings größer sein. Bei dem Widerstande indessen, welchen
die Möglichkeit des Seins oder die Materie leistet, die sich
aktuell nicht ins unendliche ausdehnen läßt, kann das Weltall
nicht größer sein. Somit ist es ohne Grenze, darum privativ
unendlich.

Das Weltall ist privativ unendlich, die privative Unendlichkeit ist Folge eines Mangels. Was soll hiermit gesagt sein?
Mehrfach hat man diese Unendlichkeit nicht richtig aufgefaßt.

Falckenberg meint,[1] bisher hätten die Begriffe absolut
und unendlich für untrennbar, ja für identisch gegolten, nunmehr träten sie auseinander, die Unendlichkeit erscheine jetzt
einer Abschwächung fähig, die Gottheit genieße nur den Vorzug
einer besseren Unendlichkeit. Hiermit sei zugleich eine bedeut-
same Wendung zum Pantheismus eingeleitet. Der Schritt von
der absoluten oder negativen Unendlichkeit Gottes zur Endlichkeit der Einzeldinge gehe durch die Mittelstufe des Universums
als des privativ Unendlichen. Zwischen das überräumlich Unbe-
grenzte und das räumlich Begrenzte trete das räumlich Grenzenlose, zwischen das außerzeitlich Ewige und das dem zeitlichen
Wechsel Unterworfene das Beständige oder zeitlich Ewige,
zwischen das absolute Maximum und das nur als ein Mehr
oder Minder Existierende das konkrete Maximum.

Indessen das Weltall im Sinne des Cusanus ist nicht, wie
Falckenberg nimmt, das konkrete Maximum, nicht das zeitlich
Ewige, nicht das räumlich Grenzenlose. Es ist allerdings unendlich, privativ unendlich. Aber was bedeutet dies? Etwa abge-
schwächt unendlich? bloß minder, wie negativ, unendlich?
Nimmermehr. Privativ unendlich ist das gerade Gegenteil von
negativ unendlich. Privativ unendlich ist nach dem hl. Thomas[2]

---

[1] S. 31.
[2] De verit. qu. 2. art. 2. ad 5.

z. B. die Quantität; sie hat einen Teil nach dem andern ins unendliche; sie ist in ihrer Gröfse nicht bestimmt. Die privative
Unendlichkeit bezeichnet daher nach demselben Autor[1]) eine
Unvollkommenheit, einen Mangel an Bestimmtheit. Diese privative Unendlichkeit kommt daher Gott nicht zu. In Gott giebt
es nach ihm keine Grenze, kein Ende seiner Vollkommenheit,
er ist höchst vollkommen, darum negativ unendlich. Privativ
unendlich dagegen ist ihm[2]) die Materie. Unendlich ist diese
deshalb, weil sie nicht begrenzt ist. Begrenzt aber wird sie
durch die Form, und gerade hierdurch erhält dieselbe ihre
Vollendung. Das Unendliche also, welches der Materie zuge-
schrieben wird, bezeichnet an dieser nichts anderes als Unvollkommenheit. Das Unendliche in diesem Sinne ist das
Mangelhafte, die Materie, die eine Form nicht besitzt. Diese
Bestimmung der Materie ist alt, sie geht auf Aristoteles zurück.
Dieser nämlich sagt in seiner Metaphysik:[3]) »Was nur möglich
und nicht wirklich ist, das ist unendlich«. Die Scholastik unterschied dann diese Unendlichkeit des Möglichen, der Materie,
von der Unendlichkeit des Wirklichen, nannte jene die privative,
diese die negative Unendlichkeit.

Diesem Sprachgebrauche schliefst sich Cusanus an. Wie
die Scholastik, nennt er Gott das negativ Unendliche. Privativ
unendlich nennt er dann freilich nicht die Materie. Es ist unrichtig, wenn Falckenberg schreibt:[4]) »Cusanus kennt aufser
der negativen (wahren) und der privativen noch eine dritte
Unendlichkeit, die er dem Werdenkönnen zuschreibt. Die
formlose, zu allem willfährige und gefügige Materie oder Möglichkeit ist unbegrenzt und unendlich aus Mangel, nicht wie
Gott aus Überflufs«. Zunächst nämlich kann von keiner dritten
Art der Unendlichkeit die Rede sein. Es ist klar, die an-
gebliche dritte Art ist keine andere, wie die negative. Höchstens
also könnte man sagen, Cusanus kenne noch ein drittes Un-

---

[1]) S. c. gent. I, 43.
[2]) S. theol. I. qu. 7. art. I. c.
[3]) Metaph. IV, 4. 1007 b. 28: „τὸ γὰρ δυνάμει ὂν καὶ μὴ ἐντε-
λεχείᾳ τὸ ἀόριστόν ἐστιν“.
[4]) S. 33.

endliche. Aber auch das wäre nicht richtig. An der von Falckenberg angezogenen Stelle[1]) berichtet Cusanus nur über die Ansicht der Peripatetiker. Er berichtet, dieselben hätten eine absolute Materie angenommen, die wegen Mangel der Form und der Empfänglichkeit für alle Formen unendlich und unbegrenzt sei. Diese Unendlichkeit aber sei der Unendlichkeit Gottes entgegengesetzt, denn jene rühre von einem Mangel, diese von der göttlichen Überfülle her. Demnach sei die Unendlichkeit der Materie privativ, die göttliche dagegen negativ.

Cusanus ist nicht dieser Ansicht; denn er fährt unmittelbar darauf fort: Dies ist die Behauptung derer, welche von einer absoluten Möglichkeit, von einer absolut unbestimmten Materie sprachen. Wir aber finden durch die Belehrung über das Nichtwissen, dafs eine solche unmöglich sein wird.[2]) Nicht drei Arten der Unendlichkeit, auch nicht drei unendliche Dinge nimmt er daher an, sondern nur zwei: das negativ und zweitens das privativ Unendliche. Jenes ist Gott, dieses nicht die Materie, wie bei den Peripatetikern, sondern das Weltall. Aber diesem Weltall legt er jene privative Unendlichkeit bei, die, wie ihm wohl bekannt, die Peripatetiker der Materie beilegten.

Die privative Unendlichkeit kann demnach nicht abgeschwächte Unendlichkeit, nicht einen geringern Grad der negativen Unendlichkeit, sondern nichts anderes als deren diametralen Gegensatz bedeuten. Nichts steht sich nach der Ansicht der Scholastik so scharf gegenüber, wie der negativ unendliche Gott und die privativ unendliche Materie; nichts nach Cusanus so scharf, wie der negativ unendliche Gott und das privativ unendliche Weltall. Gott ist der Inbegriff alles Wirklichen; das Weltall der Inbegriff alles aufser Gott Möglichen.[3])

Nichts mehr. Das Weltall ist gleichsam der Inbegriff der zehn allgemeinsten Aussagen. Auf diese folgen die Gattungen,

---

[1]) De docta ign. II, 8.

[2]) »Haec est positio eorum, quae de possibilitate absoluta locuti sunt. Nos autem per doctam ignorantiam reperimus, impossibile fore possibilitatem absolutam esse«. l. c. II, 8.

[3]) »Universum . . cum omnia complectatur, quae deus non sunt«. l. c. II, 1.

dann die Arten.[1]) Das Weltall findet sich in den Gattungen, die Gattungen in den Arten entfaltet; aktuell sind bloſs die Einzeldinge, in denen die Allgemeinbegriffe auf beschränkte Weise existieren. Das Weltall aber, sowie die Allgemeinbegriffe überhaupt sind nur auf beschränkte Weise aktuell.

Was ist also Gott? was das Weltall? Was sind beide im Verhältnisse zu einander? Beide sind unendlich, aber nicht aus demselben Grunde. Gott ist unendlich wegen der Fülle des Seins, das Weltall dagegen aus Mangel an Bestimmtheit. Gott ist darum negativ, die Welt privativ unendlich. Gott ist aktuell alles Mögliche, das Weltall nichts wie das Mögliche. Gott ist die Wirklichkeit, das Weltall die Möglichkeit. Wie also Gott die Wirklichkeit, so ist das Weltall die Möglichkeit alles Seins.

Von dem Weltall aber unterscheidet Cusanus ähnlich, wie später die Cartesianer, die wirklich gewordene Welt.

2. Begriff der Welt.

Das Weltall ist die Möglichkeit alles Wirklichen und als solche, mit Gott verglichen, das privativ Unendliche. Aktuell ist sie nicht auf privativ unendliche, sondern nur auf beschränkte, konkrete Weise.[2]) Was nun in dieser Weise existiert, das macht zusammen die Welt[3]) aus.

Die wirkliche Welt ist auch ein Gröſstes, aber nicht das absolut, sondern das nur beschränkt Gröſste.[4]) Dieses beschränkt oder konkret Gröſste verdankt dem Absoluten alles das, was es ist, ahmt diesem, so gut es kann, in allem nach. Was demnach dem absolut Gröſsten auf absolute, das kommt dem beschränkt Gröſsten auf beschränkte Weise zu.

---

[1]) »Est universum quasi decem generalissimorum universitas et deinde genera, deinde species«. l. c. II, 6.

[2]) »Ipsum universum autem non est actu nisi contracte«. l. c. II, 1.

[3]) »Mundus seu universum«. l. c. II, 4. »Universum« ist demnach zweideutig und kann die gesamte mögliche oder aber, wie speziell »mundus«, auch die wirkliche Welt bedeuten. So viel ich weiſs, gebraucht Cusanus »mundus« nur im Sinne von Welt.

[4]) »Mundus seu universum, quod maximum contractum tantum esse volo« l. c. II, 4.

Gott ist das absolut gröfste Sein und die absolute Einheit,
absolut das, was alle Dinge sind, in allen das absolute Prinzip,
das Ziel der Dinge, das Sein, in welchem alle ohne Vielheit
das absolut Gröfste auf die einfachste, auf unterschiedslose
Weise sind. Ebenso nun ist die Welt das beschränkt Gröfste,.
beschränkte Einheit, ist auf beschränkte Weise das, was alle Dinge
sind, in allen das beschränkte Prinzip, das beschränkte Ziel der
Dinge, das beschränkte Sein, die beschränkte Unendlichkeit, in
welcher alle Dinge ohne Vielheit das beschränkt Gröfste mit
beschränkter Einfachheit und Unterschiedslosigkeit sind.

Alles kommt dabei auf die richtige Auffassung der Beschränkung an. Die beschränkte Unendlichkeit, Einfachheit oder
Unterschiedslosigkeit steht in ihrer Beschränkung unendlich
weit von dem, was das Absolute ist. Die unendliche und ewige
Welt sinkt tief, ohne Proportion, unter die absolute Unendlichkeit und Ewigkeit, das Eine tief unter die Einheit hinab.
Die absolute Einheit ist absolut frei von jeder Vielheit. Die
beschränkte dagegen ist, weil beschränkt, nicht absolut frei von
der Vielheit. Obgleich daher die Welt im gröfsten Mafs eins
ist, so ist doch die Einheit durch die Vielheit, ebenso die Unendlichkeit durch die Endlichkeit, die Einfachheit durch die
Zusammensetzung, die Ewigkeit durch die Zeitfolge, die Notwendigkeit durch die Möglichkeit beschränkt. Es ist, als ob
sich die absolute Notwendigkeit ohne Vermischung mitteilte
und dann in dem, was ihr entgegengesetzt ist, beschränkt und
begrenzt werde.

Ganz verschieden verhalten sich daher Gott und Welt zu
den einzelnen Weltdingen. Gott, der Unermefsliche, besteht
nicht in Sonne, nicht in Mond, ebenso wenig die Welt.
Aber Gott ist in jenen das, was sie sind, auf absolute, die
Welt hingegen auf beschränkte Weise.[1]) Das absolute Wesen
der Sonne ist von dem absoluten des Mondes nicht verschieden; denn es ist Gott, der das absolute Sein und Wesen
aller Dinge ist. Das beschränkte Wesen der Sonne dagegen

---

[1]) »Sicut deus, cum sit immensus, non est nec in sole, nec in luna,
licet in illis sit, quod sunt, absolute: ita universum nec est in sole, nec in
luna, sed in ipsis est id, quod sunt, contracte«. l. c. II, 4.

ist von dem beschränkten des Mondes verschieden; denn das
beschränkte Wesen ist identisch, das absolute hingegen nicht
identisch mit der Sache selbst. Ist somit die Welt das beschränkte Wesen, ist dies anders in der Sonne und anders
im Monde beschränkt, so ruht die Identität der Welt in der
Verschiedenheit, wie ihre Einheit in der Vielheit. Besteht daher
die Welt auch nicht in Sonne und Mond, so ist sie in der
Sonne doch Sonne, im Monde doch Mond; sie ist aber das, was
Sonne und Mond ausmacht, ohne Vielheit und Verschiedenheit.

Gott also ist das absolute Wesen der Welt, die Welt aber
eben das beschränkte Wesen. Gott, der Eine, ist in der einen
Welt, die Welt aber in den Weltdingen beschränkt. Die Welt
ist darum Gott ähnlich, aber doch nur ähnlich.[1]

Ihm ähnlich, aber nicht, wie man wohl behauptet,[2] dem
Inhalte nach mit ihm identisch. Gemeinsam in Gott und Welt
findet sich allerdings Sein, Leben, Erkennen und Wollen.[3] Aber
daraus folgt doch keineswegs die Identität von Gott und Welt.
Was Gott und Welt gemeinsam ist, das ist ihnen noch nicht
gemeinschaftlich; und selbst in diesem Falle wäre die Identität
noch nicht bewiesen. Es ist richtig, jede Vollkommenheit in
der Welt findet sich auch in Gott. Aber das lehrt nicht erst
Cusanus, sondern vor ihm schon die Scholastik. Alle Voll-
kommenheiten der Welt, lehrt z. B. Albertus Magnus,[4] sind
in Gott auf einfache, immaterielle, unveränderliche und nicht
zeitliche Weise. Jede Vollkommenheit des Geschöpfes, sagt
der hl. Thomas, ist in Gott, aber hier nicht in demselben,
auch nicht in rein äquivokem, sondern in analogem Sinne.[5]
Ähnlich Cusanus. Was die Welt auf beschränkte, das ist Gott
auf absolute Weise. Die Welt ist mit den Einzeldingen dem
Inhalte nach identisch, aber nicht ist dies Gott.

Dazu ist Gott weit mehr als die Welt. Die Welt ist nur ein
kleiner Teil dessen, was möglich ist; Gott dagegen ist, wie so

---

[1] »Universum maximum contractum tantum est similitudo absoluti« lautet die Überschrift l. c. II, 4.

[2] Falckenberg S. 8.

[3] Vgl. Falckenberg S. 15.

[4] Metaph. VI, tr. 2. c. 6.

[5] S. c. gent. I, 54. 30. 32.—34.

oft mit Nachdruck betont wird, alles, was sein kann.   Nicht die
Welt, sondern das Weltall steht hier Gott am nächsten.   In
einem gewissen Sinne kann man sagen: Gemeinsam findet sich
in Gott und Weltall alles, was möglich; aber dort ist alles
negativ, hier privativ unendlich.   Wenn demnach auch der
Inhalt gemeinsam, so ist er doch nicht gemeinschaftlich;
die Art des Seins ist in Gott und dem Weltall diametral verschieden.

Aber Gott ist noch weit mehr.   Er ist nicht blofs aktuell
der Inbegriff alles dessen, was sein kann, er ist zudem, wie
wir hörten, Dreifaltigkeit.

Es ist demnach offenbar auch nicht richtig, was Stöckl[1])
schreibt, dafs Gott für Cusanus die absolut einfache, erfüllte
Allgemeinheit, dafs alles, was in Gott ist, auch in der Welt
sei.   Ebensowenig ist es, wie Windelband[2]) thut, richtig,
wenn man den Cusanus eine unendliche Welt lehren läfst.   In
Wirklichkeit ist nach seiner Ansicht nur Gott unendlich, nur
Gott das absolut vollkommene Wesen, die wirkliche Welt dagegen ist beschränkt, nur ein Abbild Gottes.[3])

3. Der unbegreifliche Ursprung der Welt.

Alles, was existiert, ist entweder das absolut Gröfste, oder
es stammt von ihm.[4]) Einzig und allein das schlechthin Gröfste
ist aus sich.   Daselbst bedeutet aus sich, in sich, durch sich
und für sich dasselbe.[5]) Alles Übrige ist Geschöpf und stammt
als solches notwendig von dem schlechthin absoluten, göttlichen
Sein.[6])

Ihm verdankt also ein jedes Ding, welches ist, das, was
es ist; denn wie könnte dasjenige, was nicht aus sich ist,

---

[1]) S. 25. 59. Ähnlich schreibt Werner, Der hl. Thomas v. Aquino III, 667.

[2]) Geschichte der neueren Philosophie I, 43.

[3]) »Tantum est similitudo absoluti«. l. c. II, 4.

[4]) »Omnia absolutum maximum esse, aut ab eo esse scimus. l. c. II, 4.

[5]) »Nihil a se esse nisi maximum simpliciter, ubi a se, in se, per se,
ad se (»ad se« fehlt in den Drucken) idem sunt ipsum scilicet absolutum
esse«. l. c. II, 2.

[6]) »Est creatura, quae necessario est ab esse divino, simpliciter absoluto«. l. c. II, 1.

anders sein als von dem ewigen, absoluten Sein? Dieses nun
aber ist fern von jedem Neide und kann daher ein verringertes
Sein als solches nicht mitteilen. Das Geschöpf verdankt daher
zwar dem absoluten Sein das, was es ist; die Vergänglichkeit
aber, die Teilbarkeit, Unvollkommenheit, Verschiedenheit, Vielheit und dergleichen hat es nicht von dem gröfsten, ewigen,
unteilbaren, vollkommenen und einen Sein, noch sonst von einer
positiven Ursache.

Und doch mufs das Geschöpf diese Eigenschaften haben.
Die unendliche Linie ist unendliche Gerade und als solche die
Ursache[1]) einer jeden beliebigen Linie. Die krumme Linie nun
stammt von der unendlichen, soferne sie Linie, nicht dagegen,
soferne sie krumm ist. Dafs sie krumm ist, folgt aus ihrer
Endlichkeit; sie ist krumm, weil sie nicht die gröfste Linie ist,
wäre sie dies, so würde sie nicht krumm sein. Ähnlich geht es
bei den Weltdingen.[2]) Weil sie das Gröfste nicht sein können,
so begegnet es ihnen, dafs sie geringeres, anderes, unter-
schiedenes und dergleichen Sein besitzen.

Zweierlei ist also bei jedem geschöpflichen Sein zu beachten:
die absolute Notwendigkeit, wodurch es ist, und die Kontingenz,
ohne die es nicht ist.[3]) Was jene absolute Notwendigkeit,
Gott, bei der Schöpfung zu bedeuten hat, ist klar; er ist, wie
soeben die unendliche Gerade, die bewirkende Ursache. Nicht
ohne weiteres klar scheint mir die Kontingenz. Für die cusa-
nische Bedeutung der Kontingenz, sagt man freilich,[4]) scheine
die Übersetzung durch Zufall die einzig zulässige. Mir scheint
dies nicht. Die Dinge sind nicht zufällig, sondern notwendig
beschränkt. Weil sie (nach der richtigen Lesart) nicht das
Gröfste sein können, deshalb sind sie, deshalb begegnet es ihnen,

---

[1]) »Causa«, früher (I, 17.) hiefs es »ratio«.

[2]) »Ita quidem contingit rebus, quoniam maximum esse non possunt, ut sint diminuta«. Der Herausgeber Faber änderte, offenbar, weil
er die Stelle nicht zu deuten wufste: »quoniam a maximo esse non possunt, ut sunt diminuta«. Vergeblich sucht Scharpff, Schriften S. 38 diesen
Worten eine richtige Deutung zu geben.

[3]) »In creatura necessitatem absolutam, a qua est, et contingentiam,
sine qua non est, . . . «. De docta ign. II, 2.

[4]) Falckenberg 30.

dafs sie beschränkt sind. So lange sie das sind, was sie sind, müssen sie beschränkt sein. Was ihnen also hier begegnet, das begegnet ihnen notwendig. Freilich eine positive, bewirkende Ursache dafür vermag der Autor nicht anzugeben; Gott, der Neidlose, kann es nicht sein, und sonst giebt es keine. Gott verlieh den Dingen das Sein, diese nahmen es auf, das eine so, das andere so, jedes in seiner Weise, jedes auf die beste Weise, wie es seiner Natur zuträglich ist. So entstand die Verschiedenheit, die Vielheit, die Beschränktheit. Diese Eigenschaften sind für die Dinge nicht zufällig, sondern ein thatsächlich notwendiges Ereignis, ein Begegnis, ohne welches sie nicht sind.

Dieses Begegnis, ohne welches das Geschöpf nicht ist, und die absolute Notwendigkeit, von der es ist, müfste man, um das Sein desselben zu begreifen, mit einander zu verbinden imstande sein.[1]) Es hat nämlich den Anschein, als sei das Geschöpf, das weder Gott, noch auch nichts ist, gleichsam nach Gott und vor dem Nichts, zwischen Gott und dem Nichts; und doch ist es unmöglich aus Sein und Nichtsein zusammengesetzt.[2]) Es scheint also weder zu sein, deshalb, weil es unter das Sein herabsteigt, noch nicht zu sein, weil es vor dem Nichts ist.[3]) Unsere Vernunft nun aber kann über kontradiktorische Gegensätze nicht hinaus, daher auch das geschöpfliche Sein nicht begreifen. Eins freilich weifs sie, das dieses Sein nur von dem gröfsten Sein herrührt.

Den Ursprung dieses Seins, vor allem das Unbegreifliche an diesem Ursprunge aber möchte Cusanus deutlicher erklären und scheut in dieser Absicht auch nicht vor Wendungen zurück, die mannigfachen Anlaſs zu Mifsverständnissen gegeben haben.

Weil das Geschöpf durch das Sein des Gröfsten geschaffen, in dem Gröfsten aber Sein und Schaffen dasselbe sind, so

---

[1]) »Quis igitur copulando simul in creatura necessitatem absolutam, a qua est, et contingentiam, sine qua non est, potest intelligere esse eius?« l. c. II, 2.

[2]) »Nam videtur, quod ipsa creatura, quae nec est deus nec nihil, sit quasi post deum et ante nihil, intra deum et nihil«. l. c. II, 2.

[3]) »Videtur igitur neque esse, per hoc quod descendit de esse, neque non esse, quia est ante nihil«. l. c. II, 2.

scheint es,[1]) Schaffen bedeute nichts anderes, als Gott sei
alles. So scheint es; aber angenommen, es sei wirklich so,
Gott sei alles, und dies bedeute Schaffen, wie wird man dann
die Thatsache begreifen, dafs, obgleich Gottes Sein ewig, ja
die Ewigkeit ist, das Geschöpf nicht ewig ist?[2]) Insofern es
also unter den Begriff der Zeit fällt, ist es nicht von Gott;
denn der ist ewig. Wer begreift·also, das Geschöpf sei von
dem Ewigen und zugleich zeitlich?

Wer begreift endlich, dafs Gott die Form des Seins und
sich doch mit dem Geschöpfe nicht vermischt?[3]) Eins steht
fest, er geht nicht in das Geschöpf ein. Zwischen dem Unendlichen und dem Endlichen besteht keine Proportion.[4]) Die
unendliche Linie ist nicht die gewöhnlich sogenannte Form,
sondern die Ursache und der Grund der endlichen. Ähnlich
verhält sich der unendliche Gott zu dem endlichen Geschöpfe.
An seinem Grunde nimmt dasselbe nicht so teil, dafs es davon
einen Teil nimmt, nicht so, wie die Materie an der Form,
nicht, wie Sokrates und Platon an dem menschlichen Wesen,
noch auch, wie mehrere Spiegel an einer und derselben Erscheinung auf verschiedene Weise teilnehmen. Der Spiegel
nämlich ist schon Spiegel, bevor er das Bild der Erscheinung
aufnimmt; das geschöpfliche Sein aber ist nicht vorher, es ist
nicht, ehe es von dem höchsten Sein das eigene Sein empfängt,
es ist eben dieses zuteil gewordene, dieses abhängige Sein
(abesse).[5]) Das geschöpfliche Sein ist nichts anderes als der

---

[1]) »Non aliud videtur esse creare, quam deum omnia esse«. l. c. II, 2.
Falckenberg 30 schreibt mit wörtlicher Angabe dieser Stelle: »Gott schafft
alles« heifst soviel als »er ist alles«. Meines Erachtens fehlt hier in der
Übersetzung der Hauptbegriff, das »videtur«. Auch Stöckl 66 beachtet
dieses »videtur« nicht.

[2]) »Si igitur deus est omnia, et hoc est creare, quomodo hoc intelligi
poterit, quod creatura non est aeterna, cum dei esse sit aeternum, immo
ipsa aeternitas«. l. c. II, 2.

[3]) »Quis denique intelligere potest, deum esse essendi formam, nec
tamen immisceri creaturae«. l. c. II, 2.

[4]) »Proportionem vero inter infinitum et finitum cadere non posse
nemo dubitat«. l. c. II, 2.

[5]) »Nec ut plura specula eandem faciem diversimode, cum non sit

Widerschein des göttlichen Seins, ist gleichsam das Bild einer Erscheinung in einem Spiegel, der vorher und nachher durch sich und in sich nichts ist.[1])

Teilnahme ist hiernach nicht der richtige Ausdruck für das Verhältnis zwischen Gott und Weltdingen. Die Teilnahme setzt einen Spender und nicht minder einen Teilnehmer voraus; der letztere ist im vorliegenden Falle nicht vorhanden, sondern wird erst durch die sogenannte Teilnahme. Die Unbestimmtheit und Ungenauigkeit des Ausdruckes hat demnach Cusanus nicht, wie man ihm schuld giebt,[2]) übersehen.[3]) Wenn er sich trotzdem dieses Ausdruckes wiederholt bedient, so folgt er dem Beispiele der Scholastik[4]) und bekundet zugleich, dafs ihm ein besserer Ausdruck nicht zur Verfügung stand.

Überhaupt ist sich der Autor sehr wohl bewufst, dafs er nicht imstande, das Verhältnis zwischen Gott und Welt zu ergründen. »Das geschöpfliche Sein stammt auf eine unbegreifliche Weise von dem Sein des Höchsten«.[5]) Wenn das Geschöpf alles, was es ist, von dem ewigen Gott hat, so ist nicht zu begreifen, wie dasselbe unter den Begriff der Zeit fällt. Aber dies ist Thatsache. Wenn Gott die Form des Seins ist, so

---

esse creaturae ante abesse, cum sit ipsum, sicut speculum ante est speculum, quam imaginem faciei recipiat«. Das »ante abesse« erscheint auf den ersten Blick recht sonderbar. Scharpff 39 schlägt »ante adesse«, Lewicki 53 »ante esse« vor. Die Kürze des Ausdruckes hat offenbar die Deutlichkeit verdunkelt; »abesse« ist das Gegenteil des »a se esse«, lautet vollständiger »ab alio (sc. a maximo) esse« und bezeichnet das von dem absolut Gröfsten abhängige Sein.

[1]) »Imago speciei in speculo posito (nicht: posita), quod quidem speculum ante aut post per se et in se nihil sit«. l. c. II, 2.

[2]) Falckenberg 29.

[3]) De dato patris luminum c. 2. (fol. 194 a); De coniect. I, 13 ist jene Ungenauigkeit ebenfalls hervorgehoben.

[4]) z. B. Thomas Aquinas, In 1 Sent. 8 qu. 1 art. 2.

[5]) »Quod esse creaturae sit inintelligibiliter ab esse primi« lautet l. c. II, 2 die Überschrift. Statt »inintelligibiliter«, das sich in zwei Handschriften findet, steht in dem zu Cues befindlichen Handexemplare E 1 des Autors »intelligibiliter«, eine Lesart, die ich indessen nicht für richtig halte. Auch sonst ist E 1 nicht von allen Fehlern frei, vgl. oben S. 31.

sollte man meinen, er gehe in die Dinge ein. Aber dies ist
nicht möglich. Ein Verhältnis zwischen dem Unendlichen und
dem Endlichen besteht nicht. Wenn Gott die eine unendliche
Form ist, so erscheint die Mannigfaltigkeit der Dinge nicht
erklärlich. Aber auch diese ist Thatsache. Fast sollte man
annehmen, der Schöpfer habe das »Werde« gesprochen: und
weil er selbst nicht werden konnte, da er die Ewigkeit ist, so
wurde das, was ihm am ähnlichsten werden konnte.[1]) Jedes
Geschöpf ist gleichsam eine endliche Unendlichkeit oder ein
geschaffener Gott.[2])

4. Enthalten und Entfalten.

Thatsache ist, daſs von dem göttlichen das geschöpfliche
Sein stammt. Zu begreifen ist die Thatsache nicht. Aber dies
soll nicht hindern, sie so gut, wie möglich, zu verdeutlichen
und eine entsprechende Formel für das Verhältnis zwischen
Gott und Welt zu suchen. Die gesuchte Formel lautet: das
Gröſste enthält und entfaltet alle Dinge auf intellektible,[3]) auf
rein geistige Weise.[4])

Allgemein kann man beobachten, wie die Einheit jedesmal
das zu ihr Gehörige enthält und entfaltet. Die Einheit enthält
und entfaltet die Zahl, sie ist, ohne selbst Zahl zu werden, in
jeder Zahl.[5]) Mit Beziehung auf die Quantität heiſst sie Punkt;
nichts, wie der Punkt, findet sich in der Quantität; überall,
wo man die Linie schneiden mag, findet sich der Punkt, und,
wie in der Linie, so auch in der Fläche und in dem Körper.
Auch giebt es nicht mehr wie den einen Punkt, derselbe ist
nichts anderes als die unendliche Einheit. Diese ist als Punkt
die Grenze und Vollkommenheit der Linie wie der Quantität,
die in ihr enthalten ist; ihre erste Entfaltung ist die Linie, in

---

[1]) »Ac si dixisset creator »fiat«, et quia deus fieri non potuit, qui est
ipsa aeternitas, hoc factum est, quod fieri potuit deo similius«. l. c. II, 2.

[2]) »Omnis creatura sit quasi infinitas finita aut deus creatus«. l. c.

[3]) »Quomodo maximum complicet et explicet omnia intellectibiliter« lautet l. c. II, 3 der Titel.

[4]) »Intellectibiliter« ist nämlich gleich »intelligentialiter«: »Aliquando
intelligentiale nominatur intellectibile«. De beryllo 4.

[5]) De docta ign. I, 5.

der man nichts wie den Punkt findet. Ebenso ist ferner die
Ruhe jene Einheit, welche die Bewegung enthält; denn die
Bewegung ist, wenn man genau zusieht, an einander gereihte
Ruhe, die Bewegung also die Entfaltung der Ruhe. Das Jetzt
oder die Gegenwart enthält die Zeit; die vergangene war gegenwärtig, die zukünftige wird es sein. Nichts also findet man
in dem Begriffe der Zeit als geordnete Gegenwart. Die vergangene und zukünftige also ist die Entfaltung der gegenwärtigen, die gegenwärtige enthält alle jemals gegenwärtigen
Zeiten. Die eine Gegenwart also enthält alle Zeiten, und diese
Gegenwart ist die Einheit. Ebenso enthält die Identität die
Verschiedenheit, die Gleichheit die Ungleichheit, die Einfachheit
die Teilungen oder Unterscheidungen.

Zuletzt sind alle Einheiten in einer einzigen, höchsten
Einheit enthalten; denn es giebt nur ein Größtes, mit welchem
das Kleinste zusammenfällt. Die enthaltene Verschiedenheit
steht hier der enthaltenden Identität nicht gegenüber. Gott
also ist es, der alle Dinge enthält, insofern alle in ihm; er ist
es, der alle entfaltet, insofern er in allen ist.[1])

Veranschaulichen läßt sich dieser Gedanke an den Zahlen.
Wie aus unserem Geiste die Zahl, so geht aus dem göttlichen
Geiste die Vielheit der Dinge hervor. Weil nämlich die Dinge
an der Gleichheit des Seins nicht in völlig gleicher Weise teil-
nehmen können, so dachte Gott das eine so, das andere so.
Infolgedessen entstand die Vielheit, die in ihm Einheit ist.[2])

Aber hiermit ist die Art, wie Gott alle Dinge enthält und
entfaltet, nicht erklärt, sie geht über unseren Verstand. Niemand ist imstande zu begreifen, wie aus dem göttlichen Geiste
die Vielheit der Dinge entsteht, nachdem er gehört, das Erkennen sei dessen Sein und dieses die unendliche Einheit. Es
hat den Anschein, als ob Gott, der die Einheit ist, in den
Dingen vervielfältigt ist; und doch weiß man, daß dies nicht
möglich, daß sich jene Einheit, die unendliche und größte,

---

[1]) »Deus ergo est omnia complicans in hoc, quod omnia in eo, est
omnia explicans in hoc, quod ipse in omnibus«. De docta ign. II, 3.

[2]) »Deus in aeternitate unam sic, aliam sic intellexit, ex quo plura-
litas, quae in ipso est unitas, exorta est«. l. c. II, 3.

nicht vervielfältigt.[1]) Man begreift zwar leicht, wie sich eine
einzige Gattung in Arten, eine einzige Art in Individuen vervielfältigt, die Gattungen und Arten sind eben nur in den Individuen aktuell, aufserhalb derselben nur durch den abstrahierenden
Verstand. Die göttliche Einheit aber existiert nicht erst durch
den von den Dingen abstrahierenden Verstand, ist mit den
Dingen nicht vereint und nicht vermischt; niemand begreift daher, wie Gott durch die Natur der Dinge soll entfaltet werden.[2])

Man betrachte die Dinge ohne ihn, sie sind nichts, wie
die Zahl ohne Einheit; betrachte ihn ohne die Dinge, er ist,
und die Dinge sind nichts; betrachte ihn, wie er in den Dingen
ist, die Dinge sind dann eigentlich nicht etwas, worin er ist,
denn das dingliche ist abhängiges, von Gott empfangenes Sein;[3])
betrachte das Ding, wie es in Gott ist, dann ist Gott und die
Einheit. Man kann daher nur sagen, die Vielheit der Dinge
entsteht dadurch, dafs Gott in dem Nichts ist. Gleichzeitig
mufs man demnach eingestehen, durchaus nicht zu wissen, wie
das Enthalten und Entfalten geschieht, und nur dies zu wissen,
dafs man das Nähere darüber nicht wisse, obgleich man weifs,
dafs Gott alle Dinge enthält und entfaltet. Sofern er sie enthält, sind alle in ihm nichts, wie er selbst; sofern er sie entfaltet, ist er in allen, wie die Wahrheit im Bilde, das, was sie
sind.[4])

Was also ist Gott in Beziehung zu der Welt? Er ist das
Eine, welches alle Dinge ist; in ihm sind alle, weil er das

---

[1]) »Videtur quasi deus, qui est unitas, ... in rebus multiplicatus ...;
et tamen intelligis, non esse possibile illam unitatem, quae est infinita et
maxima, multiplicari«. l. c. II, 3.

[2]) »Deus igitur, cuius esse unitatis non est per intellectum a rebus
abstrahentem, neque rebus unitum aut immersum, quomodo explicetur per
numerum rerum, nemo intelligit«, l. c. II, 3.

[3]) »Si consideras ipsum, ut est in rebus, res aliquid esse, in quo ipse
est, consideras et in hoc erras, . . quoniam esse rei non est a l i u d, ut
est diversa res, sed eius esse est a b e s s e«. l. c. II, 3. Der Herausgeber
Faber änderte »aliud« in »aliquid« und »abesse«, das er offenbar nicht verstand, in »a maximi esse« um.

[4]) »Scias deum omnium rerum complicationem et explicationem, ut
est complicatio, omnia in ipso esse ipsum et, ut est explicatio, ipsum in
omnibus esse id, quod sunt, sicut veritas in imagine«. l. c. II, 3.

Gröfste; er ist in allen, weil er das Kleinste; er ist aktuell alles, was möglich ist, weil er absolut ist; von ihm stammt alles.[1])

Gott enthält alle Dinge, das Weltall hat denselben Inhalt. Gott ist unendlich, ebenso das Universum. Aber Gott enthält aktuell, das Universum nur potenziell alle Dinge, Gott ist daher negativ, das Universum privativ unendlich.

Gott und Universum enthalten beide alle Dinge, die wirkliche Welt aber nur einen kleinen Teil derselben. Gott ist aktuell, auch die Welt; aber Gott ist in sich, die Welt nur in den einzelnen Dingen aktuell.[2]) Gott ist aus sich, die Welt von Gott, darum ist Gott das absolute, die Welt das abhängige Sein (abesse). Gott ist das Gröfste, ebenso die Welt; aber Gott ist das absolut Gröfste, die Welt das beschränkt, das von dem Absoluten abhängige Gröfste.[3]) Gott ist als das absolut Gröfste die absolute Einheit, die Welt als das beschränkt Gröfste die von jener herrührende Einheit. Von dem Absoluten stammen alle Dinge, in der Welt existieren sie, und die Welt besteht in ihnen.[4])

---

[1]) »Maximum itaque absolutum unum est, quod est omnia; in quo omnia, quia maximum; et quoniam nihil sibi opponitur, secum simul coincidit minimum, quare et in omnibus; et quia absolutum, tunc est actu omne possibile esse nihil ab rebus contrahens, a quo omnia«. De docta ign. I, 2 nach den Handschriften; in den Drucken ist einiges geändert.

[2]) Universalis maximitas . . est »contracte existens uti universum, cuius quidem unitas in pluralitate contracta est, sine qua esse nequit«. l. c. I, 2.

[3]) »Sicut absoluta maximitas est entitas absoluta, per quam omnia id sunt, quod sunt, ita et universalis (scilicet maximitas) unitas essendi ab illa, quae maximum dicitur ab absoluto«. l. c. I, 2. Der Herausgeber Faber bezog »quae« auf das zunächst stehende »illa« und nicht, wie es geschehen mufs, auf das ferner stehende »unitas essendi«, scheint überdies, wie so oft, an dem sonderbaren »ab absoluto« Anstofs genommen zu haben und änderte »ab absoluto« in ein einfaches »absolutum« um. Der ursprüngliche Sinn des Relativsatzes geht dadurch vollständig verloren. Zu dem Vergleiche selbst sei bemerkt, dafs nach De docta ignor. I, 8: »Unitas dicitur quasi ontitas ab on graeco vocabulo, quod latine ens dicitur, et est unitas entitas«. Der Parallelismus zwischen »entitas absoluta« und »unitas essendi ab illa« kann daher nichts Auffälliges an sich tragen.

[4]) »Maximum (scilicet contractum) omnia complectitur, ut omnia, quae sunt ab absoluto, sint in eo et ipsum in omnibus«. l. c. I, 2. »Ab absoluto«:

V.

Die Einwände des Johannes Wenck.

Kaum war die »Belehrung über das Nichtwissen« erschienen, als Johannes Wenck,[1] Professor der Theologie zu Heidelberg, gegen dieselbe eine besondere Schrift mit dem Titel »de ignota literatura«[2] richtete. Was er darin vorbringt, bezieht sich in erster Linie auf die Lehre von Gott. Jene »Belehrung« unterscheide den Schöpfer nicht vom Geschöpfe, und doch sei

1. Gott Schöpfer, nicht Geschöpf.[3]

Cusanus antwortet hierauf: Nie war jemand so unweise, daſs er behauptet hätte, Gott sei ein anderes als jenes Sein, welches so groſs, daſs man sich ein gröſseres nicht denken kann.[4] Daher ist Gott nicht dies oder jenes, weder Himmel noch Erde, sondern derjenige, welcher allen Dingen das Sein verleiht. Er ist recht eigentlich die Form jeder Form, und eine jede Form, welche nicht Gott, ist nicht im eigentlichen Sinne Form; denn sie ist geformt durch die unbeschränkte und absolute Form. Der absoluten, vollkommenen und einfachsten Form kann kein Sein fehlen, alles Sein kann in ihr nichts anderes, als sie selbst, sein. Man darf sich daher durchaus nicht vorstellen, Gott besitze in der Weise Sein, wie irgend ein Einzelding, oder wie das Allgemeine, die Gattung oder die Art. Gott ist Anfang, Mitte und Ende von allem, die unaussprechliche

---

in einem der Drucke steht »i n absoluto«, und Stöckl 56 meint, dieses »In« entspreche mehr dem Sinne des Satzes. Daſs dies nicht richtig, brauche ich wohl kaum mehr zu bemerken. In Gott ist viel m e h r, als in der Welt verwirklicht ist; aber alles, was hier wirklich ist, das ist v o n Gott.

[1] Nicht »Vench«, noch weniger »Vencchi« lautet der Name; vgl. cod. lat. Monac. 18711, cod. lat. Palat. 149. 370. 438. 600 der Vaticana sowie Töpke, Die Matrikel der Universität Heidelberg I, 210. 244. 267.

[2] Diese Gegenschrift ist bislang nur soweit bekannt, als Cusanus Stellen derselben in seine »Apologia doctae ignorantiae« aufgenommen hat.

[3] »Ipse deus creator, non creatura« Apol. fol. 35ᵇ.

[4] »Nemo unquam adeo desipuit, ut deum aliud affirmaret quam id, quod maius concipi nequit«. l. c. fol. 36ᵃ.

Form, welche jeden Begriff übersteigt. Wenn jemand über mathematische Vorstellungen, über jede Vielheit hinaus, ohne Maſs, Zahl und Gewicht die Dinge sieht, dann schaut er sie ganz sicherlich in einer einfachsten Einheit; er sieht sie in Gott. Und so, auf diese Weise, Gott sehen heiſst sehen, daſs alles Gott und Gott alles ist. Freilich wissen wir durch die »Belehrung«, daſs wir Gott auf diese Weise nicht sehen können.[1]) Wenn aber jemand alles in Zahl, Gewicht und Maſs sieht, so weiſs er, daſs dies ohne Verschiedenheit und Übereinstimmung nicht sein kann.[2])

Wer so die Dinge, dürfen wir im Sinne des Cusanus getrost hinzusetzen, in ihrer Vielheit, in Zahl, Maſs und Gewicht sieht, der sieht nicht Gott, sondern dessen Bild. Die ideale Welt ist in Gott, eins mit Gott, nichts anderes wie Gott, die reale stammt von Gott, steht in Beziehung zu Gott, ist von Gott verschieden. Man hat freilich die obige Antwort eine Deduktion genannt[3]), die sich jeder Pantheist gefallen lieſse. Aber, wie Lewicki treffend zeigt,[4]) mit Unrecht. Gott ist auch nach Cusanus Schöpfer, nicht Geschöpf.

Wäre dies richtig, dann dürfte Cusanus aber

2. Keine Einheit der Gegensätze Schöpfer und Geschöpf

lehren. Nach der Ansicht Wencks hingegen lehrt er eine solche.[5]) Und diese Ansicht ist nicht ganz unbegründet. »Die Aufhebung aller Gegensätze,« bemerkt Ritter[6]) ganz richtig, »selbst der Widersprüche in Gott führt den Cusaner natürlich zu einer Lehrweise, welche pantheistische Vorstellungen begünstigt. Denn sollte sie nicht auch zur Aufhebung des Unterschiedes zwischen Welt und Gott hintreiben?«

---

[1]) »Et sic videre deum est videre: omnia deum et deum omnia, quo modo scimus per doctam ignorantiam eum per nos videri non posse«. l. c. fol. 36ᵃ.

[2]) »Sed si quis videt omnia in numero, pondere et mensura: in se experitur sine differentia et concordantia hoc esse non posse«. l. c.

[3]) Denzinger 360.

[4]) S. 44.

[5]) »Creaturam cum creatore coincidere«. l. c. fol. 37ᵇ.

[6]) Geschichte der Philos. IX, 165.

Manche Stellen in seinen Schriften lassen sich in diesem
Sinne deuten. Wenck erwähnt den Satz: »dem Absoluten ist
nichts entgegengesetzt« und folgert daraus: »wegen Mangel eines
Unterschiedes ist daher Gott die Allgemeinheit der Dinge«.[1])
Man könnte hier auch die Sätze anführen: das eine Absolute
ist alle Dinge; in ihm sind alle, selbst ist es in allen, aus ihm
sind alle;[2]) ferner: Gott enthält und entfaltet alle Dinge, sofern
er sie enthält, sind alle in ihm, sofern er sie entfaltet, ist er
in allen;[3]) weiter: Gott ist das absolute Wesen der Sonne,
des Mondes, kurz: das absolute Sein und Wesen aller Dinge[4]);
oder: Gott ist das durch und durch absolute Allgemeine,[5])
die absolute Möglichkeit,[6]) die Seele und der Geist der
Welt,[7]) nicht bloß die bewirkende und finale, sondern auch
die formale Ursache der Dinge;[8]) endlich: das Geschöpf ist
gleichsam endliche Unendlichkeit, ein geschaffener Gott,[9]) das
absolute menschliche Wesen ist gleichsam Gott,[10]) der Mensch
ist Gott, ein menschlicher Gott.[11]) Richtig verstanden, könnte
man den Menschen einen Gott, der Mensch geworden, und diese
Welt, wie auch Plato wollte, einen sichtbaren Gott nennen.[12])

Sätze, wie die vorstehenden, haben moderne Forscher[13])
pantheistisch gedeutet. Cusanus protestiert dagegen. Dem Joh.

---

[1]) »Ob defectum discretionis ipse est universitas rerum«. Apol. 38ᵇ.
Nebenbei sei bemerkt: statt »ob defectum« steht in den Drucken »obiectum«.

[2]) »Absolutum unum .. est omnia, in quo omnia, . . . est et in
omnibus, . . . a quo omnia«. De docta ign. I, 2. Vgl. oben S. 49. Anm. 1.

[3]) De docta ign. II, 3. Vgl. oben S. 47. Anm. 1.

[4]) »Deus . . est entitas et quidditas absoluta omnium«. De docta
ign. II, 4.

[5]) »Universale penitus absolutum deus est«. De docta ign. II, 6.

[6]) De docta ign. II, 8.

[7]) De docta ign. II, 9.

[8]) De docta ign. II, 9. I, 21. Vgl. oben S. 31.

[9]) De docta ign. II, 2. Vgl. oben S. 46. Anm. 2.

[10]) »Est ipsa humanitas absoluta quasi deus«. De docta ign. II, 5.

[11]) »Homo deus est, sed non absolute, quoniam homo; humanus est
igitur deus«. De coniect. II, 14.

[12]) »Sano intellectu . . . homo nominari posset deus humanatus et
hic mundus deus visibilis«. De dato 2.

[13]) Denzinger 359 f. Stöckl 54 ff. Falckenberg 8.

Wenck antwortet er darauf, wie folgt: Weil ein Mensch ohne
Geist, so versteht derselbe die Dinge nicht, welche zum Reiche
Gottes gehören. Wenn ihn Leidenschaft nicht ganz beherrscht
hätte, so würde er meine Schrift nicht gefälscht haben.[1]) Er
wollte aber nun einmal, wie es scheint, meine Ansichten be-
kämpfen, fälschte daher seinem Verlangen gemäſs den Sinn
wie die Worte. Die Fälschung liegt klar zu Tage. Wer die
Wahrheit lieb hat, muſs nämlich sagen, daſs man dergleichen
in den «Büchern der Belehrung» nicht antrifft, und alles verneinen, was jener hineindeutet. Es wäre in der That, wenn
die Deutung Wencks richtig sein sollte, auch arg. Wer nämlich
behauptet, das Abbild sei mit dem Urbilde, die Wirkung mit
ihrer Ursache eins, der gleicht viel eher einem Wahnsinnigen
wie einem Irrenden.[2]) Alle Dinge sind in Gott, wie die
Wirkung in ihrer Ursache: das ist allerdings ganz richtig; aber
daraus folgt noch lange nicht, die Wirkung sei gleich der Ursache. Freilich in der Ursache sind die Wirkungen nichts
anderes wie die Ursache selbst. Die Zahl ist nicht die Einheit,
obgleich eine jede Zahl in der Einheit, wie die Wirkung in ihrer
Ursache, enthalten ist. Aber das, was wir unter Zahl verstehen,
ist die Entfaltung der Macht, die in der Einheit liegt. Demnach ist die Zahl in der Einheit nichts wie die Einheit. Diese
einfache Einheit[3]) ist das Prinzip der Zahlen und besitzt als
solches eine sehr groſse, eine unbegreifliche Macht. Sichtbar
erscheint uns dieselbe nur in den verschiedenen Zahlen, und
hier gewinnen wir eine Vorstellung derselben. Auch der Punkt
besitzt eine solche unbegreifliche Macht; einzig in den Quantitäten, die von dem einfachen Punkte herabsteigen, giebt sich
dieselbe kund. Der Punkt ist in den Quantitäten, die Monas[4])
in allen Zahlen gleichsam alles, was diese sind. Denkt man
sich nämlich die Monas weg, so kann es eine Zahl nicht mehr

---

[1]) »Quoniam animalis homo non percipit ea, quae sunt de regno dei,
et si passio eum non vicisset, non falsificasset scripta«. l. c. fol. 37b.

[2]) »Nam dicere imaginem coincidere cum exemplari et causatum cum
sua causa potius est insensati hominis quam errantis«. l. c.

[3]) De dato patris 4.

[4]) Apol. fol. 37b.

geben. Bloſs durch die Monas kann diese bestehen. Die Monas
ist jede Zahl, aber nicht als Zahl, sondern als deren Enthalt.
Darum ist sie nicht irgend eine bestimmte Zahl, sie ist nicht
die Zwei, nicht die Drei. Ähnlich steht es mit Gott. Er ist
ein jedes Ding, ohne dieses bestimmte Ding zu sein; darum
ist er auch, obgleich er alles in allen ist, dennoch keins von
den Dingen.[1])

Diese Erklärung im Sinne des Monotheismus findet Denzinger durchaus unzulänglich. Er sagt:[2]) »Also sind die Dinge
von Gott so unterschieden, wie das Entwickelte vom Unent
wickelten«. Denzinger irrt. Gott ist durchaus nicht das Un-
entwickelte. Die Monas und der Punkt sind, so unglaublich
uns dies auch erscheint, dem Cusanus sehr groſse, unbegreifliche Mächte; Gott ist die absolute Macht. Die »complicatio«,
der »Enthalt«,[3]) wie ich anstatt »Einwicklung« übersetze, der
»Enthalt« des Vielen in der göttlichen Einheit gilt durchaus als
der vollkommenere Zustand. Das Accidens trägt zur Substanz
mit bei, das Geschöpf zu Gott nichts.[4]) Man darf daher auch, wie
Falckenberg[5]) mit Recht bemerkt, der cusanischen »explicatio«
keineswegs den heutigen Begriff der Entwickelung unterschieben.

---

[1]) »Deus . . omne ens non entiter et ob hoc non est aliquod entium, . .
quamvis omnia sit in omnibus«. l. c. fol. 37ᵇ.

[2]) S. 360.

[3]) Das Wort »Enhalt«, heute nicht mehr gebräuchlich, findet sich
bei den deutschen Mystikern : bei Giselher von Slatheim vgl. Preger, Geschichte der deutschen Mystik II, 217; bei Nikolaus von Straſsburg vgl.
Pfeiffer, Deutsche Mystiker I, 290: »Daz houbet ist ein enthalt der andern
gelider«; Hermann von Fritslar (vgl. Pfeiffer I, 26) gebraucht in ähnlichem
Sinne »entheltnisse«: »Daz êwige wort . . ist in allen krêatûren als ein
entheltnisse ires wesens«. — »Complicatio« und »complicare«, »Enthalt«
und »Enthalten« bilden im Sinne des Cusanus das eine Begriffspaar, das
Gegenstück dazu sind »explicatio« und »explicare«, »Entfaltung« und »Entfalten«. Bislang hat man »Ein- und Auswickelung«, »Ein- und Auswickeln«
übersetzt. Dafs diese Übersetzung unpassend, fühlt jeder; dafs die von
mir vorgeschlagene weit besser ist, glaube ich annehmen zu dürfen. Sie
ist nicht umständlich, sie ist verständlich und giebt das lateinische
Wortspiel vollständig wieder.

[4]) »Nihil confert deo, sicut accidens substantiae«. De docta ign. II, 3.

[5]) S. 29.

Aber dennoch finde ich obige Erklärung mangelhaft. Auch der Pantheist kann und wird sagen: Gott ist, obgleich er alles in allem, doch nicht dieses oder jenes bestimmte Ding. Der Pantheist würde mit diesem Satze sagen: Gott ist nicht ausschließlich dies oder jenes von den Dingen, sondern alle; Cusanus will damit sagen: Gott ist nicht dies oder jenes Ding in seiner Besonderheit, obgleich er absolut das ist, was es seinem Wesen nach ist.

Doch darüber ließe sich ja streiten. Wichtig erscheint daher jedenfalls, daß Cusanus nicht bloß im allgemeinen, wie soeben, sondern überdies ganz speziell den Vorwurf abzuweisen sucht, als ob er die Einheit der Gegensätze lehre. Entrüstet nämlich fragt er:[1] Ist jener Fälscher nicht weit eher zu belachen als zu widerlegen? Warum führt er die Stelle nicht an, wo er in den Büchern der Belehrung den Satz gefunden, daß Gott und die Welt eins sind? Offenbar konnte er dies nicht. Nirgends wird man darin jene Behauptung finden. Wohl aber findet man den Satz ausgesprochen, das Geschöpf sei nicht Gott.[2] Ich begreife gar nicht, was der Gegner sagen will, vielleicht versteht er selbst sich nicht.[3] Alle göttlichen Attribute sind in Gott eins, die ganze Gotteslehre befindet sich in einem Zirkel, so zwar, daß z. B. die Gerechtigkeit in Gott dessen Güte ist und umgekehrt.[4] In diesem Punkte stimmen alle hl. Lehrer überein, welche auf die unendliche Einfachheit Gottes ihr Augenmerk richteten. Die unendliche Einfachheit macht, daß Gott auf die Weise einer, daß er dreifaltig, so dreifaltig, daß er einer ist. Aus der Einheit der Attribute folgt darum keineswegs, daß der Vater zugleich Sohn oder hl. Geist sei. Freilich die Dreifaltigkeit in der Einheit und die Einheit

---

[1] Apol. fol. 38b.

[2] Der Satz steht De docta ign. II, 2. Vgl. oben S. 43. Anm. 2.

[3] »Neque capio, quid velit adversarius dicere, neque forte ipse se intelligit«. Apol. fol. 38b.

[4] »Nam omnia attributa divina coincidere in deo et totam theologiam esse in circulo. positam, sic quod iustitia in deo est bonitas et econverso . . necessarium comperi et ita legi«: sagt der Schüler zu seinem Meister. l. c. 38b.

in der Dreifaltigkeit übersteigt unsere Vorstellungen. Diese sind durchaus unzulänglich, eher unbrauchbar, als brauchbar.

Nach dieser Erklärung, die an Deutlichkeit nichts zu wünschen übrig läfst, mag man bemessen, ob Cusanus, wie Stöckl[1]) und Windelband[2]) annehmen, seine Trinitätslehre modalistisch und seine »Einheit der Gegensätze« pantheistisch verstanden wissen will.

Meines Erachtens: Nein. Aber darum könnten jene Lehren doch immer noch in dem angedeuteten Sinne verstanden werden. Möglich wäre es sogar, dafs sie konsequent so verstanden werden müfsten. Hierauf ist zu bemerken, dafs die »Belehrung« an einer Stelle ausdrücklich erklärt: Der Vater ist wirklich Gott, der Sohn ist wirklich Gott, der hl. Geist ist wirklich Gott.[3]) Und nur in Verbindung mit diesem Satze hat die Lehre vom Gottmenschen, der ganze dritte Teil der »Belehrung«, einen Sinn. Da die Trinitätslehre, streng genommen, nicht in die Philosophie gehört, so versage ich mir, auf jene näher einzugehen. Ebensowenig aber, wie die Trinitätslehre modalistisch, darf die Gotteslehre des Cusanus pantheistisch gedeutet werden. Der Pantheismus kennt nur einen Weltgrund, aus ihm geht mit Notwendigkeit die Welt hervor. Cusanus lehrt eine frei[4]) wirkende Welturache, diese Ursache ist ihm Gott, die Welt ihre Wirkung. Hierin liegt für ihn, bemerkt Ritter ganz richtig,[5]) der Unterschied zwischen Gott und der Welt. Bekanntlich wäre es Wahnsinn zu behaupten, die Ursache sei eins mit der Wirkung.[6])

Von hier aus sind jene zweideutigen Ausdrücke so zu erklären, dafs sie mit dem angegebenen Grundgedanken zu-

---

[1]) S. 51. 54 ff.

[2]) Geschichte der neuern Philos. 1, 44.

[3]) »Pater est actu deus, filius actu deus, spiritus sanctus actu deus«. lib. II, 7.

[4]) »Mundus . . . secundum dei . . . liberrimam factus est voluntatem«. De ludo 1. fol. 154[b]. »Natura . . ex necessitate operatur, principium . . supernaturale liberum . . voluntate creat omnia«. De beryllo. 23.

[5]) S. 166.

[6]) Apol. fol. 37[b]. Vgl. oben S. 53. Anm. 2.

sammen einen erträglichen Sinn geben. Wenigstens verlangt
dies Cusanus. Er schreibt:[1]) Wer die Anschauung eines Schrift-
stellers über irgend einen Gegenstand erforscht, mufs alle Schriften
desselben aufmerksam lesen und sie so deuten, dafs eine über-
einstimmende Ansicht herauskommt. Das Gegenteil ist nicht
schwer. Es ist nämlich leicht, in Bruchstücken von Schriften
Sätze zu finden, die sich widersprechen. Bringt man sie dagegen mit dem vollständigen Werke in Verbindung, so stimmen
sie. Wenn man giftige Tiere, vom Weltganzen getrennt, für
sich betrachtet, so scheint es, dafs sie keine Schönheit, keinen
Wert besitzen. Hält man sie dagegen mit dem Ganzen zusammen, dessen Glieder sie sind, so findet man, dafs auch
sie ihre Schönheit und ihren Wert besitzen; denn die Welt ist
durchaus schön und setzt sich aus der schönen Harmonie seiner
Teile zusammen.[2])

Dieser Wunsch des Autors selbst verdient unbedingte Beachtung, und nur im äufsersten Notfalle darf es daher gestattet
sein, durchgehende Widersprüche zu konstatieren, wie Falckenberg[3]) thut. Sind solche wirklich vorhanden, so ist es allerr-
dings das beste, sie klarzulegen und bis in ihre Wurzeln zu
verfolgen. In erster Linie aber ist darauf zu sehen, dafs man
Sätze und Ausdrücke, die sich zu widersprechen scheinen, mit
einander in Einklang zu bringen sucht.

Das letztere scheint mir im vorliegenden Falle der Hauptsache nach nicht unmöglich. Gott ist die Ursache alles dessen,
was sein kann; als solche ist er aktuell alles, was werden kann.
Darum ist er negativ unendlich. Das Weltall umfafst zwar
auch alles, was sein kann, aber nicht aktuell, sondern potenziell;
darum ist es privativ unendlich. Ein Teil des logisch Möglichen ist in der Welt wirklich geworden. Zu ihr steht Gott
als Ursache natürlich in der innigsten Beziehung. Die Welt

---

1) Apol. fol. 37ᵇ.

2) »Uti venenosa animalia, quando separatim ab universo conspiciuntur,
nihil pulchritudinis aut bonitatis habere videntur, sed ad universum collata,
cuius sunt membra, suam habere pulchritudinem et bonitatem reperiuntur.«
l. c. fol. 37ᵇ.

3) Vgl. S. 5.

aber ist die Verbindung von Möglichkeit und Seele, von Materie
und Form.[1]) Wie! sollte man angesichts dessen Gott, die
Ursache der Welt, nicht in gewissem Sinne mit den Namen
dieser Weltfaktoren benennen dürfen? Cusanus thut es. Er
nennt Gott, auf den ersten Blick sonderbar genug, Möglichkeit,
als ob Gott auf einmal nicht mehr alles das aktuell wäre, was
möglich ist! Aber er nennt ihn auch nicht Möglichkeit schlechthin, sondern die absolute Möglichkeit. Er nennt ihn ferner
die Seele und den Geist der Welt und erklärt sich in demselben Augenblicke aufs entschiedenste gegen die neuplatonische
Weltseele.[2]) Die Weltseele nach Gott und vor der beschränkten
Welt haben wir gar nicht nötig; das eine unendliche Urbild
genügt vollständig.[3]) Gott allein ist die Seele und der Geist
der Welt in dem Sinne, daß die Seele gleichsam für etwas
Absolutes gilt, in welchem alle Formen der Dinge aktuell sind.[4])
Platon nannte die Welt ein lebendes Wesen, für dessen Seele
kann man Gott ansehen; doch ist er dies, fügt Cusanus hinzu,
ohne Vermischung mit derselben.[5]) Weiterhin ist ihm Gott
die Form des Seins, doch nicht eine beliebige, sondern jene,
die sich mit dem Geschöpfe nicht vermischt,[6]) daher ist diese
Form auch die eine unendliche Form der Formen,[7]) im eigentlichen Sinne die Form jeder Form, die unbeschränkte und
absolute Form, die absoluteste, vollkommenste und einfachste
Form. Was man sonst wohl noch Form nennt, ist eigentlich

---

[1]) Vgl. »De possibilitate sive materia universi«, »De anima
sive forma universi«: die Titel der Kapitel De docta ign. II, 8. 9.

[2]) »Nec cadit eo modo medium inter absolutum et contractum, ut
illi imaginati sunt, qui animam mundi mentem putarunt post deum et ante
contractionem mundi«. l. c. II, 9.

[3]) »Unum infinitum exemplar tantum est sufficiens et — necessarium«. l. c. II, 9.

[4]) »Solus deus anima et mens mundi est eo modo, quo anima quasi
quid absolutum, in quo omnes rerum formae actu sunt, consideratur«. l. c.

[5]) »Plato mundum animal dixit, cuius animam absque immersione
deum si concipis . .«. l. c. II, 12.

[6]) »Deum esse essendi formam nec tamen immisceri creaturae«.
l. c. II, 2.

[7]) »Non est nisi una infinita forma formarum«. l. c. II, 9.

nicht Form, sondern geformt.[1]) Gemeinhin sagt man, das Universale sei nur in den Einzeldingen oder in dem Verstande. Cusanus schließt sich völlig dieser Ansicht an, dennoch nennt er Gott das Universale, freilich nicht das beschränkbare (contrahibile), wovon soeben die Rede war, sondern das durch und durch absolute Allgemeine.[2]) Als Ursache ist Gott das Wesen von Sonne, Mond, das Wesen der Welt; aber nicht — das beschänkte, sondern das absolute. Wer gegen diese Bezeichnung Gottes etwas einzuwenden hat, der versteht nach Cusanus überhaupt gar nichts. Gott nämlich ist das Wesen aller Wesen, das absolute Wesen aller; in demselben Sinne ist er das absolute Sein der Seienden und das absolute Leben der Lebenden. Betet doch auch die Kirche: Gott, Leben der Lebenden.[3])

Gott enthält alles; durch einfache Emanation aus dem absolut Größten gelangte die ganze Welt zu ihrem Dasein.[4]) An den Ausdruck Emanation klammert sich Denzinger und folgert[5]): Demnach scheint Cusanus »die Welt auf idealistische Weise emanieren zu lassen«. Schon Falckenberg bemerkt,[6]) daß der Ausdruck in durchaus harmloser Bildlichkeit gemeint ist, daß »emanatio« im Mittelalter überhaupt nicht den engen Sinn der Neuzeit hatte. Ich kann noch hinzufügen, daß sogar der hl. Thomas diesen Ausdruck sich aneignet; nach ihm ist die Hervorbringung des allgemeinen Seins eine »simplex ema-

---

[1]) »Proprie forma omnis formae, et omnis forma, quae non deus, non sit proprie forma, quia formata ab ipsa incontracta et absoluta forma. Quapropter absolutissimae et perfectissimae atque simplicissimae formae . . .« Apol. fol. 36ᵃ.

[2]) »Universale contrahibile in se non subsistens, sed in eo, quod actu est . . Universale penitus absolutum deus est«. De docta ign. II, 6.

[3]) »Nihil penitus intelligit homo ille (Wenck). Nam (deus) est quidditas omnium quidditatum et absoluta omnium quidditas, sicut absoluta entitas entium et absoluta vita viventium, quemadmodum et dicit ecclesia in oratione: Deus, vita viventium«. Apol. fol. 40ᵇ.

[4]) »Per simplicem emanationem maximi contracti a maximo absoluto totum universum prodiit in esse«. De docta ign. II, 4.

[5]) S. 359.

[6]) S. 28.

natio«.[1]) Sein Lehrer Albertus Magnus spricht von einem
Fliefsen, von einem Überfliefsen der ersten bewirkenden Ursache.[2]) Keiner dieser Fürsten der Scholastik denkt natürlich
dabei an neuplatonische Emanation; und ebensowenig thut dies
Cusanus. Wie wir soeben hörten,[3]) ist er gegen die Weltseele.
Demgemäfs sagt er denn auch weiterhin nicht etwa: aus
dem Wesen, sondern: aus dem Gedanken Gottes gelangten
alle Dinge zu ihrem Dasein.[4]) Sehr richtig bemerkt daher Erdmann,[5]) ganz entschieden erkläre sich Cusanus gegen alle Ansichten, die man später pantheistische genannt hat; nicht nur
dagegen, dafs alle Dinge Gott seien,[6]) sondern auch gegen jede
Emanation, möge dieselbe als eine unmittelbare, möge sie als
eine durch Mittelwesen, Weltseele, Natur u. s. w. vermittelte
gedacht werden. Alle Teile der Welt gelangten gleichzeitig
mit der Welt zu ihrem Dasein, nicht, wie Avicenna und andere
Philosophen wollten, zuerst der Geist, dann die Weltseele, darauf
die Natur.[7])

Freilich das geschöpfliche Sein stammt von dem absoluten
Sein auf eine Art, die sich nicht begreifen und nicht näher bezeichnen läfst.[8]) In Gott ist Sein und Schaffen identisch, »Gott
schafft« wird demnach soviel bedeuten, wie »Gott ist alles«.[9])
In Gott ist ferner Sein und Erkennen identisch, »Gott erkennt
die Dinge in ihrer Vielheit« wird demnach soviel heifsen, wie

---

[1]) »Quia omnis motus indiget subiecto, ut hic Aristoteles probat, et
rei veritas habet, sequitur, quod productio universalis entis a deo non sit
motus nec mutatio, sed sit quaedam simplex emanatio«. Expos. in
Phys. VIII. lectio 2.

[2]) »Omnibus supereffluit; . . primum efficiens sine termino fluit
omnibus influens efficiendi virtutem«. De causis et proc. tr. 4. c. 4.

[3]) S. 58 f.

[4]) »Ex intentione dei omnia in esse prodierunt«. De docta ign. II, 4.

[5]) Grundrifs der Geschichte der Philos. I³, 455.

[6]) De docta ign. II, 2. Vgl. oben S. 43. Anm. 2. S. 55. Anm. 2.

[7]) »Omnia entia, quae sunt partes universi, . . simul cum universo in
esse prodierunt et non prius intelligentia, deinde anima nobilis, deinde
natura, ut voluit Avicenna et alii philosophi«. De docta ign. II, 4.

[8]) »Creaturae esse sit ab esse absoluto modo, quo dici aut intelligi
nequit«. Apol. 40ᵇ.

[9]) De docta ign. II, 2. Vgl. oben S. 44. Anm. 1.

»Gott ist die Dinge in ihrer Vielheit«.[1]) Jedes Geschöpf ist sonach Unendlichkeit oder Gott, die Welt der sichtbare Gott. So scheint es. Aber es scheint auch nur so. Wäre Gott Geschöpf, so müfste dieses ewig, unvergänglich sein, Gott müfste sich als Form mit ihm einheitlich verbinden. Wäre Gott andererseits in den Dingen vervielfältigt, so wäre er nicht die unendliche und gröfste Einheit, die sich gar nicht vervielfältigen läfst.

Das Gegenteil ist Thatsache. Das Geschöpf ist nicht ewig, Gott vermischt sich nicht mit dem Geschöpfe, seine unendliche Einheit vervielfältigt sich unmöglich in den Einzeldingen.[2]) Höchstens darf man daher sagen: das Geschöpf ist g l e i c h s a m (quasi) endliche Unendlichkeit oder ein geschaffener Gott. Richtig verstanden, könnte man allenfalls auch sagen, die Welt sei der sichtbare Gott.[3]) Doch, fügt Cusanus hinzu, dies alles sind nur verschiedene Ausdrucksweisen, die den Kern der Sache nicht klarlegen. Ja gerade um dieses deutlich zu zeigen, wurden sie gewählt. Nichts anderes ist damit beabsichtigt[4].)

Eins läfst sich doch sagen: Gott enthält alle Dinge, in Gott und d u r c h Gott sind alle Dinge das, was sie sind.[5]) Aber gerade dieser Satz erscheint Wenck höchst bedenklich. Derselbe verneint nach seinem Dafürhalten

3. Die Subsistenzen der Einzeldinge.

Er sagt: Nach der »Belehrung über das Nichtwissen« sind i n d e m a b s o l u t Gröfsten alle Dinge das, was sie sind;

---

[1]) l. c. II, 3.

[2]) »Creatura non est aeterna«, »deum . . . nec . . . immisceri creaturae«, »intelligis, non esse possibile illam unitatem, quae est infinita et maxima, multiplicari«. De docta ign. II, 2. 3. Vgl. oben S. 44. Anm. 3. S. 48. Anm. 1.

[3]) Vgl. oben S. 52. Anm. 12 das bezügliche Citat.

[4]) »Nihil aliud in illis capitulis (doctae ign. II, 2. 3.) ex intentione tractatur, quam quod creaturae esse sit ab esse absoluto modo, quo dici aut intelligi nequit; et alia non est assertio, licet tangantur modi diversi dicendi«. Apol. fol. 40[b].

[5]) »Absoluta maximitas est entitas absoluta, p e r q u a m omnia id sunt, quod sunt«. De docta ign. I, 2.

denn jenes ist das absolute Sein, ohne welches nichts ist.[1]) Es
ist klar, hierdurch werden die Subsistenzen der Dinge in ihrer
eigenen Gattung aufgehoben.[2])

Doch nicht so ganz. Wenck übersieht, absichtlich oder
unabsichtlich, in dem angeführten Satze die Bedeutung der
Präposition Durch (per) und setzt anstatt dessen unbedenklich
In. D u r c h das absolut Gröfste sind· nach Cusanus die Einzeldinge als solche das, was sie sind, aber nicht i n demselben.
In ihm sind sie nicht Einzeldinge, sondern bekanntlich[3]) nichts
anderes, wie das absolut Gröfste selbst.

Verächtlich erwidert daher Cusanus[4]) auf diesen neuen
Angriff: Man könnte dem Gegner dasselbe sagen, wie der
hl. Augustinus, wo er Gott als die Quellader alles Seins preist:
»Was kümmert es mich, wenn man mich nicht versteht?«[5])
Wir nennen nämlich den Schöpfer zunächst Gott und sagen
von ihm, dafs er ist. Dann erheben wir uns zu der Einheit
der Gegensätze und behaupten nun, Gott sei eins mit dem
Sein. Moyses nennt ihn den Weltbildner (formatorem), wenn
er sagt: Es bildete (formavit) Gott den Menschen. Wenn
derselbe demnach die Form der Formen ist, so verleiht er
notwendig das Sein. Aber darum kann doch ganz gut die
Erdform der Erde, die Feuerform dem Feuer das diesen eigentümliche Sein verleihen. In gewissem Sinne kann man sogar
sagen: Jedes Geschöpf ist in Gott das, was es ist; denn dort
ist es in seiner Wahrheit. Doch werden hierdurch die Subsistenzen der Dinge in ihren eigenen Formen nicht aufgehoben.
Wenn jener gute Mann (ille homo) die Wahrheit liebte, so
hätte er nach allem dem, was er in der »Belehrung« weitläufig,
klar und deutlich lesen konnte, einen Zusatz machen müssen,
der das gerade Gegenteil enthielte.

So einfach und klar, wie man nach dieser Abfertigung

---

[1]) »In m a x i m i t a t e absoluta omnia id sunt, quod sunt, quia est
entitas absoluta, sine qua nihil est« nach der Apol. fol. 39ª.

[2]) »Per hoc tolli subsistentias rerum in proprio genere«. l. c.

[3]) De docta ign. II, 3. Vgl. oben S. 48. Anm. 4.

[4]) Apol. fol. 39ª.

[5]) Conf. I, 6.

Wencks glauben sollte, liegt nun die Sache denn doch nicht. Wohl heißt es in der »Belehrung«: Das Geschöpf ist weder Gott, noch nichts, es kommt gleichsam nach Gott und vor dem Nichts, steht zwischen Gott und dem Nichts.[1]) Es besitzt also wohl ein eigenes Sein, besteht für sich.

Doch eben daselbst heißt es auch: Das Geschöpf ist nichts ohne Gott. Dasselbe gleicht einem Spiegel, der ohne das von ihm aufgenommene Bild vor- und nachher durch sich und in sich nichts ist.[2]) Betrachtet man daher Gott, wie er in den Dingen ist, so darf man nicht glauben, diese seien nun etwas, worin er ist. Dies wäre ein Irrtum. Das Sein eines Dinges ist nicht das Gegenstück zu ihm, sondern nichts wie von ihm abhängiges Sein.[3]) Gott ist die Entfaltung, er ist in allen Dingen das, was sie sind.[4]) Gott steht nichts gegenüber.[5])

Der letzte Satz, behauptet Falckenberg[6]) auf den ersten Blick nicht ganz mit Unrecht, zeige deutlich, daß Gott auch das Wertvolle in der Welt sei, er treibe diesen pantheistischen Gedanken sogar auf die Spitze. Mir scheint, gerade dieser letzte Umstand sollte einen abhalten, jenen Satz so zu deuten, wie man ihn, was ich nicht leugne, rein für sich genommen, deuten kann: im pantheistischen Sinne. Anders gedeutet, enthält derselbe vielleicht keine Übertreibung und ist mit dem Übrigen in Einklang. Gott nun steht deshalb nichts gegenüber, weil er das absolut Größte, weil er die absolute Einheit ist. Die absolute Einheit aber ist er, weil er ebenso, wie die Einheit

---

[1]) »Creatura, quae nec est deus nec nihil, sit quasi post deum et ante nihil, intra deum et nihil«. De docta ign. II, 2.

[2]) »Quod quidem speculum ante aut post per se et in se nihil sit«. De docta ign. II, 2.

[3]) »Si consideras ipsum, ut est in rebus, res aliquid esse, in quo ipse est, consideras. Et in hoc erras, ut patuit in proximo capite (vgl. die gerade vorhergehende Anm.), quoniam esse rei non est aliud (vgl. oben S. 48. Anm. 3), ut est diversa res, sed eius esse est abesse«. De docta ign. II, 3.

[4]) l. c.

[5]) l. c. I, 2. 5. 24. II, 3.

[6]) S. 25.

jede denkbare Zahl, alles das enthält, was sein kann.[1]) Die
Einheit ist infolgedessen Prinzip der Zahlen, sie macht diese
erst möglich und bei weitem nicht etwa unmöglich. Ebenso
ist Gott das Prinzip, die Ursache der Dinge, ohne ihn wären
diese nicht, und dennoch sollten sie durch ihn, eben weil e r
ist, unmöglich sein? Das ist nicht anzunehmen. Der obige
Satz kann daher nur besagen: Gott stehen die Dinge ebensowenig gegenüber, wie der Einheit die Zahlen. Die Einheit
steht hoch über der Zahl, diese tief unter der Einheit. Gott
steht hoch über den Dingen, diese t i e f u n t e r ihm; sie stehen
ihm daher n i c h t g e g e n ü b e r.

Dennoch, sagt Cusanus, ist er als Entfaltung in allen wirklichen Dingen das, was sie sind. Wenn dies der Fall ist, so
ist, glaubt Stöckl[2]), nicht abzusehen, wie man die Wesens-
einheit beider noch abwenden könne. Allerdings, wenn Cusanus dem Satze nicht die nähere Erläuterung hinzugefügt hätte:
»wie die Wahrheit im Bilde«. Gott ist in den Dingen, wie
die Wahrheit im Bilde, das, was sie sind.[3]) Es ist indessen
gut, dafs der Autor später diesen Vergleich anderweitig ersetzt
hat. Er sagt nämlich:[4]) Gott ist in allen Dingen und in keinem;
er ist in jedem, sofern es ein Ding ist, in keinem aber, sofern
es ein b e s t i m m t e s Ding ist... Er ist in keinem der Geschöpfe,
sofern es dies oder jenes ist, er ist in allen, sofern sie Dinge
sind. Wäre er z. B. in dem Himmel auf beschränkte Weise
d. h. in dem Himmel als solchem, dann wäre er nicht in der
Erde. Demnach ist er in allen Dingen und in keinem; in allen,

---

[1]) Vgl. »Non potest autem unitas numerus esse, .. sed est principium
omnis numeri, quia minimum, est finis omnis numeri, quia maximum. Est
igitur unitas absoluta, c u i n i h i l o p p o n i t u r, ipsa absoluta maximitas,
quae est deus benedictus. Haec unitas, cum maxima sit, non est multi-
plicabilis, quoniam est omne id, quod esse potest. Non potest igitur ipsa
numerus fieri«. De docta ign. I, 5.

[2]) S. 59.

[3]) »Ut est complicatio, ipsum in omnibus esse id, quod sunt, s i c u t
v e r i t a s i n i m a g i n e«. De docta ign. II, 3. Vgl. oben S. 48.
Anm. 4.

[4]) Sermo »Ubi est, qui natus est« in den sog. Excit. fol. 128ª.

sofern sie sind, in keinem von ihnen beschränkt, sofern sie
dies oder jenes sind.[1])

Gott ist, dürfen wir wohl im Sinne des Cusanus hinzusetzen, in den Dingen alles das, was sie sind, absolut, nicht
beschränkt. Die Dinge sind das, was sie sind, beschränkt, sie
sind z. B. Himmel, Erde, Feuer. Gott ist alles, was möglich
und wirklich ist, absolut und nur absolut; die Welt das, was
sie ist, beschränkt und nur beschränkt. Zwischen Gott und
Welt giebt es keinen Übergang, keine Annäherung, keine Proportion.[2]) Die Welt besteht für sich auf beschränkte Weise.
Sie ist zwar ihrem Bestande nach durchaus von Gott abhängig,
ist darum zu ihm auch nicht das Gegenstück, aber dennoch
von ihm verschieden.[3])

Dafs die Welt als Ganzes von Gott verschieden, dafs alle
einzelnen Dinge von Gott und von einander verschieden, dafs
sie demnach für sich bestehen, läfst sich übrigens noch weit
tiefer, als bisher geschehen, beweisen.

Die Einheit des Gröfsten ist in sich absolut, die Einheit
der Welt in einer Mehrheit beschränkt. Mehrere Dinge aber,
in denen die Welt aktuell beschränkt existiert, können durchaus nicht völlig gleich sein. In diesem Falle hörten sie nämlich
auf, mehrere zu sein. Sie alle unterscheiden sich daher notwendig mehr oder minder unter einander: entweder nach
Gattung, Art und Zahl, oder nach Art und Zahl, oder wenigstens der Zahl nach. Ein jedes von ihnen besteht somit für
sich in seiner Zahl, seinem Gewichte und seinem eigenen
Mafse.[4]) So hat sie Gott geschaffen.[5]) Alle unterscheiden
sich daher durch Grade von einander, keins ist mit dem andern

---

[1]) »In omnibus, ut s u n t, et in nullo contracte, ut h o c sunt«.

[2]) Vgl. De docta ign. I, 3. II, 1. Apol. fol. 38ᵃ. In diesem oft
wiederholten Satze sieht Falckenberg S. 25 den Ausdruck eines extremen
Dualismus.

[3]) »Esse rei non est aliud, ut est d i v e r s a res«. Vgl. oben S. 48.
Anm. 3.

[4]) »Unumquodque in proprio numero, pondere et mensura subsistat«.
De docta ign. III, 1.

[5]) l. c. II, 13.

eins.[1]) Was da allein wahrhaft für sich besteht, das sind nicht die Gattungen, nicht die Arten, sondern die Individuen.[2]) Cusanus ist demnach weit entfernt, das Fürsichsein der Dinge zu verneinen und zu einem blofsen Scheine herabzusetzen. Er lehrt vielmehr eine wahre Einheit in der Ursache und nicht minder eine wahre Vielheit in der Wirkung. Die Individuen existieren wirklich: das ist der Grundgedanke seines Individualismus.[3])

Dennoch trägt Wenck kein Bedenken, den Cusanus auf gleiche Linie mit Meister Eckhart zu stellen. Dieser lehre, Gott sei das Sein, und hebe dadurch in gleicher Weise das Fürsichbestehen der Dinge auf.[4])

In der That lehrt Eckhart mit den Fürsten der Scholastik,[5]) Gott sei das Sein[6]), wirft dann die Frage auf, ob er hierdurch den Dingen das Sein nehme, und beantwortet sie mit einem entschiedenen Nein. Er zerstöre nicht das Sein der Dinge, sondern begründe es. Dies liefse sich durch Vergleiche und Vernunftgründe beweisen. Die Materie trägt zu der zusammengesetzten Substanz kein Sein bei, noch besitzt sie aus sich solches, und dennoch sagen wir nicht, die Materie sei nichts, sondern Substanz und der eine Teil der Zusammensetzung. Ebensowenig sagen wir von den Teilen, sie seien nichts, obgleich sie ihr Sein vollständig von dem Ganzen empfangen und in diesem sind. Endlich leugnen wir nicht, dafs Christus, obgleich er nur eine Person, wahrer Mensch ist. Weit günstiger nun, wie für die Materie bezüglich der Form oder für die Teile bezüglich des Ganzen, liegt im vorliegenden Falle die Sache für das

---

[1]) »Nullum cum alio coincidat«. l. c. III, 1.

[2]) Individua »solum actu existunt«. l. c.

[3]) »Individua actu existunt«.

[4]) Vgl. Apol. fol. 39ᵃ.

[5]) Vgl. Denifle, Meister Eckharts lat. Schriften im Archiv für Litteratur- und Kirchengeschichte des Mittelalters II, 436. Indessen bemerkt Denifle S. 437, Eckhart mache von jenem Satze einen Gebrauch, der für ihn sehr verhängnisvoll sei.

[6]) Op. propros. prooemium; vgl. das soeben erwähnte Archiv II, 542—548.

Geschöpf bezüglich des Schöpfers. Gott, der Schöpfer, ist nämlich die innerste, erste, vollkommenste und allgemeinste Ursache.[1] Wäre Gott dies nicht, so gäbe es keine Dinge. Die Wahrheit des letzten Satzes sucht Eckhart in den Gründen nachzuweisen, die er den Vergleichen anfügt.[2]

Diese Vergleiche und Gründe nun erwähnt Cusanus in aller Kürze, billigt sie und findet deshalb den Vorwurf Wencks gänzlich unbegründet.[3]

Nicht dagegen Denifle. Nach ihm ist der Gegner Wenck vollkommen im Rechte. Cusanus aber, »dessen unklare philosophische Anschauungen sich mit jenen Eckharts berühren«, »hat nicht erkannt, daſs jene Beispiele bloſs erweisen, daſs Eckhart nicht die Wesenheit der Dinge aufheben und völlig destruieren wolle, nicht jedoch (erweisen), daſs er das den Dingen eigentümliche esse wahre. Denn weder die Materie, noch die Teile, noch die menschliche Natur in Christo haben in Wirklichkeit ein ihnen eigentümliches esse«.[4]

Diese Bemerkung Denifles scheint mir durchaus nicht zutreffend. Wenn Gott nach dem Vorstehenden die Wesenheit der Dinge nicht aufhebt, wo bleibt sie dann? In Gott doch wohl nicht. Denifle scheint allerdings dem Eckhart diese Lehre zuzuschreiben, wenn er sagt[5], nach Eckhart sei das Verhältnis des Geschöpfes zu dem göttlichen Sein gewissermaſsen dasselbe, wie das der menschlichen Natur zu dem gottmenschlichen Sein. Doch dies ist nicht möglich. Wie könnte Gott dann noch Gott, wie könnte er dann noch Ursache der Dinge sein? Wo bliebe die Wirkung dieser Ursache? Gott ist für Eckhart nicht etwa, wie Denifle annimmt,[6] die formale Ur-

---

[1] »Sic in proposito longe potius se habet de creatura respectu dei creatoris, quam de materia respectu formae aut partibus respectu totius, quanto deus causa intinior, prior, perfectior et universalior« a. a. O. 547; vgl. 502 f.

[2] S. 547 f.

[3] Apol. fol. 38ª.

[4] S. 504. 503.

[5] S. 547.

[6] S. 503.

sache. Der Stein z. B., erklärt Eckhart,[1]) verdankt das Stein-
sein der Steinform, das Sein schlechthin einzig Gott, der ersten
Ursache. Diese erste Ursache kann im Unterschiede von der
formalen doch nur die bewirkende sein. Ihre Wirkung ist das
Geschöpf. Wir dürfen also nicht sagen, das Geschöpf sei, da
es gänzlich von Gott abhängig ist, nichts. Dies dürfen wir
nicht einmal von der Materie, den Teilen eines Ganzen, der
menschlichen Natur in Christo sagen. Und doch liegt die Sache
für das Geschöpf hinsichtlich des Schöpfers weit günstiger, als
für die Materie rücksichtlich der Form oder für die Teile rücksichtlich des Ganzen. Jenes ist weit selbständiger, wie diese.[2])

Gegen Wenck und Denifle dürfte demnach Cusanus Recht
behalten. Aber Unrecht thut er, und es fällt auf ihn nach
Denzinger ein schlechtes Licht, dafs er Eckhart überhaupt verteidigt. Was soll man davon sagen, frägt Denzinger,[3]) dafs
Cusanus Leute in Schutz nimmt, über welche die Kirche sich
deutlich genug ausgesprochen hatte? Es verrät, wie schon Erdmann andeutet,[4]) eine gewisse Kühnheit. Schriften gegen un-
richtige Deutung in Schutz zu nehmen dürfte übrigens kein
Verbrechen sein.

Alles in allem genommen, erklärt somit Cusanus die be-
sprochenen Einwände für ebenso viele Mifsverständnisse, um
nicht zu sagen, Fälschungen. Gott ist Schöpfer, nicht Geschöpf.
Eine Einheit der Gegensätze Schöpfer und Geschöpf giebt es
nicht. Die Dinge in der Welt bestehen für sich, jedes von
ihnen hat sein individuelles Dasein. Diese Sätze nimmt Cusanus ebenso gut, wie Wenck, für seine Weltanschauung in
Anspruch. Nicht Einwände gegen sie, sondern ihr getreuer
Ausdruck sind dieselben. Gott, der negativ Unendliche, steht

---

[1]) »Lapis habet esse lapidis a forma lapidis, esse vero absolute a
solo deo, utpote a prima causa«. S. 548.
[2]) Das Verhältnis der menschlichen Natur zu dem gottmenschlichen
Sein ist, wie mir scheint, deswegen in die Anwendung nicht mit hinein-
gezogen, weil hier der Schlufs a minori ad maius sicherlich Ärgernis
erregt hätte. Anders Denifle 547.
[3]) S. 357.
[4]) Grundrifs I[3], 450.

hoch über dem privativ unendlichen Weltall. Gott, die Welt-
ursache, beeinträchtigt nicht die selbständige, wenn auch
abhängige, Existenz ihrer Wirkung.

VI.

Die Lobschrift des Priors Bernhard von Tegernsee.

Nicht so, wie Wenck, dachte über die »Belehrung« ein
anderer Zeitgenosse des Cusanus, der Prior Bernhard von
Tegernsee. Wenck verfaßt aus Anlaß derselben »de ignota
litteratura«, Bernhard sein »laudatorium sacrae doctae ignorantiae«; jener Titel schon deutet auf Hohn, dieser auf unge-
messene Verehrung. Dies Letztere bestätigt denn auch der
Inhalt der Lobschrift.[1])

Mit Lobsprüchen wünsche ich, dich zu erheben, aber ich
weiß nicht, mit welchen, nicht, wie sie beschaffen sein müssen.
Belehrung über das Nichtwissen, o hl. mystische Weisheit! je
mehr ich deine Erhabenheit mit Sorgfalt betrachte, desto mehr
fühle ich mich zu schwach, dich zu empfehlen und zu preisen.
Du allein befriedigst den Geist, du allein vermagst, ihm zu
genügen. Dies bekunden hinlänglich die Lehren, die du giebst,
und vor allem das Ziel, zu dem du hinführst.

Die Belehrung des Nichtwissens, erhaben über jedes Wissen,
hat eine innige Gemeinschaft mit der mystischen Theosophie, scheint fast mit ihr identisch zu sein. Das Ziel nämlich
ist dasselbe. Verschieden sind nur die Mittel. Die Belehrung
über das Nichtwissen wendet Symbole und Beweise an, die
zuverlässig, zutreffend, tief durchdacht und wahr sind. Sie
wendet sich demnach in erster Linie an die Vernunft, verlangt ein scharfsinniges und tiefes Nachdenken; die mystische
Theosophie hingegen vorzugsweise an das Gefühlsvermögen,
stützt sich jedoch auch auf das Denken, ja in ihm beginnt

---

[1]) Dieselbe findet sich am vollständigsten im cod. lat. Monac. 4403,
mit Weglassung des schwungvollen Einganges im cod. lat. Monac. 14213.
18711 und Vindob. 3588.

sie und vollendet sich im Gefühle, in der heifsen Liebe Gottes. Demnach dürfte dieselbe zunächst und für den Anfang in dem Erkennen, zuletzt und ihrer Vollendung nach in dem Gefühle sein. Dasselbe, was von ihr, gilt von dem hl. Nichtwissen. Auch bei ihr beginnt das Denken, das Gefühl vollendet das Ganze.

Nicht geringer, vielleicht noch gröfser aber ist ihre Übereinstimmung mit der spekulativen Theologie. Kurz und bündig schliefst sie die ganze Theologie, die Metaphysik, mit dieser zugleich die Mathematik in sich. Wer Gott sucht, dem fehlt kein Mittel, ihn einmal, wenn sonst nichts hinderlich im Wege steht, durch die »Belehrung« glücklich zu erfassen. Diese ist es, ohne welche Gott nicht richtig gesucht, unter deren Führung er aber schnell und sicher gefunden wird.

Sie endlich ist das erhabenste, das fruchtbarste, das göttlichste Wissen; der unendliche Schatz, der den Augen der Sterblichen verborgen, von vielen verlangt, von wenigen gesucht, noch wenigeren gefunden und von ganz wenigen glücklich behauptet wird. Was ich daher von ihr sagen soll, weifs ich nicht; ich kann nur zu Gott beten: Führe mich, o Herr, auf deinem Wege, und ich will wandern in deiner Wahrheit.

In diesem Tone hat der Prior seine ganze Lobschrift gehalten. Natürlich ist er auf die Gegenschrift Wencks, die »Unkenntnis in der Litteratur«, sehr schlecht zu sprechen. Er nennt sie das Phantasieprodukt eines anmafsenden Menschen, empfiehlt die Verteidigung der »Belehrung«, welche durch den sei veröffentlicht worden, der alles weifs, durch den Autor nämlich eben jener »Belehrung«.[1] Zur ganz speziellen Lektüre aber empfiehlt der Prior diejenigen Kapitel der »Belehrung«, welche vom Namen Gottes, von dem Ursprunge der Welt, vorzüglich aber jenes, welches von den Geheimnissen des Glaubens handelt.

---

[1] »De quidditate dei . . in doctae ignorantiae apologia, contra ignotam litteraturam vel potius arrogantis cuiusdam fantasiam edita per virum omnia scientem, ipsius scilicet doctae ignorantiae autorem, elegantissime atque doctissime traditum invenitur«. Cod. lat. Monac. 14213 fol. 141[b].

Aber dies Alles ist für ihn noch nicht das Wichtigste. Die Hauptsache ist und bleibt die Einheit der Gegensätze. Daselbst ist das Eine alle Dinge, und alle sind das Eine. Damit aber alle das sind, was sie sind, ergießt sich das Eine in alle.[1]) Dort ist die Einheit Dreifaltigkeit und die Dreifaltigkeit Einheit, dort die Linie Kreis, Dreieck, Durchmesser, Kugel und umgekehrt, dort das Accidens Substanz, der Körper Geist, die Bewegung Ruhe, dort der Anfang Ende, das Jetzt Damals, das Unmögliche Notwendigkeit, die Zeitlichkeit Ewigkeit, die Finsternis Licht, das Nichtwissen Wissen, die Möglichkeit Wirklichkeit, dort ist das Bild die Wahrheit.

Wohin doch ungehöriger Übereifer einen führen kann! Cusanus spricht nicht von einem Ergießen (transfusio), sondern nur von einer einfachen Emanation der Dinge, nicht aus dem Wesen, sondern aus dem Gedanken (intentio) Gottes. Natürlich ist sich Bernhard durchaus nicht bewußt, daß er sich auf diese Weise von der Lehre des hochverehrten Meisters entfernt. Nicht ganz geheuer ist es ihm freilich. Er schickt nämlich jenen Beispielen zu der Lehre von der Einheit der Gegensätze gleich die Bemerkung voraus, der besorgte Freund der Wahrheit und ergebene Verehrer des hl. Nichtwissens brauche sich darum doch durchaus nicht zu beunruhigen.[2])

Nach allem kann Prior Bernhard ebensowenig, wie Wenck, für die Beurteilung der »Belehrung über das Nichtwissen« irgend wie maßgebend sein. Aber weshalb wurde er dann hier überhaupt erwähnt? Nicht als Autorität, sondern als Z e u g e für die Stimmung, welche in gewissen Kreisen gegen die »Belehrung« herrschte, hat er hier eine Stelle gefunden.

Auf der einen Seite erntete die Gotteslehre des Cusanus, wie sie in der »Belehrung« dargelegt ist, Hohn, auf der andern die unbedingteste Verehrung. Ihr Verfasser ist für Wenck ein falscher Apostel,[3]) für Bernhard und den ungenannten Schüler

---

[1]) »Ubi omnia, ut id sint, quod sunt, u n i u s t r a n s f u s i o i n o m n i a fit«. l. c. 141[b].

[2]) »Attamen veritatis sollicitus indagator et sacrae ignorantiae devotus amator exinde nullatenus turbatur«. l. c. fol. 141[b].

[3]) Vgl. De ign. littera. in fine nach der Angabe in der Apol. doctae gn. fol. 35[a].

in der Apologie die erste wissenschaftliche Autorität und ein
Genie, was seinesgleichen sucht.[1])

Aber nicht bloſs Schüler, sehr viele bedeutende Männer,
an ihrer Spitze der apostolische Legat Kardinal Julian Cesarini,
lobten nach der Angabe der Apologie die »Belehrung über das
Nichtwissen«, sie enthalte etwas Wertvolles.[2]) Woran hierbei
jene dachten, läſst sich natürlich nicht bestimmt sagen, wohl
aber, was die »Belehrung« enthält. Sie weist unter steter Betonung unserer unvollkommenen Erkenntnisweise nach, wie
Gott die einfachste, lauterste Wirklichkeit, wie er die Ursache
aller Dinge, wie daher diese in ihm sind, wie die Dinge die
Wirkungen Gottes, wie demnach Gott auch in ihnen ist, wie
endlich alle Dinge aus ihm hervorgegangen, durch seinen Willen
geschaffen sind.

---

[1]) Vgl. die Worte des Schülers an einen Mitschüler im Eingange der
Apologie fol. 34ᵇ: »Retulit mihi nonnunquam communis praeceptor noster,
vir gravissima autoritate perraroque ingenio, Nicolaus Cusanus« etc.

[2]) Libelli »ab apostolico legato et plerisque magnis viris magni aliquid
continere laudabuntur« Apol. fol 35ᵃ.

Zweites Kapitel.

Die Fortbildung der ursprünglichen Lehre.

I.
Die Modifikationen an der Einheit der Gegensätze.

1. Die Mängel an der Einheit der Gegensätze.

Jede positive Aussage über das Wirkliche ist nach Cusanus, wie bekannt, eine Annahme, die mehr oder minder wahrscheinlich ist. Es versteht sich darnach von selbst, dafs eine bestimmte Annahme durch eine andere, wahrscheinlichere, kann ersetzt werden, ja dafs dies nicht blofs zulässig, sondern im höchsten Grade wünschenswert ist. Es giebt nach Cusanus wahrere (veriores),[1] sogar wahrste (verissimae)[2] Annahmen. Dies freilich ist, streng genommen, nicht möglich. Die Wahrheit besteht, wie wir hörten,[3] in einem Erkenntnisakte, der sich nicht in Teile zerlegen läfst, die Wahrheit ist nie mehr und nie weniger, wie dieser. Immerhin wird es wahrscheinlichere Annahmen geben können, und durch diese ist die Fortbildung einer einmal aufgestellten ebenfalls ermöglicht.

Eine derartige Fortbildung war hinsichtlich der Einheit der Gegensätze wünschenswert. Wir haben gesehen, zu welchen Mifsverständnissen dieselbe Anlafs giebt, wie sie pantheistische Vorstellungen, pantheistische Lehrweise begünstigt. Es mag für den Augenblick dahin gestellt sein, welche Eigenschaft allen anderen göttlichen Eigenschaften voraufgeht und gleichsam die Wurzel derselben bildet. Jenachdem man als solche dieses oder jenes göttliche Merkmal ansieht, entsteht natürlich eine

---

[1] De coniect. I, 10. De sapientia II. fol. 79ᵛ. De venatione sapientiae praef.
[2] De coniect. I, 7.
[3] Vgl. oben S. 8. Anm. 4.

andere Ableitung der göttlichen Eigenschaften. Was in dem einen Falle ursprüngliche, ist in einem anderen abgeleitete Eigenschaft, in dem einen vielleicht die erste, in einem anderen die letzte abgeleitete Eigenschaft. So entsteht das, was Cusanus Zirkelbeweis in der Theologie nennt, und diesen will er, wie wir sahen, unter allen Umständen vermeiden.

Aber er ist dabei nicht glücklich. Statt von einem Merkmale auszugehen, will er gleich alle auf einmal zusammenfassen, er läfst die göttlichen Attribute eins sein. Bei diesem Vorgehen ist er durchaus nicht wählerisch in seinen Ausdrücken. Er spricht von Gegensätzen, von konträren und kontradiktorischen Gegensätzen, als ob die göttlichen Attribute konträre, kontradiktorische Gegensätze wären! Kein Wunder! wenn man bei diesen Gegensätzen an die Gegensätze von Gott und Welt und an deren Einheit gedacht hat.

Ebenso mufs man nach jener Bezeichnung auf die Vermutung kommen, als ob die Gegensätze in Gott, wenigstens für unser Denken, zuerst und dann ihre Vereinigung zur Einheit käme.

2. Die doppelte Verneinung der Gegensätze.

Diese Mängel an der Einheit der Gegensätze scheint Cusanus frühzeitig erkannt zu haben. Wohl verteidigt er diese Einheit noch 1449 gegen die Mifsdeutungen Wencks und kann dabei gelegentlich recht bitter werden: Die aristotelische Sekte hält die Einheit der Gegensätze für eine Häresie.[1] Es sähe auch einem Wunder ähnlich, wenn dieselbe von dem Aristoteles lassen und sich höher erheben könnte.[2]

Dennoch geht Cusanus alsbald, wahrscheinlich schon 1440, über die Einheit der Gegensätze hinaus. In der »Belehrung über das Nichtwissen«, erklärt er, habe er von Gott öfters vom Standpunkte der Vernunft aus gesprochen und eine Verbindung der kontradiktorischen Gegensätze in der einfachen Einheit ange-

---

[1] »Aristotelica secta . . haeresim putat esse oppositorum coincidentiam«. Apolog. fol. 35ᵇ.

[2] »Ut sit miraculo simile . . reiecto Aristotele eos altius transilire.« l. c.

nommen. Jetzt wolle er in den Büchern über die »Annahmen«,
den Begriff Gottes vom göttlichen Standpunkte aus entwickeln.[1]

Gott ist die höchste Einheit, von ihrem Gebiete ist jede
Bejahung weit entfernt.[2] Wenn wir freilich als Verstandes-
menschen[3] von Gott reden, so unterstellen wir ihn den Regeln
des Verstandes; einiges sagen wir alsdann von Gott positiv
aus, anderes negativ, und die kontradiktorischen Gegensätze
verwenden wir disjunktiv. Und dies ist das Verfahren fast aller
modernen Gottesgelehrten, sie reden von Gott verstandes-
mäfsig.[4] Die Vernunft aber bemerkt, wie sehr die Verstandes-
aussagen unangemessen sind, sie beseitigt dieselben und denkt
sich Gott über diesen Benennungen als das Prinzip, welches
sie enthält. In dem Strahle göttlichen Lichtes, das ihr geworden,
aber sieht sie, wie auch ihr eigener Begriff mangelhaft ist.
Darum erklärt sie schliefslich, die Gottheit müsse man sich
ü b e r (super) jede Zusammenfassung und Entfaltung erhaben
denken.[5]

Früher hiefs es, wie hinlänglich bekannt sein dürfte,[6] Gott
sei der Enthalt und die Entfaltung aller Dinge. Dieser Satz
wird jetzt für eine Annahme der vernünftigen Einsicht erklärt, die sich im Strahle göttlicher Erleuchtung nicht halten
lasse. Nach diesem ist Gott über jede Zusammenfassung und
Entfaltung erhaben. Von diesem göttlichen Standpunkte aus
ist die Gotteslehre klar und kurz.[7] Auf jede denkbare Frage

---

[1] »In ante expositis de docta ignorantia memor sum de deo me intellectualiter saepe locutum per contradictoriorum copulationem
in unitate simplici, iam autem in proxime praemissis (wovon sogleich)
divinaliter intentum explicavi«. De coniecturis I, 8.

[2] »A regione . . supremae unitatis omnis affirmatio procul est eli-
minata«. l. c. I, 10.

[3] »Homines rationales«. l. c. I, 10.

[4] »Et haec est pene omnium theologorum recentiorum via, qui de
deo rationaliter loquuntur«. l. c.

[5] »Et quia in ipso divinitatis radio videt suum conceptum deficere,
affirmat ipsam super omnem complicationem et explicationem
intelligi debere«. l. c.

[6] Vgl. oben S. 48. Anm. 4.

[7] »Adverte, Juliane pater, quam clara atque brevis est theologia«.
l. c I, 7.

nach dem göttlichen Sein kann man zuerst antworten, sie sei
nicht am Platze. Jede Frage setzt nämlich voraus, daſs sich
von dem fraglichen Objekte nur das eine oder das andere Glied
der Frage als richtig nachweisen lasse, oder daſs von ihm
etwas anderes, als von sonstigen Gegenständen, zu bejahen
oder zu verneinen sei. Dergleichen von der absoluten Einheit
anzunehmen wäre ganz abgeschmackt. Von ihr läſst sich nicht
das eine oder das andere Glied einer Frage, auch nicht irgend
etwas eher als dessen Gegenteil aussagen. Wenn man aber
der Frage affirmativ genügen wollte, so könnte man einfach
wiederholen, was in derselben absolut vorausgesetzt wird. Wird
z. B. gefragt, ob Gott sei, so antworte man, er wäre das
Sein,[1]) welches vorausgesetzt wird. Auf die Frage, was er sei,
antworte man: das Wesen.[2]) Weil aber jede Affirmation nach
allgemeiner Ansicht einer Negation gegenüber steht, so können
die erwähnten Antworten nicht genau sein. Das oberste Sein
geht jedem Gegensatze unendlich weit voran. Auf dasselbe
kann nichts passen, was es nicht selbst ist. Es ist daher weder
die Annahme am richtigsten, welche einer Affirmation, noch
diejenige, welche umgekehrt einer Negation den Vorzug giebt.
Allerdings richtiger erscheint es zu sagen, daſs Gott nichts
von all den Dingen sei, die man begreifen oder benennen
kann. Aber dennoch reicht die Negation, der eine Affirmation
gegenüber steht, nicht an Präzision heran.

Präziser ist daher die Vorstellung von der Wahrheit, welche
die beiden Glieder eines Gegensatzes getrennt und zugleich
verbunden verneint.[3]) Auf die Frage nach dem Sein Gottes
kann man zwar antworten: Er ist, er ist nicht, er ist und ist
nicht. Die umfassendste (infinitius) Antwort aber wird lauten:
Weder kann man sagen: Gott ist, noch: er ist nicht, noch
endlich: er ist und ist nicht.[4]) Nach der bejahenden Gottes-

---

[1]) »Entitatem, quae praesupponitur, ipsum esse«. l. c.

[2]) »In quaestione, quid sit, quidditatem respondeas«. l. c.

[3]) »Absolutior igitur veritatis exstitit conceptus, qui ambo abiicit
opposita disiunctive simul et copulative«. l. c.

[4]) »Non poterit infinitius responderi, an deus sit, quam quod ipse n e c
est. n e c non est, atque quod ipse n e c est et non est«. l. c. Scharpff,

lehre muſs man auf die Frage nach dem Sein Gottes antworten:
Er ist, und zwar das vorausgesetzte absolute Sein; nach der
verneinenden aber: Er ist nicht; denn auf diesem Wege kommt
dem unaussprechlich groſsen Gott nichts zu, was man aussagen
kann. Sofern derselbe aber über jede Bejahung und Verneinung
erhaben ist, muſs man antworten: Er ist weder das absolute
Sein, noch ist er es nicht, noch ist er beides zugleich, er steht
vielmehr hoch darüber.[1]) Dies Letztere ist die eine Antwort
auf jede Frage nach dem ersten, einfachsten und unaussprechlich
groſsen Sein. Es ist einmal die einfachste Antwort; denn un-
vergleichlich einfacher ist die Negation der Gegensätze getrennt
und verbunden, als deren Verbindung.[2]) Es ist zugleich die
tiefsinnigste Antwort, aber auch sie ist nichts, wie eine Annahme; denn die präziseste bleibt für die Vernunft, wie für
den Verstand, unaussprechlich und unerreichbar.[3])

3. Jenseits der Einheit.

Auf die erste Modifikation an der Einheit der Gegensätze
folgte, freilich viel später, noch eine zweite; erst 1453 erklärte
Cusanus, Gott sei jenseits dieser Einheit. Es geschieht dies
in der mystischen Schrift über das »Gottschauen«.

Der erste Ansatz zu dieser Erklärung ist in einer Stelle
der Apologie zu suchen. »Die aristotelische Sekte«, heiſst es

---

Schriften S. 115 übersetzt: »Daſs er weder ist, noch nicht ist und daſs er
nicht — ist und nicht ist«. Ebenso lautet die Übersetzung bei Storz
S. 249.

[1]) »Cum quaereretur, an deus sit, secundum positionem respondendum
ex praesupposito, scilicet eum esse et hoc ipsam absolutam praesuppositam
entitatem; secundum ablationem vero respondendum eum non esse, cum
illa via ineffabili nihil conveniat omnium, quae dici possunt. Sed secundum
quod est supra omnem positionem et ablationem, respondendum eum nec
esse absolutam scilicet entitatem, nec non esse, nec utrum-
que simul, sed supra«. De sap. II. fol. 79ᵃ.

[2]) »Improportionaliter simplicior est negatio oppositorum disiunctive
et copulative, quam eorum copulatio«. l. c. I, 8. Vgl. De dato patris 3.

[3]) »Haec quidem subtilissima . . responsio . . coniecturalis est, cum
praecisissima ineffabilis inattingibilisque tam ratione maneat, quam intellectu«.
l. c. I, 7.

daselbst, »sieht die Einheit der Gegensätze für Häresie an, und
doch ist deren Zulassung der Anfang des Zuganges zur mystischen Theologie«.[1]) Nach dem »Gottschauen« selbst aber ist
die Einheit der Gegensätze der Eingang zur mystischen Theologie, der Eingang zum Paradiese.[2]) Daselbst nämlich heifst es:

An diesem Eingange stehend, fange ich an, dich, mein
Herr, zu schauen; denn du bist dort, wo Reden, Sehen, Hören,
Verkosten, Berühren, Verstehen, Wissen, Vernehmen dasselbe
sind, wo das Sehen mit Gesehenwerden, Hören mit Gehört-,
Verkosten mit Verkostet-, Berühren mit Berührtwerden, wo
Reden mit Hören und Schaffen mit Reden eins sind.

Jetzt merke ich, wie ich in das Dunkel eindringen, wie
ich über das ganze Fassungsvermögen des Verstandes hinaus
die Einheit der Gegensätze zugeben, wie ich dort die Wahrheit suchen mufs, wo mir die Unmöglichkeit begegnet. Und
wenn ich nun über jene Fassungskraft, sogar über die höchste,
vernünftige Anschauung hinaus zu dem gelange, was keiner
Vernunft bekannt ist, dann bist du es, mein Gott, du, die absolute Notwendigkeit. Je mehr jene Unmöglichkeit dunkel und
unmöglich erscheint, desto wahrer zeigt sich die Notwendigkeit, desto minder verhüllt ist sie anwesend, desto näher tritt
sie heran. Darum sage ich dir, mein Gott, Dank, dafs du
mir kund thust, wie es nur einen Weg giebt, zu dir zu gelangen. Du zeigtest mir, dafs du nur dort gesehen wirst, wo
einem die Unmöglichkeit begegnet. Du ermutigtest mich, mir
selbst Gewalt anzuthun, damit ich einsähe, dafs die Unmöglichkeit eins mit der Notwendigkeit ist. Und ich fand den Ort,
an dem man dich unverhüllt finden wird. Umzäunt ist er mit
der Einheit der Gegensätze. Diese ist die Mauer des Paradieses,
in welchem du wohnst. Das Thor desselben bewacht der höchste
Verstandesstolz; wird dieser nicht besiegt, so steht der Eingang
nicht offen. Jenseits dieser Einheit der Gegensätze also wird

---

[1]) »Aristotelica secta . . haeresim putat esse oppositorum coincidentiam, in cuius admissione est initium ascensus in mysticam
theologiam«. Apol. fol. 35b.

[2]) »In ostio coincidentiae oppositorum . . in ingressu paradisi con-
stitutus te, domine, videre incipio«. De visione dei 10.

man dich schauen können, und nicht diesseits.[1]) An der Mauer, welche den Ort umgiebt, wo du wohnst, begegnen dem, der sich dir nähert, die in eins zusammenfallenden Gegensätze, du aber, mein Gott, bist jenseits derselben.[2])

Mit dieser neuen Wendung in der Lehre von der Einheit der Gegensätze verbinden sich zugleich Äußerungen, die recht seltsam klingen: Ich sehe dich, mein Herr, am Aufgang zum Paradiese und weiß nicht, was ich sehe, denn ich sehe nichts von dem Sichtbaren. Ich weiß bloß dies, daß ich weiß, daß ich nicht erkenne, was ich sehe, und nie erkennen kann. Auch weiß ich dich nicht zu benennen, da ich nicht weiß, was du bist.[3]) Es trennt nämlich eine sehr hohe Mauer alles, was sich sagen oder denken läßt, von dir. Die Vernunft begreift dich nicht, du bist die absolute Unendlichkeit. Du bist, das sehe ich, das unendliche Ende, aber zu fassen vermag ich nicht, wie das Ende ein Ende ohne Ende ist. Du, mein Gott, bist das Ende deiner selbst, denn du bist alles, was du besitzest. Wenn du das Ende besitzest, so bist du das Ende. Du bist also das unendliche Ende, weil du das Ende deiner selbst. Dasjenige Ende also ist unendlich, welches Ende seiner selbst ist. Jedes andere Ende ist endlich. Weil du, mein Herr, das Ende bist, so bist du es für alle Dinge, darum bist du das Ende, das kein Ende hat, somit das Ende ohne Ende oder das unendliche Ende. Dieser Satz geht über den Verstand, denn er enthält einen Widerspruch. Wenn ich also behaupte, es gebe ein unendliches Ende, so gebe ich zu, die Finsternis sei Licht, das Nichtwissen Wissen, das Unmögliche sei notwendig.

---

[1]) »Et repperi locum, in quo revelate reperieris, cinctum contradictoriorum coincidentia, et iste est murus paradisi, in quo habitas, cuius portam custodit spiritus altissimus rationis, qui, nisi vincatur, non patebit ingressus. Ultra igitur coincidentiam contradictoriorum videri poteris et nequaquam citra«. De visione 9.

[2]) »Accedenti ad te occurrunt in muro, qui circumdat locum, ubi habitas, [in] coincidentia . . Tu vero, deus meus, ultra nunc et tunc existis«. l. c. 10.

[3]) »Video te in ortu paradisi et nescio, quid video, quia nihil visibilium video, et hoc scio solum, quia scio me nescire, quid video, et nunquam scire posse, et nescio te nominare, quia nescio, quid sis«. l. c. 13.

Und weil wir ein Ende des Endlichen zugeben, so müssen wir auch ein Unendliches zugeben, ein letztes Ende, oder ein Ende ohne Ende. Wir geben also die Einheit der kontradiktorischen Gegensätze zu, über welcher das Unendliche thront. Jene Einheit aber ist, wie das Ende ohne Ende, ein Widerspruch ohne Widerspruch.[1)]   .

Man wird in solchen Äußerungen mit Ritter[2)] nichts anderes als Übertreibungen eines an sich richtigen Gedankens erblicken können. Auch kommen in dem »Gottsuchen« die stärksten, pantheistisch erscheinenden Aussagen vor: »Mein Gott, du bist unsichtbar und sichtbar zugleich. Unsichtbar bist du, sofern du selbst bist; sichtbar bist du, sofern das Geschöpf ist, welches insoweit ist, als es dich sieht.[3)] Wenn nun dein Sehen dein Schaffen ist, wenn du nicht etwas von dir Verschiedenes siehst, wie schaffst du dann Dinge, die von dir verschieden sind? Du scheinst nämlich, wie du dich selbst siehst, auch dich selbst zu schaffen. Dein Schaffen nämlich ist dein Sein, Schaffen und zugleich Geschaffenwerden bedeuten nichts anderes, wie dein Sein allen Dingen mitteilen, so daß du alles in allem bist«. Stöckl bemerkt ganz richtig,[4)] diese Sätze streiften »so nahe an das Pantheistische, daß das Denken in der äußersten Versuchung stehen muß, die schwache und fast verschwindende Grenzlinie noch vollends zu überschreiten«.

Ebenso richtig fügt er aber hinzu, Cusanus sei dieser Versuchung nicht unterlegen. Cusanus sagt nämlich nicht: Du, mein Gott, bist sichtbar, sofern du Geschöpf bist; er sagt: sofern das Geschöpf ist. Und obgleich Gott alles in allem ist, so bleibt er dennoch absolut über allen Dingen«.[5)] Und

---

[1)] »Admittimus igitur coincidentiam contradictoriorum, super quam est infinitum. Coincidentia autem illa est contradictio sine contradictione, sicut finis sine fine«. l. c. 13.

[2)] S. 163.

[3)] »Deus meus, es invisibilis pariter et visibilis. Invisibilis es, uti tu es, visibilis es, uti creatura est, quae in tantum est, in quantum te videt«. l. c. 12.

[4)] S. 66.

[5)] »Ut sis omnia in omnibus, et ab omnibus tamen maneas absolutus«. l. c. 12.

wenn ein und derselbe Akt Schaffen und Geschaffenwerden ist,
so ist er es doch nicht in derselben Beziehung. Dinge zum
Sein rufen, welche nicht sind, sagt der Autor, bedeutet dem
Nichts das Sein mitteilen. Demnach ist das Rufen gleich
Schaffen, das Mitteilen gleich Geschaffenwerden.[1]) Was ihn
aber so kühn in seiner Ausdrucksweise macht, scheint die neue
Formel für den Gottesbegriff zu sein: »Über der Einheit von
Schaffen und Geschaffenwerden stehst du, mein Gott, absolut
und unendlich da; du schaffst nicht, wirst nicht geschaffen,
obgleich alle Dinge das, was sie sind, deshalb sind, weil
du bist.«[2])

II.

Das Selbige.

Die Einheit der Gegensätze führt ihren Urheber von dem
Endlichen schliefslich so weit weg, dafs die Beziehung zu demselben gänzlich abgebrochen erscheint. Gott ist nicht dies oder
jenes, er ist alles das wirklich, was sein kann, er ist sowohl
das Gröfste, als auch das Kleinste, er ist die Einheit des Gröfsten
und des Kleinsten, er ist die Einheit der Gegensätze. Nein, er
ist nicht die Einheit der Gegensätze. Wer ihn richtiger fassen
will, mufs diese getrennt und verbunden verneinen. Gott steht
über der Einheit der Gegensätze. Diese bilden die Mauer und
den Eingang zu dem Paradiese, worin Gott wohnt. Gott ist
jenseits dieser Einheit der Gegensätze. Er schafft nicht und
wird nicht geschaffen. Wo bleiben dann aber die Geschöpfe?
Das Band zwischen dem unendlichen Schöpfer und dem endlichen Geschöpfe erscheint gelöst.

Dem gerechten Verlangen nach einem solchen Bande indessen hatte Cusanus, noch ehe er 1453 zu dem erwähnten
Extreme fortschritt, in anderer Weise Rechnung getragen. Es

---

[1]) »Vocare ad esse, quae non sunt, est communicare esse nihilo.
Sic vocare est creare, communicare est creari«.

[2]) »Ultra hanc coincidentiam creare cum creari es tu, deus, absolutus
et infinitus neque creans, neque creabilis, licet omnia id sint, quod sunt,
quia tu es«. l. c. 12.

geschah dies 1447 in dem kleinen Gespräche über das »Werden«. Darnach ist Gott das Selbige.

1. Der Begriff des Selbigen.

Mit der Einheit der Gegensätze steht diese neue Formel in engem Zusammenhange. Die Forschung aller Weisen, heifst es, findet in dem einen Prinzipe ihr Endziel. Nachdem man auf Seen und Flüssen zur Quelle gelangt ist, macht man halt. Für das Ende nämlich giebt es nicht wieder ein Ende, für das Prinzip nicht wieder ein Prinzip. Wo aber die Einheit von Prinzip und Ende vorliegt, da fällt mit ihnen notwendig auch die Mitte zusammen.[1]

Dies aber ist allem Anscheine nach das Selbige, in ihm sind all die selbigen Dinge das Selbige.[2] Von ihm sagt der Prophet:[3] Im Anfange hast du die Erde gegründet, die Werke deiner Hände sind die Himmel, sie werden vergehen, du aber bleibst der Selbige.[4] Es ist dies das absolute Selbige.

Als solches ist es ewig, einfach, unbegrenzt, unendlich, unveränderlich und so weiter. Es ist ewig, weil es von keinem andern herstammen kann, ist unbegrenzt, weil ewig, ist unveränderlich, weil unbegrenzt. Es steht hoch über jeder Verschiedenheit und jedem Gegensatze. Mit keinem anderen Dinge ist es identisch, von keinem verschieden. In ihm sind alle das Selbige. Das Allgemeine und das Besondere sind in ihm dasselbe. Die Einheit und die Unendlichkeit sind in ihm dasselbe. Ebenso sind die Wirklichkeit und die Möglichkeit, ebenso die Wesenheit und das Sein, ja sogar das Sein und das Nichtsein in dem absoluten Selbigen notwendig dasselbe. In ihm findet man keinen Gegensatz; denn dieser verträgt sich nicht mit ihm.

---

[1] »Ubi autem est principii et termini coincidentia, ibi et medium coincidere necesse est«. De genesi fol. 69[b].

[2] »Hoc autem videtur esse ipsum idem, in quo omnia eadem idem, ipsum«. l. c. fol. 69[b].

[3] Ps. 101, 27 f.

[4] »Idem ipse«: zuweilen gebraucht zwar auch Cusanus das Maskulinum gewöhnlich indessen setzt er das Neutrum »idem ipsum«.

Sämtliche andere Dinge, die unter sich verschieden, entgegengesetzt, zusammengesetzt, beschränkt, allgemein und dergleichen sind, folgen jenem nur von weitem.[1]) Wenn wir
z. B. sagen: »Verschieden ist verschieden«, so sagen wir mit
diesem Satze, Verschieden sei mit sich selbst identisch, mit
sich dasselbe. Es kann nämlich Verschieden nur durch das
absolute Selbige verschieden sein. Durch dieses nämlich ist
jedes Ding, welches existiert, mit sich selbst identisch und für
jedes andere ein anderes. Nicht so das absolute Selbige. Dieses
ist mit keinem anderen dasselbe, von keinem verschieden.[2])
Wäre es von allen Dingen verschieden, ein anderes, wie sie,
so wären diese nicht, was sie sind. Wie sollte auch ein jedes
mit sich selbst identisch, mit sich dasselbe sein, wenn das
absolute Selbige von ihnen verschieden, unterschieden oder ein
anderes, wie sie, wäre?[3])

2. Seine Thätigkeit.

Zu verwundern ist, wie das absolute Selbige die Ursache
von all den Dingen sein soll, die unter sich so verschieden,
so sehr entgegengesetzt sind.[4]) Scheint dasselbe doch dazu
dazusein, das Selbige hervorzubringen.[5])

Ganz richtig. Es ist nicht hieran zu zweifeln.[6]) Ein jedes
Ding, weil mit sich dasselbe, macht dasselbe.[7]) Die Vernunft
vernimmt, das Gesicht sieht, die Wärme macht warm.

---

[1]) »Unde absolutum idem tale intelligo, in quo oppositio, quae idem
non patitur, inveniri nequit, ut omnia alia diversa, opposita, composita,
contracta, generalia, specialia et cetera id genus idem absolutum longius
sequantur«. l. c. fol. 70ᵃ.

[2]) »Idem absolutum . . alteri nec idem, nec diversum«. l. c. fol. 70ᵃ.

[3]) »Si idem absolutum esset ab omnibus aliud et diversum, non essent
id, quod sunt. Quomodo enim quodlibet esset idem sibi ipsi, si absolutum
idem ab ipsis esset diversum et distinctum, aut aliud?« l. c. fol. 70ᵃ.

[4]) »Admiror, quomodo idem ipse est omnium causa, quae adeo sunt
diversa et adversa«. l. c. fol. 69ᵇ.

[5]) »Idem videtur aptum natum esse facere idem«. l. c. fol. 69ᵇ. 70ᵃ.

[6]) »Non haesitas idem identificare«. l. c. fol. 70ᵃ.

[7]) »Omnis res, quia idem sibi ipsi, identificat«. l. c. fol. 70ᵃ.

Weil sich nun aber das Selbige nicht vervielfältigen läfst,
darum ist all seine Thätigkeit, sein Identifizieren, nichts, wie
Assimilieren. Das absolute Sein, das absolute Selbige, ruft das
Nichtseiende zum Sein. Das Nichtseiende aber kann jenes nicht
erreichen; es hebt sich zu demselben in der Assimilation blofs
empor. Dies Assimilieren bezeichnet ein gewisses Zusammenfallen. Das Selbige steigt hinab zu dem Nichtselbigen, das
Nichtselbige hinauf zu dem Selbigen.[1]) Man kann daher das
Werden oder die Schöpfung das Assimilieren des absoluten
Seins nennen. Das Selbige ruft durch seine Thätigkeit, durch
sein Identifizieren, das Nichts oder das Nichtseiende zu sich.[2])

III.

Das Nichtandere.

Auf die zuletzt erwähnte Formel und auf die an dieselbe
geknüpften Sätze legte ihr Urheber keinen prinzipiellen Nachdruck. Sie sollte nur zur Abwechselung dienen.[3]) Darum darf
es uns auch nicht Wunder nehmen, wenn sich das bezügliche
Gespräch ganz in den Geleisen der »Belehrung über das Nichtwissen« bewegt. Nur die Einheit der Gegensätze ist durch
einen neuen Ausdruck ersetzt, sachlich ist nichts geändert. Selbst
das Identifizieren ändert an dem Früheren nichts, Gott schafft
sich nicht selbst, sondern nur ein Bild seiner selbst. Alles
Identifizieren ist Assimilieren.[4])

Die in Rede stehende Formel würde daher kaum Erwäh-
nung verdienen, wenn sie nicht das Bindeglied wäre zwischen
der Einheit der Gegensätze und derjenigen Formel, welche jetzt
zu besprechen ist; und dies ist das »Nichtandere«.

---

[1]) »Assimilatio autem dicit quandam coincidentiam descensus ipsius
eiusdem ad non idem et ascensus non idem ad idem«. l. c. fol. 70[b].

[2]) »Ipsum idem identificando evocat nihil aut non ens ad se«. l. c.
fol. 70[b].

[3]) »Saepe delectabilius reficimur variatis . . . ferculis« lautet der
Eingang zu dem Gespräche De genesi fol. 69[b].

[4]) »Omnis identificatio reperitur in assimilatione«. De genesi fol. 70[I].

1. Der Begriff des Nichtanderen.

Auffallenderweise aber zog Cusanus die so sehr nahe liegende
Folgerung nicht sofort. Wenn das absolute Selbige, hiefs es
oben[1]) nach dem Gespräche über das »Werden«, ein anderes,
wie die Dinge, wäre, so würden diese nicht sein, was sie sind.
Aus diesem Satze folgt doch unmittelbar der Gedanke: Damit
die Dinge das, was sie sind, auch wirklich sein können, darf
Gott nicht ein anderes, wie jene, er mufs das Nichtandere sein.

Doch erst spät machte Cusanus diesen letzteren Gedanken
zum Gegenstande einer ausführlichen Untersuchung, erst 1462
schrieb er das für verloren gehaltene Gespräch »über das Nichtandere«.[2]) Auch knüpft der Autor das neue Gespräch äufserlich
nicht an das frühere, sondern an eine Stelle bei Dionysius
Areopagita an. Es sind die Worte am Schlusse der mystischen
Theologie: »Gott ist . . . nicht Geist, wie wir uns den Geist
denken, nicht der Sohn, nicht der Vater, nicht sonst ein
anderes,[3]) was uns . . bekannt ist«.

Dionysius sage dies zwar, fügt Cusanus hinzu, auf eine
Weise, dafs es nicht den Anschein erwecke, als ob er mit
jenen Worten etwas Bedeutsames kundthue. Für den auf-
merksamen Leser indessen habe er damit das geheimnisvolle
Nichtandere ausgesprochen, das er sonst überall anders erklärte.[4])
Diese Bemerkung des Cusanus war ganz sicher nicht überflüssig, sie beweist zugleich, dafs ihm selbst die Deutung gesucht vorkommt. Er würde in der That nie auf diese Deutung
der Stelle gekommen sein, wenn er nicht vorher schon annähernd, wie wir sahen, mit dem Gedanken des Nichtanderen
vertraut gewesen wäre.

Gegenwärtig verfolgt er die Spur desselben zunächst in
der Logik. Das Nichtandere definiert sich selbst und alle

---

1) S. 83. Anm. 3.
2) »De non aliud«.
3) »Οὐδὲ ἄλλο τι«; »neque aliud quid« bei Migne 1048 A.
4) »Sic tamen hoc dicit, quod non videatur ibi magni aliquid propalare, quamvis intendenti non aliud secretum expresserit, undique per ipsum
aliter explicatum«. De non aliud cap. 1.

sonstigen Begriffe. Nichtanderes nämlich ist nicht anders
als Nichtanderes,[1]) Anderes nicht anders als Anderes, der
Himmel nicht anders als Himmel.

Die Künstelei in diesen Definitionen liegt so sehr auf der
Hand, dafs wir darüber kein Wort zu verlieren brauchen.
Einigermafsen erträglich wird sie erst durch den mit ihr ver-
bundenen, eigentlichen Zweck. Ähnlich nämlich, heifst es sofort, wie das Nichtandere, definiert Gott sich selbst und alle
Dinge.[2]) Er ist das Erste und von allem Späteren absolut frei;
er kann daher nur durch sich selbst definiert werden. Alles
Übrige dagegen hat ein Prinzip aufser sich, nichts aus sich,
sondern alles, was es ist, von seinem Prinzipe. In der That
ist daher dieses letztere der vernünftige Grund oder die Definition seines Daseins. Es kann demnach keinem Zweifel unter-
liegen, ob das Nichtandere wirklich der relativ präziseste Name
für das oberste Prinzip, für Gott, ist.[3]) ·

Dieser Name ist nicht Affirmation, nicht Negation, nichts
dergleichen. Das Eine, das Wahre, das Gute kommen erst
nach ihm.[4]) Dieser Name zeigt uns den dreifaltigen und einen
Gott; denn die entfaltete Definition desselben lautet: Nichtanderes ist nicht anders als Nichtanderes.[5]) Sie zeigt uns, wie
Gott an sich nie anders, wie er nicht anders als das Andere,
nicht anders in dem Anderen ist.[6])

2. Das Nichtandere und das Andere.

Das Nichtandere erscheint daher in dem Anderen, wie der
für die Sinne unsichtbare Sonnenglanz in den sichtbaren Regen-

---

[1]) »Non aliud est non aliud quam non aliud«. l. c. 1.

[2]) »Cum cuncti primum principium deum appellent, videris tu quidem
ipsum per li non aliud velle significari. Primum enim ipsum fateri oportet,
quod et se ipsum et omnia definit«. l. c. 2.

[3]) »Praecisius utique li non aliud non occurrit«. l. c. 2.

[4]) l. c. 4.

[5]) »In explicatam igitur eius definitionem intueamur, quod videlicet
non aliud est non aliud quam non aliud«. l. c. 5.

[6]) »Non aliud neque est aliud, nec ab alio aliud, nec est in alio
aliud«. l. c. 6.

bogenfarben.[1]) Das Andere ist geschaffen durch den Willen des Nichtanderen, d. h. es wird durch diesen Willen bestimmt, hervorgebracht, geordnet, fest gegründet und in seinem Dasein erhalten.[2])

Wenn aber einige Gottesgelehrte behaupten, die Geschöpfe seien durch Teilnahme an Gott, so ist dabei nicht an eine Teilung des göttlichen Seins zu denken. Alle Dinge nehmen so daran teil, dafs davon kein Teil genommen wird,[3]) sie nehmen teil an der Macht des Nichtanderen. Dieses ist daher die Form der Formen. Die sinnlichen Dinge ihrerseits aber sind die Abbilder der intelligiblen, diese wiederum die Abbilder Gottes.[4])

Die soeben erwähnten, wichtigsten Sätze des Gespräches enthalten bis auf den Namen »das Nichtandere« nichts wesentlich Neues. Ebenso beweisen die nun folgenden zahlreichen Citate aus Dionysius und die an dieselben sich knüpfenden Bemerkungen[5]) nur, dafs sich ihr Autor mit Vorliebe[6]) und mit eindringendem Verständnisse dem Studium des Dionysius widmete. Aufgefallen ist ihm dabei, wie er gelegentlich einmal bemerkt, dafs Ambrosius, Augustinus und Hieronymus den Dionysius nicht sollen gesehen haben. Athanasius, der vor jenen gelebt, spreche dem Anscheine nach von ihm. Johannes Damascenus aber im 8. Jahrhunderte und vor diesem schon Papst Gregor erwähne denselben ausdrücklich.[7]) Man sieht,

-

[1]) »Ipsum incognitum (i. e. non aliud) in cognito (i. e. in alio) cognite relucescit, sicut solis claritas, sensibiliter invisibilis, in iridis visibilibus visibiliter relucet«. l. c. 8.

[2]) l. c. 9.

[3]) »Sic in omnibus imparticipabile participatur«. l. c. 10.

[4]) l. c. 10 ff.

[5]) cap. 14—17.

[6]) Vgl. »Tu vero, cum vacat, in Areopagita Dionysio theologo versaris«. De non aliud cap. 1.

[7]) »Considera, an loquatur (nämlich Athanasius, es handelt sich um die Engellehre) de Dionysio Areopagita, sicut videtur, et tunc mirum, quod Ambrosius, Augustinus et Hieronymus ipsum Dionysium non viderunt, qui fuerunt post Athanasium. Damascenus· etiam Dionysium allegat, qui fuit post illos tempore saeculi VIII, Gregorius papa ante

es regen sich bereits Bedenken hinsichtlich der angeblichen
Schriften des Dionysius, zwar nicht Bedenken, welche direkt
gegen deren Echtheit gerichtet sind, aber doch solche, die
leicht zu einer sorgfältigen Prüfung dieser führen konnten.

3. Der Wert des neuen Namens.

Dem Gespräche »über das Nichtandere« aber legt der Autor
selbst einen sehr hohen Wert bei. Nach seiner Ansicht bringt
nämlich dasselbe diejenige Gedankenentwickelung zum
Abschlusse, wozu durch die Einheit der Gegensätze
der Grund gelegt ist. Das Nichtandere ist nicht Affirmation,
nicht Negation, nichts Derartiges. Dasselbe ist früher, wie
diese, ist dasjenige, wonach Cusanus mittelst der Einheit der
Gegensätze, wie die zahlreichen Schriften über diesen Gegenstand beweisen, viele Jahre hindurch suchte.[1]

Nirgendwo, so erklärt er bei einer späteren Gelegenheit,[2]
auf keinem andern Standorte findet man Gott so deutlich, wie
hier, in dem Nichtandern.[3] Man findet hier nämlich den
dreieinigen und einen Gott, der das Bestimmende seiner selbst
ist. Es staunt die Vernunft, wenn sie recht aufmerksam ist,
über dieses Geheimnis, sie kann nicht begreifen, wie die Dreifaltigkeit, ohne welche Gott sich selbst nicht bestimmt, die
Einheit ist. Gott also, der Dreifaltige und Eine, ist das Bestimmende, welches sich und alles bestimmt. Es findet daher
die Vernunft, daß Gott nicht anders als irgend ein anderes
ist; denn er bestimmt ja eben das Andere. Denkt man sich
nämlich das hinweg, was das Nichtandere ausmacht, so bleibt

Joh. Damascenum etiam Dionysium allegat«. Cod. C. 11 fol. 1b
zu Cues.

[1] Ferdinandus. »Visne dicere non aliud affirmationem esse vel
negationem vel eius generis tale?« Nicolaus. »Nequaquam, sed ante omnia
talia et istud est, quod per oppositorum coincidentiam annis
multis quaesivi, ut libelli multi, quos de hac speculatione conscripsi,
ostendunt«. De non aliud c. 4.

[2] De venatione sapientiae c. 14.

[3] »Non reperitur in alio aliquo (sc. campo) clarius, quam in non
aliud«. l. c.

das Andere nicht bestehen.[1]) Weil demnach das Nichtandere
vor dem Andern ist, so kann es nicht anders werden und ist
aktuell alles das, was schlechthin sein kann.[2])

Eins aber bleibt ganz besonders zu beachten. Das Nichtandere bedeutet nicht so viel, wie das Selbige.[3]) Wenn daher
Gott auch das Nichtandere heifst, weil er nicht anders als das
Andere ist, so ist er darum doch nicht dasselbe, nicht identisch
mit irgend etwas.[4]) Ist er z. B. auch nicht anders als der
Himmel, so ist er darum doch nicht identisch mit dem Himmel.
Es verdanken daher alle Dinge, dafs sie nicht anders sind, wie
sie sind, dem Umstande, dafs Gott ihr Sein so und nicht anders
bestimmt; dem Nichtandern haben sie weiter zu verdanken,
dafs sie nicht etwas ganz Anderes erzeugen, sondern Dinge
hervorbringen, die ihnen selbst ähnlich aussehen.

Kurzum, kein sonstiger Name Gottes reicht an das Nichtandere heran. Wer Gott anderswo sucht, der findet ihn nicht
und bemüht sich vergeblich. Gott nämlich steht keinem Dinge
gegenüber, er ist vor jedem Unterschiede der Gegensätze.[5])
Keine Benennung ist daher so vollkommen, wie das Nichtandere.
Man nenne Gott lebendes Wesen, so steht diesem das Leblose,
man nenne ihn den Unsterblichen, so steht diesem das Sterb-
liche gegenüber. Nichts dagegen, weder das Andere, noch
sonst etwas, steht dem Nichtandern gegenüber.[6])

Absolut zutreffend ist freilich auch dieser Name nicht. Auch
nachdem Cusanus in diesem endlich das gefunden, wonach er
seit zwanzig und mehr Jahren gesucht, hielt er an der Grundlage der »Belehrung über das Nichtwissen« doch immer noch

---

[1]) »Reperit igitur intellectus deum non esse aliud ab alio, quia ipsum
aliud definit. Sublato enim eo, quod est non aliud, non manet aliud«. l. c.

[2]) »Est actu omne, quod simpliciter esse potest«. l. c.

[3]) »Non aliud non significat tantum, sicut idem«. l. c.

[4]) »Ideo etsi deus nominetur non aliud, quia ipse est non aliud ab
alio quocunque, propterea tamen non est idem cum aliquo«. l. c.

[5]) »Non enim est deus, qui alicui opponitur, cum sit ante omnem
oppositorum differentiam«. l. c.

[6]) »Imperfectiori igitur modo deus nominatur animal, cui non animal
opponitur, et immortalis, cui mortale opponitur, quam non aliud, cui nec
aliud, nec nihil opponitur«. l. c.

unverbrüchlich fest. Auch 1463 nämlich ist er, wie im Jahre
1440, der festen Überzeugung, dafs Gott, überhaupt kein Gegenstand, so lange Gott, die Ursache desselben, nicht bekannt ist,
aktuell so erfafst wird, wie man ihn möglicherweise wissen
kann. Je besser einer also dies weifs, dafs man nicht wissen
könne, desto gelehrter ist er.[1]) Wer da bezüglich der Gröfse des
Sonnenglanzes verneint, dafs man ihn mit dem Gesichtssinne
erfassen könne, der schon ist gelehrter, als wer dies behauptet;
und wer bezüglich der Gröfse des Meeres verneint, dafs sie
mit irgend einem Flüssigkeitsmafse zu messen sei, ist gelehrter,
als wer dies annimmt. Weit mehr aber gilt dies bezüglich der
absoluten Gröfse. Diese ist nicht beschränkt auf den Sonnenglanz, nicht auf den Umfang des Meeres oder irgend eines
anderen Dinges, ist nach dem Mafsstabe unseres Geistes, der
eben nach diesem Geiste sich richtet, durchaus unbegrenzt und
unendlich. Wer für unmöglich hält, dafs die absolute Gröfse
zu messen sei, ist daher natürlich gelehrter, als wer in diesem
Wahne lebt.[2]) Wunderbar! unsere Vernunft verlangt nach
Wissen, dennoch ist ihr dieses natürliche Verlangen nicht zu
dem Zwecke, dafs sie Gottes Wesen erkenne, sondern dazu
angeboren, dafs sie wisse, ihr Gott sei so grofs, dafs es für seine
Gröfse keine Grenze giebt,[3]) dafs er daher gröfser, als jede
wirkliche oder mögliche Vorstellung ist. Es wäre nämlich
unsere Vernunft mit sich selbst nicht zufrieden, würde sie das

---

[1]) »Quanto igitur quis melius sciverit hoc sciri non posse, tanto
doctior«. De ven. sap. c. 12. Ganz ähnlich heifst es De docta ign. I, 1,
vgl. oben S. 11. Anm. 1.

[2]) »Nam si doctior est, de magnitudine claritatis solis negans ipsam
visu comprehensibilem, quam affirmans (in etwas anderer Fassung findet
sich derselbe Gedanke Apol. fol. 34ᵇ, vgl. oben S. 3); et de magnitudine
maris negans ipsam quacunque mensura liquidorum mensurabilem, quam
affirmans: utique doctior est negans magnitudinem absolutam, incontractam
ad claritatem solis vel amplitudinem maris aut alterius cuiusque et penitus
interminatam et infinitam mensura mentis, quae ad mentem contracta est,
mensurabilem, quam affirmans«. De ven. sap. c. 12.

[3]) »Mira res! intellectus scire desiderat, non tamen hoc naturale
desiderium eius ad sciendum quidditatem dei sui est ei cognatum, sed ad
sciendum deum suum tam magnum, quod magnitudinis eius nullus est
finis«. l. c.

Abbild eines Schöpfers sein, der so klein und so unvollkommen, daſs er gröſser und vollkommener sein könnte. Nein, so ist der Schöpfer nicht beschaffen; er ist vielmehr gröſser, wie alles, was wir zu wissen und zu begreifen vermögen, er besitzt eine unendliche, eine unbegreifliche Vollkommenheit.[1]

Diesen Grundgedanken, fügt der Autor hinzu, habe er in den Büchern der »Belehrung über das Nichtwissen« nach besten Kräften entwickelt.[2] Mit keiner Silbe aber erwähnt er in dem bezüglichen Berichte über jene »Belehrung« deren eigentümliche Fassung des Gottesbegriffes, die Einheit der Gegensätze. Dieses Schweigen an einer Stelle, wo er alles erwähnen will, was er bis zum gegenwärtigen Augenblicke für das Richtige hält,[3] und die früher erwähnte Erklärung über den hohen Wert des Nichtanderen beweisen zusammengehalten ganz unzweifelhaft, daſs nunmehr jene ursprüngliche Fassung des Gottesbegriffes aufgegeben und durch eine bessere, durch das Nichtandere ersetzt ist.

Wenn irgend ein Name imstande ist, uns tiefer in die Erkenntnis des göttlichen Wesens einzuführen, so ist dies nach der nunmehrigen Ansicht des Cusanus das Nichtandere. Dieser Name zeigt so recht, wie Gott nicht anders werden kann,[4] wie er jedem Dinge, welches vollkommener werden kann, vorangeht,[5] wie er daher alles dasjenige ist, was ein jedes Ding an möglicher und wirklicher Vollkommenheit besitzen kann, wie er das schlechthin Vollkommene und die Vollkommenheit aller Dinge, die vollkommen sind oder es sein können,[6] kurz: wie

---

[1] »Omni enim scibili et comprehensibili infinitae et incomprehensibilis perfectionis utique maior est«. l. c.

[2] »Hanc partem in libellis doctae ignorantiae, prout potui, explicui«. l. c.

[3] Vgl. den Eingang zu dem »Suchen nach Weisheit«: »Propositum est meas sapientiae venationes, quas usque ad hanc senectam mentis intuitu veriores putavi, summarie notatas posteris relinquere«.

[4] »Non potest fieri aliud«. De ven. sap. c. 14.

[5] »Nihil igitur potest fieri perfectius, quod non praecedat«. l. c. 12.

[6] »Est igitur omne id, quod esse potest omne perfectibile perfectumque. Quare est ipsum perfectum, quod et perfectio omnium perfectorum et perfectibilium«. l. c.

er aktuell alles das ist, was schlechthin sein kann;[1]) und weiter:
wie er in dieser seiner Vollkommenheit nicht anders als das
Andere,[2]) nicht verschieden von dem Anderen, und doch nicht
identisch mit dem Anderen,[3]) nicht das Wesen d e s Anderen,
nicht ein Wesen n e b e n dem Anderen,[4]) sondern eben gerade ist d a s N i c h t a n d e r e.

[1]) »Est actu omne, quod simpliciter esse potest«. l. c. 14.

[2]) »Deum non esse aliud ab alio«. l. c.

[3]) »Absolutum .. alteri nec idem, nec diversum«. De genesi fol. 70a,
vgl. oben S. 83. Anm. 2. »Non aliud non significat tantum, sicut idem«. De
ven. sap. c. 14, vgl. oben S. 89. Anm. 3.

[4]) »Ipse (deus) e s t n o n aliud ab alio quocunque«, »n o n e s t aliud
a coelo«. De ven. sap. c. 14.

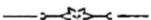

Drittes Kapitel.

Die Umgestaltung der ursprünglichen Lehre.

In dem Nichtanderen findet zwar die Einheit der Gegensätze, nicht aber die ganze Gotteslehre des Cusanus ihren Abschluß. Die Lehre von jener Einheit und ihre Fortbildung in drei verschiedenen Stadien machen zusammen nur die eine Entwicklungsreihe aus. Neben dieser giebt es noch eine zweite, welche ich die Umgestaltung der ursprünglichen Lehre nennen möchte. Dieselbe unterscheidet sich von der ersten zunächst durch den Weg, den sie einschlägt, um zu einer Erkenntnis Gottes zu gelangen. Darum

I.

Der neue Weg zur Gotteserkenntnis.

1. Das Wesentliche an demselben.

Wie Raymundus Lullus im 14. Jahrhundert Symbole, so empfiehlt im 15. Raymundus von Sabunde als das beste Mittel zur Gotteserkenntnis das »Buch der Natur«. Er sagt: Zwei Bücher hat Gott dem Menschen gegeben. Das eine ist die hl. Schrift, das andere das Buch der Geschöpfe oder das Buch der Natur. Dieses Buch ward ihm geschenkt, als das Weltall gegründet wurde. Jedes Geschöpf ist nichts wie ein Buchstabe, der mit dem Finger Gottes geschrieben ist. Aus den zahlreichen Geschöpfen setzt sich als ebenso vielen Buchstaben das Buch der Natur zusammen. Dieses Buch enthält die dem Menschen notwendige Kenntnis, jeder kann es lesen,

anfangs schätzt man es vielleicht gering, weil es mit den gering-
fügigsten Dingen beginnt. Zum Schlusse aber folgt die köst-
lichste Frucht, die Kenntnis von Gott und dem Menschen.[1])

Dieses vielversprechende »Buch der Natur« findet sich noch
heute abschriftlich in der Bibliothek des Cusanus. Johannes
Söhnchen aus Gladbach vollendete die Abschrift am 1. Oktober
1450.[2])

Diese Thatsache läſst mit einer groſsen Wahrscheinlichkeit
darauf schlieſsen, daſs jenes »Buch der Natur« dem Cusanus
bereits bekannt war, als er am 12. Juli 1450[3]) das erste Gespräch über die Weisheit schrieb. Wenigstens zeigt der Eingang dieses Gespräches eine groſse Ähnlichkeit mit dem, was
soeben aus jenem »Buche« erwähnt wurde. Derselbe verlangt
nämlich, man solle sich an die Bücher halten, welche Gott
mit seinem Finger geschrieben habe.[4]) Man finde dieselben
überall. Gottes Weisheit rufe drauſsen auf den Straſsen, und
ihr Ruf laute, sie wohne in den Höhen.[5]) Von dem, was um
uns her ist und geschieht, sollen wir uns zu dem erheben,
durch den alles ist.

Sehe ich z. B. auf einem Markte, wie man an dem einen
Ende desselben Geld zählt, an einem anderen Waren abwägt, an
einem dritten Öl und dergleichen miſst, so weiſs ich gleich, daſs
dies Thätigkeiten jenes Verstandes sind, wodurch die Menschen
die Tiere überragen. Zählen, Wägen und Messen können die
unverständigen Tiere eben nicht. Das Zählen aber setzt die Eins

---

[1]) Raymundus, Liber creaturarum prologus.

[2]) »Finitus per manus fratris Johannis filioli anno dom. 1450 prima
die octobris«. Cod. K 23 zu Cues. Über »Johannes filioli de geledbach«
vgl. Dronke, Programm des Kgl. Gymnasiums zu Koblenz 1852. S. 5.

[3]) »Finivi die, qua incepi, Reate XII. Julii 1450« lautet die Unter-
schrift im cod. E 2 zu Cues. In den zwei ersten Drucken dagegen steht:
»Primi dialogi idiotae Nicolai de Cusa cardinalis, quem absolvit Reate eo
die quo coepit anno MCCCCL. XV. Julii, finis«. In dem dritten fehlt
die Schluſsbemerkung gänzlich.

[4]) Orator. »Qui sunt illi (sc. dei libri)?« Idiota. »Quos suo
digito scripsit«. Orator. »Ubi reperiuntur?« Idiota. »Ubique«. De sap. I
fol. 75ᵃ.

[5]) Vgl. Prov. 8, 1.

als gegeben voraus, und wie die Eins Prinzip jeder Zahl, so
ist das kleinste Gewicht Prinzip des Wägens, das kleinste Mafs
Prinzip des Messens.[1]) Man nenne nun jenes Gewicht Unze,
dieses Mafs Liter. Dann wird man ebenso, wie man mittelst
der Eins zählt, mittelst der Unze wägen, mittelst des Liters
messen. Demnach verdankt der Eins das Zählen, der Unze
das Wägen, dem Liter das Messen seinen Ursprung. Ebenso
beruht auf der Eins das Zählen, auf der Unze das Wägen, auf
dem Liter das Messen. Aber die Einheit wird nicht durch
Zählen, die Unze nicht durch Wägen, das Liter nicht durch
Messen erkannt. Das Einfache ist naturgemäfs früher, wie das
Zusammengesetzte, das letztere kann daher das erstere nicht
messen, wohl aber umgekehrt. Demnach ist dasjenige, wodurch, wonach und worin alles Zählbare gezählt wird, selber
durch die Zahl nicht zu erfassen. Dasselbe gilt von dem Prinzipe des Wägens und des Messens. Diesen Ruf der Weisheit
auf den Strafsen pflanze man hinüber auf die Höhen fort, wo
die Weisheit wohnt, und Dinge wird man entdecken, weit köst-
licher, als in den prächtigsten Folianten.[2]) Das also ist die
höchste menschliche Weisheit: zu wissen, wie man nach der
soeben erwähnten Analogie das Unfafsbare erfafst, ohne es zu
erfassen.[3]) Was vorhin von dem Zählen, dem Wägen, dem
Messen mit Bezugnahme auf die Einheit, die Unze, das Liter

---

[1]) »Sicut igitur unum est principium numeri, ita est pondus minimum
principium ponderandi et mensura minima principium mensurandi«. l. c.
fol. 75[b].

[2]) »Hunc clamorem sapientiae in plateis transfer in altissima, ubi
sapientia habitat, et multo delectabiliora reperies, quam in omnibus orna-
tissimis voluminibus tuis«. l. c. fol. 75[b].

[3]) »Ecce, frater, summa sapientia est haec, ut scias, quomodo
in similitudine iam dicta attingitur inattingibile inattingibiliter«. l. c. Nebenbei sei bemerkt: Zu einem grofsen Teile enthalten
die Dialoge Petrarcas über »die wahre Weisheit« Wort für Wort dasselbe,
wie das erste Gespräch des Cusanus über »die Weisheit«. Doch ist an
eine etwaige Entlehnung nicht zu denken, vgl. Uebinger, Die angeblichen
Dialoge Petrarcas über die wahre Weisheit in der Vierteljahrsschrift für
Kultur und Litteratur der Renaissance II, 57 ff.

gesagt ward, dasselbe ist nämlich von allen Dingen im Verhältnisse zu dem Prinzipe aller zu sagen.[1])

Durch das Endliche zu dem Unendlichen! lautet also
jetzt die Parole.

2. Das Gemeinschaftliche mit dem früheren Wege.

Zweierlei hat das jetzige mit dem früheren Verfahren ge-
gemeinschaftlich. Dies ist erstens die Opposition gegen Autoritäten
in rein wissenschaftlichen Dingen. Ebenso entschieden, wie
früher gegen die Alleinherrschaft der »aristotelischen Sekte«,[2])
spricht sich Cusanus 1450 ganz allgemein gegen die blofse
Bücherweisheit aus. Wer sich durch die Meinung einer Autorität
bestimmen läfst, erklärt der Idiot im Namen des Autors, der
gleicht dem Pferde, welches, von Hause aus zwar frei, aber
künstlicherweise mittelst des Halfters an eine Krippe angebunden
ist; dort bekommt es nun nichts anderes zu fressen, als was
man ihm zufällig hinwirft. Eine Vernunft, die sich durch schrift-
stellerische Autoritäten bestricken läfst, nimmt fremdartige, nicht
die ihrer Natur entsprechende Nahrung in sich auf.[3]) Aufser
dieser Opposition ist sodann beiden Richtungen die Grundlage gemeinsam. Nach wie vor betont nämlich der Autor aufs
nachdrücklichste, dafs Gott nicht zu begreifen ist. Nach wie
vor müssen wir darauf verzichten, den unbegreiflichen Gott
völlig zu begreifen. Für die höchste Weisheit erklärt bekanntlich der Idiot zu wissen, wie man das Unerfafsliche erfafst,
ohne es zu erfassen.[4])

-- - -- ---

[1]) »Sicut iam ante de unitate, uncia et petito dixi: ita de omnibus
quoad omnium principium dicendum«. De sap. fol. 75ᵇ. Der Vordersatz
ist meines Erachtens nicht ganz genau; denn streng genommen, müfste es
z. B. »de numerando quoad unitatem« statt »de unitate« heifsen.

[2]) Vgl. oben S. 3 f.

[3]) Idiota. »Traxit te opinio auctoritatis, ut sis quasi equus natura
liber, sed arte capistro alligatus praesepi, ubi non aliud comedit, nisi quod
illi ministratur. Pascitur enim intellectus tuus, auctoritati scribentium
astrictus, pabulo alieno et non naturali«. l. c. fol. 75ᵃ.

[4]) »Attingitur inattingibile inattingibiliter«, vgl. S. 95. Anm. 3.

3. Der Unterschied von dem früheren Wege.

Im übrigen aber sind die angegebenen Denkrichtungen nicht unwesentlich verschieden. Durch das Endliche zu dem Unendlichen! heißt es jetzt, früher hieß es: Fort von dem Endlichen! Nicht einmal zu Symbolen schienen sich früher die sichtbaren Dinge zu eignen; denn sie befinden sich in einer beständigen Unbeständigkeit.[1]) Jetzt soll versucht werden, nach Anleitung derselben, nach den analogen Verhältnissen[2]) derselben das Unbegreifliche annähernd zu begreifen. In der »Belehrung über das Nichtwissen« versuchte der Autor ähnlich, wie die Mystiker, in unmittelbarer Anschauung sich zu dem Gedanken Gottes emporzuschwingen. Jetzt verweist er uns zu demselben Zwecke auf einen weiten Weg. Um der Erkenntnis Gottes willen fordert er die Erkenntnis der Welt. Er fordert sie und macht zugleich Vorschläge. Gott hat alles nach Maß, Zahl und Gewicht geordnet. Schon viel, meint nun Cusanus, wäre an Einsicht in die Natur der Dinge gewonnen, wenn wir nur erst einmal das spezifische Gewicht derselben kännten. Wertvoller als viele umfangreiche Werke wäre die Kenntnis desselben.

Anfertigen könnte das Verzeichnis ein jeder, der den guten Willen dazu hätte. Ihm selbst freilich fehlt die nötige Zeit.[3]) Sein Augenmerk ist und bleibt auf das Prinzip der Dinge, auf Gott, gerichtet.

Aber nicht sofort verfuhr der Autor nach der soeben mitgeteilten Norm. Vorerst blieb er noch mehr oder minder bei

---

[1]) »Necesse est nihil dubii apud imaginem esse . . . cum via ad incerta non nisi per praesupposita et certa esse possit. Sunt autem omnia sensibilia in quadam continua instabilitate«. De docta ign. I, 11, vgl. S. 14.

[2]) »In similitudine iam dicta«. De sap. fol. 75[b], vgl. oben S. 95. Anm. 3.

[3]) Idiota. »Dicito, quaeso, . . anne quisquam experimentales ponderum conscripserit differentias. . . Utinam quisquam nobis hanc consignationem praesentaret. Supra multa volumina caripenderem . . . Quisque volens faceret, cum sit facile, sed mihi deest opportunitas«. De staticis experimentis fol. 94[b].

der Einheit der Gegensätze. Nur ein kleiner Anlauf wird gemacht. Es wird nämlich an Beispielen gezeigt, wie bei jeder Wirkung die Ursache vorausgesetzt wird.[1]) Aber die Konsequenz, welche sich hieraus für die Bezeichnung Gottes ergiebt, wird im Jahre 1450 nicht gezogen. Viel später, erst im Frühjahre 1460, erschien das Gespräch über

II.

Das wirkliche Können.

1. Der Ausgangspunkt zu dem wirklichen Können.

Den Ausgangspunkt des Gespräches bildet die bekannte Stelle des Römerbriefes: »Das Unsichtbare an Gott wird seit Erschaffung der Welt durch das, was geworden ist, erkannt und geschaut, auch seine ewige Macht und Gottheit«.[2]) Unter dem Unsichtbaren ist, so erläutert Cusanus die Stelle, das Ewige zu verstehen. Das Zeitliche aber ist das Bild des Ewigen. Wird daher das Gewordene erkannt, so wird das Unsichtbare gesehen, es wird gesehen auf unsichtbare, auf intelligible Weise. Anders nämlich läfst sich die unsichtbare Wahrheit, der Gegenstand vernünftigen Erkennens, nicht sehen. Was ich nun so sichtbar sehe, dies alles ist, wie ich bestimmt weifs, nicht aus sich. Darum sagt der Apostel, dafs wir uns von der sichtbaren, geschaffenen Welt, von dem Geschöpfe zu dem Schöpfer zu erheben vermögen und alsdann das Unsichtbare an ihm sehen. Dieses Unsichtbare aber ist nichts anderes, wie der unsichtbare Gott selbst. Doch vielleicht hatte der Apostel die Absicht, mit jenen Worten für den, der Gott zu erkennen verlangt, noch etwas mehr, etwas Tiefsinnigeres anzudeuten.[3])

---

[1]) »In omni effectu praesupponitur causa«. De sap. II. fol, 78[b].

[2]) Röm. 1, 20.

[3]) Bernhardus. »Intelligimus competenter ista, quomodo a creaturis incitamur, ut earum rationes aeternas in principio conspiciamus. Hoc potuisset sic clare per apostolum dici, si aliud non intendebat. Quodsi aliud dicere proposuit foecundius deum apprehendere gliscenti, rogamus aperiri«. De possest fol. 175[a].

2. Die tiefere Deutung der angezogenen Schriftstelle.

Viel hat in der That die Annahme für sich, dafs jene Worte des Völkerapostels einen tieferen Sinn haben. Es ist höchstwahrscheinlich anzunehmen, dafs er uns darüber belehren wollte, wie wir das, was wir an dem Geschöpfe sehen, in Gott, auch ohne es an ihm zu sehen, werden annehmen können.[1]) Naturgemäfs ist hiernach zunächst genau festzustellen, was wir denn eigentlich in den Geschöpfen anzunehmen haben. Diese Feststellung ist notwendig, sie bildet

a) Die Grundlage zu der tieferen Deutung.

Offenbar sind die Geschöpfe Wirkungen einer höheren, einer schöpferischen Ursache. Was nämlich existiert, ist entweder das absolut Gröfste, Gott, oder aber es stammt von ihm.[2]) Die Geschöpfe weisen über sich selbst hinaus, sie treiben uns, ihre ewigen Gründe in dem obersten Prinzipe zu suchen.[3])

Doch diese Erkenntnis genügt hier nicht. Das angegebene Verhältnis zwischen Welt und Gott, zwischen Geschöpf und Schöpfer zu kennen ist zwar sehr wichtig, diese Kenntnis erst ermöglicht den Rückschlufs von den Weltdingen auf Gott. Sie ist also vorausgesetzt, aber nicht das, was wir hier suchen. Weil in jeder Wirkung die Ursache vorausgesetzt wird,[4]) weil diese in jener sich offenbart, so suchen wir in den Geschöpfen eine tiefere Erkenntnis Gottes. Die nähere Beschaffenheit der Geschöpfe, ihre konstitutiven Bestandteile also haben zur Grundlage für die Gotteserkenntnis zu dienen.

---

[1]) Cardinalis. »Arbitror quod multa, valde etiam altissima et mihi abscondita, sed, quod nunc coniicio, haec docere nos voluit, quomodo in deo illa invisibiliter apprehendere poterimus, quae in creaura videmus«. l. c. fol. 175ᵘ.

[2]) »Omnia absolutum maximum esse, aut ab eo esse scimus«. De docta ign. II, 4; vgl. oben S. 41. Anm. 4.

[3]) »A creaturis incitamur, ut earum rationes aeternas in principio conspiciamus«. De possest fol. 175ᵃ; vgl. oben S. 98. Anm. 3.

[4]) »In omni effectu praesupponitur causa«. De sap. II. fol. 78ᵇ; vgl. oben S. 98 Anm. 1.

Und w o r i n nun sind jene konstitutiven Faktoren zu suchen?
Die Antwort hierauf giebt bereits die »Belehrung über das Nichtwissen«. Die Welt, die beschränkt gröfste Einheit, ist als Einheit dreifaltig, zwar nicht absolut, sondern beschränkt; ihre
Einheit existiert, wie das Ganze in seinen Teilen, in einer
Dreifaltigkeit beschränkt. Eine Beschränkung nämlich ist nur
dort denkbar, wo es ein O b j e k t, das sich beschränken läfst,
eine U r s a c h e, welche beschränkt, und endlich eine V e r -
k n ü p f u n g giebt, welche durch die gemeinschaftliche Wirklichkeit beider vollendet wird.[1])

Beschränkbarkeit aber bezeichnet eine gewisse Möglichkeit
des Seins.[2]) Jene Ursache macht diese Möglichkeit zu einem
so oder so beschränkten Sein.[3]) Hierdurch kommt die Verknüpfung der beiden zustande, die Verknüpfung des beschränk-
baren und des beschränkenden Elementes, oder, wie man auch
wohl sagt, die Verknüpfung der Materie und Form, der Möglichkeit und begrifflichen Notwendigkeit.[4]) Demzufolge ist die
Einheit der Welt dreifaltig. Ihr Dasein beruht auf der Möglichkeit, der begrifflichen Notwendigkeit und deren Verknüpfung.
Wie man diese Faktoren gerade bezeichnet, ist ohne Belang;
man kann sie auch Potenz, Wirklichkeit und Verknüpfung
nennen.[5]) Wichtig ist die Zahl derselben; es giebt deren drei
und somit drei Seinsweisen. Einmal sind die Dinge in ihrer
b e g r i f f l i c h e n N o t w e n d i g k e i t, in welcher die Formen
der Dinge sind. Dann sind sie in der a k t u e l l g e n a u b e -
stimmten Möglichkeit, endlich können sie sein, und diese
unterste Seinsweise ist die r e i n e M ö g l i c h k e i t. Diese drei

---

[1]) »Non potest enim contractio esse sine c o n t r a h i b i l i, c o n t r a -
h e n t e et n e x u, qui per communem actum utriusque perficitur«. De
docta ign. II, 7.

[2]) »Contrahibilitas vero dicit quandam possibilitatem«. l. c. II, 7.

[3]) »Cum contrahens sit adaequans possibilitatem ad contracte istud
vel illud essendum . . .« l. c. II, 7.

[4]) »Est deinde nexus contrahentis et contrahibilis, sive materiae et
formae, aut possibilitatis et necessitatis complexionis«. l. c. II, 7.

[5]) »Est igitur unitas universi trina, quoniam ex possibilitate, necessitate complexionis et nexu, quae potentia, actus et nexus dici possunt«.
l. c. II, 7.

Seinsweisen sind zusammen in der einen Welt, in dem beschränkt Gröfsten; aus ihnen besteht, weil ohne sie nichts
sein kann, die eine allgemeine Seinsweise.[1])

Ganz im Einklange mit diesen Sätzen aus der »Belehrung
über das Nichtwissen« stehen nun die Worte, mit welchen das
Gespräch über »das wirkliche Können« die tiefere Deutung der
oben berührten Bibelstelle einleitet. Daselbst heifst es nämlich:[2])
Ein jedes Geschöpf, welches aktuell ist, kann unbedingt sein;
denn was nicht sein kann, das ist nicht. Demnach ist das
Nichtsein kein Geschöpf. Ist es nämlich Geschöpf, so ist es
ohne Zweifel. Überdies zeigt der Begriff Schaffen klar, wie
das Nichtsein durchaus kein Geschöpf ist; denn Schaffen heifst:
etwas aus dem Nichtsein zum Dasein bringen. So setzt also
das Wirkliche in seiner Existenz stets das Mögliche voraus; und
diesen Satz begriffen zu haben ist nichts Geringfügiges.[3])

Ein jedes Ding in der Welt also ist die Verknüpfung
der Wirklichkeit mit der Potenz, der Form mit der Materie. Potenz, Wirklichkeit und deren Verknüpfung sind die
drei konstitutiven Faktoren in allen Dingen. Verknüpfung,
nicht Privation, heifst das dritte Prinzip. Aristoteles und alle,
die seinem Beispiele folgten, begingen dadurch den gröfsten
Fehler, dafs sie jenes dritte Prinzip, welches unbedingt erforder-
lich ist, nicht erkannten.[4])

Cusanus seinerseits erkannte dasselbe durch einen Analogie-
schlufs. Die absolute Einheit, sagte er sich, ist notwendig dreifaltig, zwar nicht auf beschränkte, sondern auf absolute Weise.[5])

---

[1]) »Tres modi essendi . . . sunt in una universitate, quae est maximum contractum, ex quibus est unus universalis modus essendi, quoniam
nihil sine ipsis esse potest«. l. c. II, 7.

[2]) De possest fol. 175ᵃ.

[3]) »Neque hoc parum est apprehendisse«. l. c. fol. 175ᵃ.

[4]) »Aristoteles . . tria nominavit principia: materiam, formam et privationem. Arbitror ipsum . . atque omnes in uno maxime defecisse . . .
Tertium principium utique necessarium non attigerunt«. De beryllo 25.

[5]) »Unitas absoluta est necessario trina, non quidem contracte, sed
absolute; nam non est aliud absoluta unitas quam trinitas, quae quidem
in quadam correlatione humanius (Faber liefs »familiarius« drucken) appre-
henditur«. l. c. II, 7.

Die absolute Einheit ist nichts anderes wie die Dreifaltigkeit.
Analog, wie bei der absoluten, liegen die Verhältnisse bei der
beschränkten Einheit. Auch sie ist als Einheit dreifaltig, zwar
nicht auf absolute, so dafs die Dreifaltigkeit Einheit ist, sondern
auf beschränkte Art, so zwar, dafs die Einheit nur in der Dreifaltigkeit ist.[1] In der Gottheit ist die Vollkommenheit der
Einheit, welche Dreifaltigkeit ist, so grofs, dafs der Vater wirklich Gott, der Sohn wirklich Gott und der hl. Geist wirklich
Gott ist.[2]

Von dem Vater aber, der ewigen Einheit, steigt das Beschränkbare, die Möglichkeit; von der Gleichheit die beschrän-
kende Ursache, die Form; von dem hl. Geiste die Verknüpfung
der beiden in die Welt hinab.[8] Demnach giebt es, wie in der
Gottheit drei Personen, in der Welt und in ihren Dingen drei
konstitutive Faktoren, die allerdings nicht an und für sich, sondern nur verbunden existieren.[4]

Die drei göttlichen Personen kommen also für das Denken
des Cusanus zuerst, erst nach ihnen als ihr Abbild jene welt-
bildenden Faktoren. Nach der Auffassung Gottes, die für ihn
in den entscheidenden Zügen durch den Glauben gegeben ist,
richtet sich also hier die Ansicht von der Welt. Von Gott
schreitet Cusanus zur Welt. Später, in dem Dialoge, der uns
gerade hier beschäftigt, dreht er das Verhältnis um. Von der
Welt will er zu Gott. Was somit ursprünglich Folgerung aus
der Lehre von Gott war, wird in dem Gespräche über das
»wirkliche Können« zu deren Grundlage.

b) Die tiefere Deutung selbst, das wirkliche Können.

Ein jedes Ding ist sonach die Verknüpfung von Möglichkeit
und Wirklichkeit. Was wir aber so an den geschaffenen Dingen

---

[1] »Ita quidem unitas maxima contracta etiam, ut est unitas, est trina,
non quidem absolute, ut trinitas sit unitas, sed contracte ita, quod unitas
non sit nisi in trinitate«. l. c. II, 7.

[2] Vgl. oben S. 56 Anm. 3.

[8] »Possibilitas . . ab aeterna unitate descendit. Ipsum autem contrahens . . . ab aequalitate unitatis descendit. . . Nexum a spiritu sancto,
qui est nexus infinitus, descendere manifestum est«. De docta ign. II, 7.

[4] »Non sunt subsistentes per se, nisi copulate«. l. c. II, 7.

sehen, das werden wir, auch ohne es an Gott zu sehen, in ihm annehmen können.[1]) Wenn wir mit dem leiblichen Auge weiße Gegenstände (alba) erblicken, so schauen wir mit dem geistigen das Weiße (albedo), ohne welches irgend ein Gegenstand nicht weiß ist. Ähnlich hier; sehen wir wirkliche Dinge, so erblicken wir im Geiste die absolute Wirklichkeit. Da nun die Wirklichkeit aber wirklich ist, so ist es ohne Frage, daß sie sein kann; denn, was nicht sein kann, das ist nicht.[2]) Fernerhin kann die absolute Möglichkeit nichts anderes wie das Können, und die absolute Wirklichkeit nichts anderes wie die Wirklichkeit sein.[3]) Auch kann die schon genannte Möglichkeit nicht früher sein, als die Wirklichkeit; sie geht dieser nicht etwa so, wie sonst irgend eine Möglichkeit ihrer Wirklichkeit, voran. Wie hätte sie auch anders, als durch wirkliches Sein, zur Wirklichkeit gelangen sollen? Setzte nämlich das Werdenkönnen sich selbst in Wirklichkeit um, so wäre es wirklich, bevor es wirklich ist. Die absolute Möglichkeit also, von der hier die Rede ist, durch die alle Dinge, die wirklich sind, wirklich sein können, geht ihrer Wirklichkeit nicht voran. Andererseits folgt sie auch nicht erst auf diese; denn wie könnte die Wirklichkeit sein, gäbe es keine Möglichkeit? Gleichmäßig ewig also sind die absolute Möglichkeit, Wirklichkeit und die Verbindung der beiden. Indessen bilden sie keine Mehrzahl ewiger Dinge, sie sind auf die Weise ewig, daß sie zusammen die eine Ewigkeit ausmachen.[4])

Diese Ewigkeit aber wollen wir Gott nennen. Alsdann steht fest, daß Gott vor der Wirklichkeit, die von der Möglichkeit, und vor der Möglichkeit, die von der Wirklichkeit sich unterscheidet, das einfache Prinzip der Welt ist.[5]) Bei allen

---

[1]) »In deo illa invisibiliter apprehendere poterimus, quae in creatura videmus«. De possest fol. 175ᵃ. Vgl. S. 99. Anm. 1.

[2]) »Cum igitur actualitas sit actu, utique et ipsa esse potest, cum impossibile esse non sit«. De possest fol. 175ᵃ.

[3]) »Nec potest ipsa absoluta possibilitas aliud esse a posse, sicut nec absoluta actualitas aliud ab actu«. l. c. fol. 175ᵃ.

[4]) »Coaeterna ergo sunt absoluta potentia et actus et utriusque nexus. Neque plura sunt aeterna, sed sic sunt aeterna, quod ipsa aeternitas«. l. c.

[5]) »Nominabo autem hanc . . . aeternitatem deum gloriosum, et dico

Dingen dagegen, die nach ihm kommen, sind Möglichkeit und
Wirklichkeit verschieden. Gott allein, nicht aber irgend ein Geschöpf, ist demnach das, was sein kann.[1]) Möglichkeit und
Wirklichkeit sind nur in dem Prinzipe, nur in Gott identisch.
Nur Gott ist daher alles das wirklich, dessen Seinkönnen sich
verwirklichen läfst.[2]) Nichts kann nämlich existieren, was Gott
nicht wirklich ist. In ihm ist eben die absolute Möglichkeit
mit der absoluten Wirklichkeit eins. Er ist die absolute Möglichkeit, Wirklichkeit und die Verbindung der beiden.[3])

Siehe, der zuletzt ausgesprochene Gedanke läfst sich in
einem ganz kurzen Worte zusammenfassen.[4]) Gesetzt nämlich,
irgend ein Bestandteil dieses Wortes bezeichne auf die einfachste
Art den Grad, in welchem der ganze Komplex Können, d. h.
dafs er das Können (ipsum posse) ist. Weil nun das, was
ist, wirklich ist, deshalb bedeutet Seinkönnen soviel, wie
Wirklichsein-Können. Man nenne also jene Verbindung
von Können und Wirklichkeit das »Possest«.[5])

Dieses »Possest«, das nach Ritter[6]) eine barbarische Kühnheit in der Wortbildung verrät, hat man, soweit ich sehe,
nirgends genau und deutlich erklärt. Lewicki interpungiert die
entscheidenden Worte der voraufgehenden Erklärung also:
»Et quia, quod est actu, est, ideo »»posse esse«« est tantum
quantum »»posse esse«« actu«.[7]) Er zeigt hierdurch, dafs er
dieselben nicht richtig gefafst hat. Storz giebt folgende Um-

---

nunc nobis constare, deum ante actualitatem, quae distinguitur a potentia,
et ante possibilitatem, quae distinguitur ab actu, esse ipsum simplex mundi
principium«. l. c.

[1]) »Ita ut solus deus id sit, quod esse potest, nequaquam autem quaecunque creatura«. l. c.

[2]) »Deus omne id est actu, de quo posse esse potest verificari«. l. c.

[3]) »Quod deus sit absoluta potentia et actus atque utriusque nexus«. l. c.

[4]) »Vide hanc contemplationem . . brevissimo verbo complicari.«
l. c. fol. 176ᵃ.

[5]) »Esto enim quod aliqua dictio significet simplicissimo significato,
quantum hoc complexum posse est, scilicet quod ipsum posse sit. Et
quia, quod est, actu est, ideo posse esse est tantum, quantum posse esse
actu. Puta vocetur possest«. l. c. fol. 176ᵃ.

[6]) l. c. IX, 158.

[7]) S. 41.

schreibung: »Die absolute Möglichkeit, die mit der absoluten Aktualität coincidiert, ist die Macht (potentia), zu sein, die Gott in sich selbst hat. Daher kann er als das Könnensein (posse esse), als die Macht, wirklich zu sein, als Possest bezeichnet werden«.[1]) Das »barbarische« Wort aber übersetzt Scharpff[2]) und ebenso Stöckl[3]) durch »Können und Sein«, Falckenberg[4]) durch »Wirklichkeit aller Möglichkeit«, Ritter[5]) einfach durch »Können (posse est)«, Zimmermann[6]) durch »Können, welches ist (posse est)«, Erdmann[7]) barbarisch durch »Kann-Ist«. Giordano Bruno[8]) sagt im Italienischen »essere in atto«.

Der Gedanke des Cusanus ist klar, nur nicht der Ausdruck. Gott soll durch »Possest« als das absolute Können, die absolute Wirklichkeit und deren Verbindung bezeichnet werden; das absolute Können ist in Gott mit der absoluten Wirklichkeit verbunden. Diesen Gedanken hat man mehrfach richtig erkannt, nicht aber, wie derselbe in dem »Possest« ausgedrückt ist. Die bisherigen Übersetzungen sind, abgesehen von dem barbarischen »Kann-Ist«, entweder nicht genau, oder viel zu frei.

Offenbar ist ein Ausdruck zu wählen, welcher die drei Prinzipien: das Können, die Wirklichkeit und deren Verbindung ausdrücklich oder symbolisch bezeichnet. Als ersten Bestandteil bietet sich uns da ohne weiteres das Können dar, welches dem Hauptbestandteile in »Possest« vollkommen entspricht.

Das zweite Prinzip in dem absoluten Sein bezeichnet Cusanus einfach durch das Wörtchen »est« und fügt, wie oben mitgeteilt, die Erklärung hinzu: »Weil das, was ist, wirklich ist, deshalb bedeutet Sein können soviel, wie Wirklichsein-Können«. Diese Bemerkung paßt nur für das lateinische »esse«

---

[1]) S. 281.

[2]) Schriften S. 210.

[3]) l. c. III, 40.

[4]) S. 10.

[5]) S. 161.

[6]) Der Kardinal Nikolaus Cusanus als Vorläufer Leibnizens in den Sitzungsberichten der W. Akademie der Wissenschaften. Philos.-Hist. Klasse VIII, 311.

[7]) S. 454.

[8]) »De la causa« in der von Wagner besorgten Ausgabe S. 261.

im Sinne der Scholastik; ihr »bedeutet das »esse« die Wirklichkeit einer jeden Form oder Natur«.[1]) Sie pafst dagegen nicht
für das deutsche »Sein«; denn wir unterscheiden mögliches und
wirkliches Sein, verbinden aber, wie die Scholastik mit »esse«
den Begriff der »actualitas«, mit dem »Wirklichen« den des
Seins. Soll daher die deutsche Übersetzung dem lateinischen
»Possest« sachlich entsprechen, so mufs gerade das, was in
»Possest« mitgedacht, aber nicht ausgedrückt ist, nachdrücklich
hervorgehoben werden, d. h. das Wirkliche.

Das dritte Prinzip, die Verbindung der beiden ersten, hat
Cusanus blofs symbolisch bezeichnet, und zwar dadurch, dafs
er die Bezeichnungen der zwei ersten, das »posse« und das »est«,
zu einem einzigen Worte verband. Dies geschah nicht etwa
zufällig, sondern mit bewufster Absicht. Es geht dies aus dem
Gespräche selbst mit grofser Deutlichkeit hervor. Dort, wo es
sich um die Verdeutlichung des »Possest« handelt, sind bereits
eine ganze Reihe von Analogieen angeführt, da bemerkt auf
einmal einer der Mitunterredner, der Kanzler Bernhard von
Krayburg:[2]) »Um nicht dadurch, dafs ich nichts sage, den
Schein zu erwecken,[3]) als ob ich umsonst so viele erhabene
Dinge gehört, so will auch ich einen Vergleich erwähnen, der
nicht zu verachten ist. Ich finde denselben in dem »Possest«
selbst. Da sehe ich, dafs das einfache E dreieiniger Vokal ist;
denn es ist Vokal des »posse«, Vokal des »est« und Vokal

---

[1]) Vgl. St. Thomas S. theol. 1. qu. 3. art. 4. c.

[2]) Im Texte des Gespräches steht blofs »Bernhardus«, und hierunter vermutet Scharpff, Reformator S. 207 den Prior Bernhard von Tegernsee
(vgl. oben S. 69 ff. dessen »laudatorium sacrae doctae ignorantiae«). Aber
mit Unrecht. Am Schlusse des Gespräches nämlich wird dieser »Bernhardus« im cod. E, 3 zu Cues sowie hiernach auch in den zwei ersten
Drucken genauer als »cancellarius archiepiscopi Salseburgensis« bezeichnet.
Nach dem cod. lat. Vindob. 3704. 3520. 4975. ergiebt sich, dafs dieser
erzbischöfliche Kanzler mit seinem vollständigen Namen Bernhard von
Krayburg heifst. Über seine »Oratio in laudem Nicolai de Cusa« vom
3. Februar 1451, die sich im cod. lat. Vindob. 3704 fol. 138ᵃ—139ᵇ findet,
vgl. Uebinger, Der Kardinallegat Nikolaus Cusanus in Deutschland 1451—52.
Historisches Jahrbuch VIII, 633 f.

[3]) De possest. fol. 181ᵇ.

der Verbindung dieser beiden. Dieser Vokal verleiht dem »Possest« alles in allem; nimmt man denselben heraus, so hört jenes »Possest« auf, ein bezeichnender Name zu sein«. Zugleich läfst sich aus dem Gespräche ersehen, wie sich Cusanus das »Possest« deutsch ausgedrückt dachte. Dem soeben erwähnten Vergleiche nämlich geht eine, auf den ersten Blick ebenso geistlose Spielerei mit dem Wörtchen IN voran.[1]) Ohne den Inhalt derselben weiter zu berühren, bemerke ich blofs, dafs dieselbe mit dem zuerst erwähnten Vergleiche aufs engste zusammenhängt. Das IN führt den Kanzler auf das E, man könnte das E die lateinische Übertragung des deutschen IN nennen; denn das Gespräch wurde doch höchstwahrscheinlich deutsch geführt bez. vom Autor als solches gedacht.

Darnach ergäbe sich für das lateinische »Possest« im Sinne des Cusanus der deutsche Ausdruck »Können in Wirklichkeit«. Giordano Brunos »essere in atto«[2]) stimmt mit dieser Übersetzung der Hauptsache nach vollkommen, beinahe sogar wörtlich überein. Dort, wie hier, sind alle drei Prinzipien ausdrücklich bezeichnet, und es ist nicht unwahrscheinlich, dafs der Autor erst von dem »Können in Wirklichkeit« auf das lateinische »Possest« gekommen ist, dafs er also denselben Weg, den wir soeben machten, nur in umgekehrter Richtung zurücklegte. Indessen möchte ich jenen Ausdruck nicht ganz unverändert beibehalten. Eine kleine Änderung liegt in sprachlichem Interesse; sie hat gleichzeitig zur Folge, dafs jenes bekannte dritte Prinzip ebenso, wie im Lateinischen, nur symbolisch bezeichnet wird. Darnach ist »Possest« »das wirkliche Können«.

3. Die Vorzüge dieses neuen Namens.

Sehr viel verspricht sich der Autor von diesem neuen Namen. Die höchste Erkenntnis besteht für ihn zwar nach wie vor in der mystischen Anschauung. Aber er denkt dabei nicht mehr an dasselbe, wie ehedem. Einst dachte er sich darunter das Eindringen in die Finsternis, das Zulassen der Einheit

---

[1]) fol. 181ᵃ.
[2]) Vgl. oben S. 105 Anm. 8.

der Gegensätze.[1]) Jetzt ist er überzeugt, das wirkliche Können
sei jener göttliche Name, der über Sinn, Verstand und Vernunft
hinaus zu dem mystischen Schauen führe; jetzt erwartet er,
daſs Gott die Finsternis verscheuche und als die allmächtige
Sonne seinen Geist erleuchte.[2])

In dem wirklichen Können nämlich ist ganz zweifellos
alles enthalten.[3]) Das Können schlechthin schlieſst jegliches
Können ein. Giebt es kein Seinkönnen, so existiert nichts;
giebt es dagegen ein solches, so sind alle Dinge das, was sie
sind, in ihm, auſser ihm nichts.[4]) Was geworden, war stets
in dem Seinkönnen; ohne dieses ist nichts. Das wirkliche
Können aber ist und umfaſst alle Dinge; keins kann sein oder
anders werden, was in ihm nicht eingeschlossen wäre. In ihm
sind und bewegen sich demnach alle, in ihm sind sie das, was
sie sind, mögen sie sein, was sie wollen.[5])

Auf dies Alles deutet das wirkliche Können. Wer sich
nach Anleitung dieses Namens einen Begriff von Gott bildet,
der begreift vieles, was ihm früher schwierig erschien, ziemlich
schnell.[6]) Wenden wir z. B. jenen Begriff auf die Linie an.
Alsdann erkennen wir das wirkliche Können der Linie;[7]) wir
sehen, wie die Linie das wirklich, was sie sein kann, daſs sie
alles das ist, was die Linie überhaupt werden kann. Einzig
aus dem Grunde, weil sie das wirkliche Können, ersehen wir
zweifellos, daſs sie die gröſste und zugleich die kleinste Linie
ist. Da sie nämlich ist, was sie sein kann, so giebt es keine

---

[1]) »Necesse est me intrare caliginem et admittere coincidentiam
oppositorum». De visione dei 9. vgl. oben S. 78.

[2]) »Ducit hoc nomen speculantem super omnem sensum, rationem
et intellectum in mysticam visionem . . Tunc exspectat . . . solem·(in den
Drucken steht ein sinnloses »solum«) illum omnipotentem et per ipsius
ortum pulsa caligine illuminari«. De possest fol. 176ᵃ.

[3]) »Omnia in illo utique complicantur«. l. c.

[4]) »Si non est posse esse, nihil est; et si est, omnia id sunt, quod
sunt, in ipso et extra ipsum nihil«. l. c.

[5]) »Patet possest omnia esse et ambire, cum nihil aliter sit aut
possit fieri, quod in eo non includatur. In ipso ergo omnia sunt et moventur et id sunt, quod sunt, quicquid sunt«. l, c.

[6]) l. c. fol. 177ᵇ.

[7]) »Possest lineale«. l. c.

größere und auch keine kleinere, demnach ist sie die größte
und die kleinste.[1]) Und weil sie alles ist, was die Linie jemals
werden kann, so ist sie die Grenze für alle Flächen: für Dreieck,
Viereck, alle Vielecke, für alle Kreise, für alle aus geraden oder
krummen Linien bestehenden Figuren; sie ist deren einfaches
Urbild, welches in sich alle Figuren enthält und durch sich ge-
staltet, sie ist der eine Grund und die eine Ursache aller.

Ähnliches gilt von dem absolut wirklichen Können. Dieses
führt einen, wie auch immer, zu dem Allmächtigen hin.[2]) Alsdann sieht man, wie ein jedes, was sein und werden kann,
über jeden Namen, ja sogar über das Sein und Nichtsein, soweit diese erkannt werden können, erhaben ist; denn da das
Nichtsein durch den Allmächtigen Sein empfangen kann, so
ist es ohne Frage aktuell. Das absolute Können ist nämlich
in dem Allmächtigen aktuell. Kann aus dem Nichtsein durch
irgend ein Vermögen irgend etwas werden, so ist es unbedingt
in dem unendlichen Vermögen enthalten. Nichtsein bedeutet
daselbst Allessein. Demnach ist jedes Geschöpf, welches aus
dem Nichtwissen zum Sein gebracht werden kann, dort, wo
das Können Sein und zwar das wirkliche Sein, das wirkliche
Können ist.[3]) Dieser Name erhebt einen über Sein und Nichtsein und läßt einen zugleich alles, was aus dem Nichtsein
durch das aktuelle Allessein zu eigenem Sein gelangt, freilich
bloß im Bilde, sehen. Sobald man aber dieses aktuelle Sein annähernd deutlich sieht, wird man keinen Namen finden, den wir
ihm beilegen könnten. Jenem Prinzipe nämlich kommt nicht
etwa Einheit, Besonderheit, Mehrheit oder sonst irgend ein
Name in dem Sinne zu, wie wir denselben deuten oder verstehen. Sein und Nichtsein widerstreiten sich daselbst nicht,

---

[1]) »Cum sit id, quod esse potest, non potest esse maior, sic videtur
maxima; nec minor, sic videtur minima«. l. c. fol. 177ᵇ. Eine andere, wie
die vorstehende, Auffassung dieser Worte liegt zwar näher, giebt aber
keinen vernünftigen Sinn. Die vorstehende gründet sich auf die Auffassung
der ganz analogen Stelle in der »Belehrung über das Nichtwissen«, vgl.
oben S. 17 ff.

[2]) »Possest absolute consideratum sine applicatione ad aliquod nomi-
natum te qualitercunque ducit . . ad omnipotentem«. De possest fol. 177ᵇ.

[3]) »Ubi posse est esse et ipsum possest«. l. c.

noch auch sonst irgend welche Gegensätze, die einen Unterschied bejahen oder verneinen. Der Name des höchsten Prin-
zipes nämlich ist der Name der Namen, er ist nicht minder
der allgemeine für alle Dinge und zugleich für keins derselben,
wie für jedes einzelne. Der zusammengesetzte Name »wirkliches Können« besitzt eine ganz einfache Bedeutung. Es ist
darunter das absolute Können zu verstehen, wie es jedes Können,
erhaben über Thätigkeit und Leiden, über Wirken- und Werdenkönnen, in sich enthält; zugleich deutet der Name an, dafs
dies Können wirklich ist.[1]

Das wirkliche Können bezeichnet also erstens ziemlich
genau das Wesen Gottes. Zweitens kommt dieser Name dem
obersten Prinzipe ausschliefslich zu. Das oberste Prinzip nämlich
erschöpft seine allmächtige Kraft in keinem Dinge, welches
sein kann. Daher ist kein Geschöpf wirkliches Können. Jedes
Geschöpf kann demnach sein, was es nicht ist. Das Prinzip
allein kann nicht sein, was es nicht ist; denn es ist eben das
wirkliche Können.[2]

Gott allein, heifst es an einer andern Stelle, ist das wirkliche Können; denn er ist aktuell, was sein kann.[3] Nicht
klein ist Gott; denn das Kleine kann gröfser sein. Nicht grofs
ist er; denn das Grofse kann kleiner sein. Vielmehr ist er
vor allen Dingen, welche anders werden können, und vor
allen, welche unterschieden sind. Er ist nämlich vor jedem
Unterschiede, vor dem Unterschiede von Wirklichkeit und Möglichkeit, vor dem Unterschiede von Werden- und Wirkenkönnen,
vor dem Unterschiede von Licht und Finsternis, sogar vor dem
Unterschiede von Sein und Nichtsein, von Etwas und Nichts.
Schaut man auf all die Dinge, welche nach ihm kommen, so

---

[1] »Capis posse absolutum, prout complicat omne posse supra actionem
et passionem, supra posse facere et posse fieri; et concipis ipsum posse
actu esse«. l. c.

[2] »Principium suam vim omnipotentem in nullo, quod esse potest,
evacuat. Ideo nulla creatura est possest. Quare omnis creatura
potest esse, quod non est; solum principium, quia est ipsum possest,
non potest esse, quod non est«. l. c.

[3] »Solus deus est possest, quia est actu, quod esse potest«. De
ven. sap. c. 13.

sind sie von einander verschieden und selbst dann, wenn sie in der Gattung oder Art des Seins übereinstimmen, auch dann noch sind sie der Zahl nach verschieden.[1]) Gott selbst aber ist vor jedem Unterschiede; denn er ist das wirkliche Können.[2])

Ziemlich passend ist demnach dieser Name für Gott; indessen doch nur nach menschlicher Auffassungsweise.[3]) Auch jetzt nämlich hält Cusanus an dem schon in der »Belehrung« aufgestellten Satze fest, daſs wir Gott nicht genau zu erkennen vermögen. Wohl wissen wir, daſs er nichts von all den Dingen ist, welche sich mit Namen bezeichnen lassen; denn diese können sein, was sie nicht sind.[4]) Demnach ist er nicht Quantität; denn diese kann sein, was sie nicht ist; sie kann gröſser sein, oder anders sein, als sie ist. Wohl wissen wir, daſs er das wirkliche Können ist, daſs dieses das aktuell vollkommenste Können ist,[5]) daſs demselben nichts, was sein kann, fehlt, daſs in ihm alle Dinge sind und erkannt werden, daſs es deren Ursache und Grund ist.[6])

Und dennoch vermag keine Vernunft dasselbe zu begreifen, sie weiſs bloſs, daſs es existiert.[7]) Unsere Vernunft nämlich ist nicht aktuell, was sie sein kann, sie kann sonach stets gröſser und vollkommener sein, ist somit nicht wirkliches

---

[1]) »Si respicis ad cuncta, quae post ipsum sunt, omnia sunt ab invicem differentia atque, etiam ad invicem concordantia in genere entis aut specie, numero differentia«. l. c. Ähnlich heiſst es De docta ign. III, 1, vgl. oben S. 65. Anm. 1.

[2]) »Ipse autem deus est ante omnem differentiam differentiae et concordantiae, quia possest«. De ven. sap. c. 13.

[3]) »Est dei satis propinquum nomen secundum humanum de eo conceptum«. De possest fol. 176ᵃ.

[4]) »Omnia de possest negantur, quando nullum omnium, quae nominari possunt, sit ipsum, cum possit esse id, quod non est. l. c. fol. 178ᵃ. Faber stellte »sit ipsum« an das Ende des Passus und lieſs hier »sit post ipsum« drucken.

[5]) »Ipsum (sc. possest) . . posse est actu perfectissimum«. l. c.

[6]) »Omnia in possest sunt et videntur ut in sua causa et ratione«. l. c.

[7]) »Licet nullus intellectus capere possit ipsum (sc. possest) nisi, quia est ipsum«. l. c.

Können. Sie sieht daher das wirkliche Können nur von weitem
und begreift dasselbe nicht.[1]) Stets freilich läfst sich mancherlei
über Gott sagen; aber nichts genügt. Die letzte und höchste
Betrachtung desselben ist ohne Grenze oder unendlich, sie überragt jeden Begriff. Diesen Satz fand Cusanus durch viele und
meistens sehr tiefsinnige Betrachtungen, die er bei sich anstellte,
und durch die Schriften der Alten bestätigt, die er sehr sorgfältig durchforschte.[2]) Der Begriff von Gott ist ein absoluter
Begriff oder ein absolutes Wort, das in sich alles Begreifbare
enthält.

Unsere Begriffe sind nicht absolut. Unsere Vernunft begreift daher das Absolute nicht. Je mehr sie aber erkennt,
wie gering ihre Fähigkeit, um einen Begriff Gottes zu bilden,
desto gröfser, so scheint es dem Cusanus, ist die Vernunft.
Wer hingegen glaubt, Gott begriffen zu haben, möge wissen,
dafs dieser Glaube von einem Mangel und der geringen Kraft
seiner Vernunft herrührt.[3]) Gelehrter also ist, der da weifs,
dafs er nicht wissen könne.[4])

Die Grundlage der »Belehrung über das Nichtwissen« ver-
läfst hiernach Cusanus in dem Gespräch über das »wirkliche
Können« nicht; dennoch ist gegenwärtig seine Zuversicht, Gott
wenigstens annähernd zu erkennen, weit gröfser, wie ehedem,
als er 1440 die »Belehrung« schrieb. Ehedem bevorzugte er
ganz entschieden die negative Gotteslehre; er war bemüht, den
Schöpfer zu sehen, wie er über Sein und Nichtsein erhaben,
konnte daher nicht begreifen, auf welche Weise Gott sichtbar

---

[1]) »Intellectus noster, quia non est ipsum possest — non enim est
actu, quod esse potest — maior igitur et perfectior esse potest. Ideo
ipsum possest, licet a remotis videat, non capit«. l. c.

[2]) »Semper varie multa dici posse, licet insufficientissime haec quae
praemisi . . . . ostendunt. Multis enim valde et saepe profundissimis
meditationibus mecum habitis diligentissimeque quaesitis antiquorum scriptis
repperi ultimam atque altissimam de deo considerationem esse interminam
seu infinitam seu excedentem omnem conceptum«. l. c. fol. 179b.

[3]) »Ideo quicunque putat apprehendisse ipsum, sciat hoc ex defectu
et parvitate sui intellectus evenire«. l. c.

[4]) »Doctior igitur est sciens se scire non posse«. l. c. Ähnlich heifst
es De docta ign. I, 1. vgl. oben S. 11. Anm. 1.

sein solle.[1]) Jetzt aber sagt er sich, daſs die ewige Macht und die unsichtbare Gottheit durch den geschaut werde, der die geschaffene Welt erkennt.[2]) Es ist nämlich nur dann möglich, den Satz zu verstehen, das Geschöpf sei vom Schöpfer emaniert, wenn man zugleich sieht, wie dasselbe in der unsichtbaren Macht von Ewigkeit her diese selbst gewesen ist. Alle möglichen Geschöpfe müssen aktuell in der Macht des Schöpfers sein, so daſs er die vollkommenste Form aller Formen ist. Er muſs alles sein, was dasein kann, so daſs er die formale oder urbildliche Ursache im wahrsten Sinne ist. Er muſs die Vorstellung und den Begriff aller denkbaren Formen in sich haben, er muſs über jedem Gegensatze stehen. Dies Alles liegt in dem wirklichen Können. Dieser Name führt den Forscher zu jeder beliebigen p o s i t i v e n A u s s a g e über Gott[3]), und darin liegt sein Hauptvorzug.

Das wirkliche Können also entspricht dem göttlichen Wesen nach menschlicher Auffassung desselben z i e m l i c h g e n a u. entspricht diesem Wesen e i n z i g u n d a l l e i n, entspricht diesem in p o s i t i v e r Form.

III.

Das Können.

Am Abende seines Lebens, in seinem 62. Jahre,[4]) las Cusanus mit groſsem Interesse, was Diogenes Laertius über das Leben und die Lehren der alten Philosophen berichtet.[5]) Hier-

---

[1]) »Et quando ipsum (sc. creatorem) nixi sumus super esse et non esse videre, non potuimus intelligere. quomodo esset visibilis«. De possest fol. 183ᵇ.

[2]) »Diximus mente illam creatoris sempiternam virtutem et invisibilem divinitatem conspici, quae mundum creatum intelligit«. l. c.

[3]) Ducit »inquisitorem ad qualemcunque de deo p o s i t i v a m assertionem«. l. c. fol. 177ᵇ.

[4]) »Sexagesimum enim primum transegi annum«. De ven. sap. prologus.

[5]) »Nunc vero, cum in Diogenis Laertii de vitis philosophorum libro varias philosophorum legissem sapientiae venationes, concitatus ingenium totum contuli tam gratae speculationi«. l. c.

durch reifte in ihm der Entschluſs, jene von seinen philosophischen Versuchen, die er bis zu dem angegebenen Zeitpunkte
für die richtigsten hielt, summarisch aufgezeichnet der Nachwelt
zu überliefern und die daselbst behandelten Fragen noch einmal
aufs sorgfältigste zu überdenken.[1])

Weil nun das, was unbekannt, nicht durch noch weniger
Bekanntes kann gewuſst werden, so sagte er sich, vor allem
müsse er einen Satz zum Ausgangspunkte nehmen, der ganz
zuverlässig gewiſs, von keinem der Philosophen angezweifelt,
von allen vorausgesetzt sei.[2]) Und als er nach einem solchen
eifrig suchte, stieſs er auf den Satz, den auch Aristoteles an
die Spitze seiner Physik stellt, und der da lautet: »Was nicht
werden kann, das wird nicht«[3]). Mit festem Blicke
auf denselben beschloſs er nun die Gebiete der Weisheit zu
mustern.[4])

Der angegebene Satz aber lenkte naturgemäſs seine Auf-
merksamkeit in erster Linie auf

1. Das Werdenkönnen.

Da nichts wird, was nicht werden kann, so ward nichts
oder wird künftig, ohne daſs es werden konnte oder noch
kann. Was aber existiert und doch nicht geworden, nicht
geschaffen ist, konnte und kann weder aus etwas anderem
gemacht, noch aus nichts geschaffen werden. Dasselbe geht
nämlich dem Werdenkönnen voran und ist, da es weder gemacht, noch geschaffen ist, noch anders, wie es ist, werden
kann, ohne Zweifel ewig.[5]) Ein jedes Ding aber, welches

---

[1]) De ven. sap. l. c. vgl. oben S. 91. Anm. 3.

[2]) »Cum ignotum per ignotius non possit sciri, capere me oportet
aliquid certissimum, ab omnibus venatoribus indubitatum et praesupposi-
tum.« l. c. 2.

[3]) »Quod impossibile fieri non fit«. l. c.

[4]) »Ad ipsam (sc. assertionem) conversus introspexi regiones sapientiae«. l. c. 2.

[5]) »Cum impossibile fieri non fiat, nihil factum est aut fiet, quin potuit aut possit fieri. Quod autem est et non est factum, nec creatum: non
potuit, neque potest fieri, neque creari. Praecedit enim id posse fieri et
est aeternum, cum sit nec factum, nec creatum, nec possit aliud fieri«. l. c. 3.

ward oder künftig wird, hat, da es ohne das Werdenkönnen nicht ward, noch wird, zum Prinzipe das eine Absolute. Das letztere ist Prinzip und Ursache des Werdenkönnens.[1]) Es ist jenes Ewige, das dem Werdenkönnen vorangeht, und als solches das unbeschränkbare Prinzip.

Alles aber, was da wird, entsteht aus dem Werdenkönnen; dieses wird aktuell alles, was wird. Jedem Gewordenen geht dasselbe voran; denn es ist nicht denkbar, wie das Werdenkönnen selbst werden sollte.[2]) Dagegen kommt es erst nach demjenigen, welches alles das ist, was sein kann, d. h. nach dem Ewigen; es hat demnach einen Anfang.[3]) Aber darum braucht es doch nicht allmählich abzunehmen. Nähme es nämlich ab, so könnte es dies werden. Demnach würde das Werdenkönnen nicht abnehmen. Das Werdenkönnen also hat zwar einen Anfang gehabt, bleibt aber für immer und ist beständig. Da es demnach nicht geworden ist und doch einen Anfang hat, so sagen wir von ihm, es sei geschaffen; denn, von seinem Schöpfer abgesehen, setzt es nichts voraus, woraus es sein sollte.[4]) Alle Dinge also, die nach ihm kommen, sind vom Schöpfer aus dem Werdenkönnen hervorgebracht.[5])

Das Werdenkönnen steht hiernach in der Mitte zwischen Schöpfer und Geschöpf. Der ewige Schöpfer ist die Wirklichkeit schlechthin; in ihm sind alle Dinge enthalten, sie sind hier in ihrer absoluten Ursache.[6]) In der Zeit entfaltet sich

---

[1]) »Omne autem, quod est factum aut fiet, cum sine posse fieri nec sit factum, nec fiet, habet principium unum absolutum, quod est principium et causa ipsius posse fieri«. l. c. 3.

[2]) »Cum omne factum praecedat posse fieri, quomodo fieret ipsum posse fieri?« l. c.

[3]) »Sed cum sit post id, quod est omne, quod esse potest, scilicet aeternum, habet initium«.

[4]) »Cum non sit factum et tamen initiatum, ipsum dicimus creatum, cum nihil praesupponat, ex quod sit dempto eius creatore«. l. c.

[5]) »Omnia igitur, quae post ipsum sunt, a creatore de ipso posse fieri producta sunt«. l. c.

[6]) »Cum igitur me converto ad contemplandum aeternum, video ipsum actum simpliciter et in ipso mente intueor omnia ut in causa absoluta complicite«. l. c.

alles in einer unaufhörlichen Reihenfolge,[1]) nichts bleibt, nichts
ist beständig. Das Beständige und Bleibende geht dem zeit-
lichen Flusse voran. Es ist das Werdenkönnen. In ihm sind die
Naturen aller einzelnen Dinge, wie sie nach der vollkommenen
Entfaltung der göttlichen Vorherbestimmung werden müssen.[2])
Nach diesen Mustern richten sich die einzelnen vergänglichen
Dinge; sie ahmen, indem sie sich in zeitlichem Verlaufe ent-
falten, jenen nach.[3])

2. Dreierlei Können.

Drei Gebiete der Weisheit giebt es demnach. In dem
ersten derselben findet man die Weisheit, wie sie ewiglich an
sich ist; in dem zweiten findet man sie in ihrer beständigen
Abbildlichkeit; in der dritten zeigt sie sich in dem zeitlichen
Flusse dieser Abbildlichkeit von weitem.[4]) In dem ersten Gebiete haben wir den ewigen Gott, der nicht geschaffen und
nicht geworden, in dem zweiten das Werdenkönnen, welches
von Gott aus nichts geschaffen, und in dem dritten das, was
aus dem Werdenkönnen geworden ist.

Das Verhältnis zwischen den Objekten jener Sphären ist
einem Verhältnisse in der Logik vergleichbar. Man denke sich
einen Gelehrten, der eine Logik schaffen will. Offenbar geht
dessen Vernunft dem Werdenkönnen dieser Wissenschaft voraus.[5]) Die letztere ist in ihm, er ist deren Ursache. Er begründet also das Werdenkönnen derselben, stellt die drei Schluss-
figuren mit ihren mannigfaltigen Schlussweisen auf.

---

[1]) »Cum in tempore intueor omnia in successione explicari, …« l. c.

[2]) »Cum in aevum et perpetuum intueor, intellectualiter video ipsum
posse fieri et in ipso naturam omnium et singulorum, ut secundum perfectam explicationem praedestinationis divinae mentis fieri debent«. l. c.

[3]) »Intueor omnia in successione explicari perfectionem perpe-
tuorum imitando«. l. c.

[4]) »Dicimus, quod tres sunt regiones sapientiae: prima, in qua ipsa
reperitur, uti est aeternaliter; secunda, in qua reperitur in perpetua similitudine; tertia, in qua in temporali fluxu similitudinis lucet a remotis«.
l. c. 11.

[5]) »Intellectus magistri vult creare artem syllogisticam. Ipse posse
fieri huius artis praecedit, quae ars in ipso est ut in causa«. l. c. 4.

Dies sind dann die spezifischen Schlußformen, die, in dem Verstand grundgelegt, ewig dauern, nach denen sich jeder Schluß, der in sinnlich wahrnehmbaren Worten ausgedrückt wird, richten muß. Der erfindende Meister aber übergiebt das Ganze an den gehorsamen Schüler und befiehlt ihm, nach den sämtlichen, ihm vorgelegten Schlußweisen Schlüsse zu bilden.

Ähnlich in gewissem Sinne verhält es sich mit dem Kunstwerke der Welt. Als der Meister desselben, Gott, beschlossen, eine schöne Welt zu gründen, schuf er das Werdenkönnen derselben und in ihm dem Enthalte nach alles, was zur Gründung jener Welt notwendig war.[1] Es erforderte aber die Schönheit der Welt sowohl Dinge, die sind, wie solche, die außerdem leben, als endlich solche, die noch dazu denken. Überdies verlangte jene Schönheit, daß es in den verschiedenen Klassen mannigfache Arten gebe, welche die vorher festgestellten Ideen des praktischen göttlichen Geistes und die nützlich-schönen Kombinationen bilden, passend zur Gründung der Welt. Dieses göttliche Werk übergab dann Gott der dem Werdenkönnen angeschaffenen Natur, damit sie das Werdenkönnen der Welt nach den bereits genannten, vorher festgestellten Ideen der Vernunft entfalte.[2]

Dieses Werdenkönnen aber verhält sich speziell zu Gott, wie das Licht, wenn der ungeschickte Vergleich gestattet sein sollte,[3] zu der Farbe. Angenommen den Fall nämlich, das Licht beschließe, die bis dahin unsichtbare Welt sichtbar zu machen, so schafft es, weil das Werdenkönnen der sichtbaren Welt die Farbe ist, eben die Farbe. In dieser ist alles, was sichtbar werden kann, enthalten; wie nichts, wenn die Farbe wegfällt, gesehen wird, ebenso wird umgekehrt vom Lichte durch die Farbe jedes Sichtbare als solches aus der Möglichkeit

---

[1] »Sic forte se aliquo pacto habet mundi artificium. Nam eius magister, gloriosus deus, volens constituere mundum pulchrum posse fieri ipsius et in ipso complicite omnia ad illius mundi constitutionem creavit necessaria«. l. c. 4. Über »complicite« und »Enthalt« vgl. S. 54. Anm. 3.

[2] »Hoc divinum opificium deus obedienti, scilicet naturae ipsi posse fieri concreatae, tradidit, ut posse fieri mundi secundum iam dictas praedeterminatas intellectus rationes explicaret«. l. c. 4.

[3] »Rudi quodam exemplo succurram«. l. c. 4.

zur Wirklichkeit gebracht. Die Farbe also ist das Werdenkönnen des Sichtbaren, aber das Werdenkönnen der lichtvollen
und schönen Welt sowie alles dessen, was in ihr ist, auch
selbst der Farbe, ist einfacher, wie diese, und enthält in seiner
passiven Potenz alles Lichtvolle, was ist, was lebt, empfindet
und denkt. Das Werdenkönnen ist gleichsam der Same des
zuteil werdenden Lichtes und Schönen.[1]) Aus ihm brachte
das ewige Licht diese schöne und lichtvolle Welt hervor und
ordnete alles, was da wird.[2])

Demnach ist nur eine unter allen Ursachen die schöpferische des Werdenkönnens aller Dinge;[3]) .dieselbe geht jedem
Werdenkönnen voran und ist dessen Grenze. Sicherlich ist
daher das erste Prinzip nicht geworden; denn nichts wird aus
sich selbst; es wird etwas nur aus einem anderen, das früher,
als es selber, ist.[4]) Was aber nicht geworden, kann sich auch
nicht auflösen oder untergehen, und ein solches Wesen nennen
wir ewig; und weil das Werdenkönnen sich nicht selbst zur
Wirklichkeit überführen kann, darum ist vor der Möglichkeit die Wirklichkeit.[5])

Auf die zuletzt erwähnten und ganz sicher hoch bedeut-
samen Erklärungen legte ihr Autor ein entscheidendes Gewicht;
sie sollten nach seinem Willen zum richtigen Verständnisse
dessen dienen, was voranginge, und was nachfolge.[6]) Wahrscheinlich sollten sie nach der Absicht des Autors seinen letzten,

---

[1]) »Posse fieri lucidum et pulchrum mundum et cuncta, quae in ipso
sunt, etiam ipsum colorem, est simplicius colore . . in sua potentia passiva
omnia lucida, quae sunt, quae vivunt, sentiunt et intelligunt, uti semen
participalis lucis et pulchri complicans«. l. c. 6.

[2]) »De qua lux aeterna hunc pulchrum et lucidum mundum produxit
et cuncta, quae fiunt, constituit«. l. c. 6.

[3]) »Non est nisi una omnium causa creatrix posse fieri
omnium«. l. c. 7.

[4]) »Certum est primum principium non esse factum, cum nihil a se
ipso, sed a priori se fiat«. l. c. 7.

[5]) »Quod autem non est factum, neque resolvi aut interire potest, et
hoc aeternum dicimus; et quia posse fieri non potest se ipsum in actum
producere, . . quare ante potentiam est«. l. c. 7.

[6]) »Ut tam praedicta quam quae sequuntur capias et iudices«. l. c. 7.

bündigsten Aufschlufs über Gott und dessen Verhältnis zur Welt darstellen. Thatsächlich aber war dies längst nicht der Fall. Was in dem »Suchen nach Weisheit«, abgesehen von einigen historischen Exkursen,[1]) zunächst »folgt« und nach dem ursprünglichen Plane[2]) höchstwahrscheinlich auch nur folgen sollte, sind »zehn Felder«[3]) in den uns bekannten drei Gebieten der Weisheit.[4]) Am Schlusse ihrer Besprechung ist nämlich eine Wendung gebraucht, die bei Cusanus sonst nur zum gänzlichen Abschlusse einer Schrift üblich und wirklich angebracht ist. Doch diesmal ist er noch nicht zu Ende, oder vielmehr: er war zu Ende, fügt aber bald darauf eine ganz neue Gedankenentwicklung hinzu.[5])

Dreierlei haben wir nach dem Vorstehenden zu unterscheiden: die schöpferische Ursache, das Werdenkönnen und drittens das, was aus dem Werdenkönnen durch den Schöpfer hervorgebracht ist.[6]) Man sieht deutlich, es fehlt ganz entschieden an einer einheitlichen Bezeichnung der genannten Gegenstände. Darum also konnte er nicht zu Ende kommen, darum beginnt er am Schlusse eine ganz neue Gedankenentwicklung. Er sagt:[7]) Das Werdenkönnen bezieht sich auf etwas,

---

[1]) Kap. 8—10.

[2]) Vgl. De ven. sap. prol. oben S. 114. Anm. 1.

[3]) Vgl. c. 11.

[4]) Die Namen derselben und die Kapitel, in denen sie einzeln besprochen werden, sind: 1. Belehrung über das Nichtwissen c. 12, 2. das wirkliche Können c. 13, 3. das Nichtandere c. 14, 4. das Licht c. 15—17, 5. das Lob c. 18—20, 6. die Einheit c. 21—22, 7. die Gleichheit c. 23, 8. die Verknüpfung c. 24—26, 9. die Grenze c. 27—29 und 10. die Ordnung c. 30—32.

[5]) Etwas Ähnliches läfst sich mittelst der Originalreinschrift bei einer andern Abhandlung apodiktisch nachweisen; cod. E 3 zu Cues nämlich enthält in der Schrift »de mathematicis complementis« nach den Worten »in lineam rectam convertendi« (in dem Drucke von Paris fol. 85ᵇ) und vor den Worten »Descripto super« (a. a. O. fol. 88ᵇ) einen (nicht gedruckten) Schlufs, der später deshalb durchgestrichen und mit »vacat« bezeichnet wurde, weil noch etwas Neues (a. a. O. fol. 88ᵇ—89ᵃ) zu sagen war.

[6]) Vgl. De ven. sap. c. 3 oben S. 115. Anm. 5.

[7]) Cap. 38; die voraufgehenden Kapitel: c. 33 »De vi vocabuli«, c. 34—36 »De capta praeda« und c. 37 »De declaratione« enthalten blofs Präludien.

das ihm vorangeht, und das darum, weil es dem Werdenkönnen
vorangeht, nicht werden kann, noch geworden ist; denn nichts
ist geworden, was nicht werden konnte, das Gewordene folgt
also auf das Werdenkönnen. Weil nun nichts geworden, was
nicht werden konnte, und nichts sich selbst bewirken kann, so
folgt, dafs es dreierlei Können giebt: Wirkenkönnen, Werdenkönnen und gewordenes Können.[1])

Vor dem gewordenen Können ist das Werden-, vor dem
Werden- das Wirkenkönnen. Prinzip und Grenze des Werdenkönnens ist das Wirkenkönnen. Das gewordene Können ward
durch das Wirkenkönnen aus dem Werdenkönnen. Weil das
Wirkenkönnen vor dem Werdenkönnen existiert, so ward es
nicht und kann auch nicht anders werden; dasselbe ist also
alles, was sein kann.[2]) Nicht gröfser kann es daher sein, und
dies nennen wir das Gröfste, und auch nicht kleiner, und das
nennen wir das Kleinste.[3]) Es ist demnach die bewirkende,
die formale oder urbildliche und die Zweckursache aller Dinge;
denn es ist die Grenze und das Ziel des Werdenkönnens und
somit des gewordenen Könnens. In dem Wirkenkönnen sind
demnach alle Dinge, die werden können oder geworden sind,
vorerst. Sie sind hier in ihrer bewirkenden, formalen und Zweckursache, und das Wirkenkönnen ist in allen als die absolute
Ursache in ihren Wirkungen.[4])

----

[1]) »Quia nihil factum est, quod non potuit fieri, et nihil se ipsum
facere potest, sequitur, quod triplex est posse, scilicet posse facere,
posse fieri et posse factum«. l. c. 39. Nebenbei sei bemerkt: »Posse
factum« verdeutscht Clemens, Giordano Bruno 70 durch das »Möglich-
gewordene«. Dieser Ausdruck ist nicht recht verständlich, zudem unrichtig; denn der Hauptbegriff ist »posse«, dagegen »factum« Neben-
bestimmung. Storz 284 übersetzt, etwas schwerfällig und auch nicht ganz
richtig, »Gewordenseinkönnen«.

[2]) »Posse facere, cum sit ante posse fieri, nec est factum, nec fieri
potest aliud; est igitur omne, quod esse potest«. l. c. 39.

[3]) »Non potest igitur esse maius, et hoc vocamus maximum, nec
minus, et hoc vocamus minimum«. l. c. 39. Eine andere Deutung dieser
Worte, wie die obige, scheint nicht zulässig; im übrigen vgl. S. 109. Anm. 1.

[4]) »Sunt igitur in ipso posse facere omnia, quae possunt fieri, et quae
facta sunt, prioriter ut in causa efficienti, formali et finali; et posse facere
in omnibus ut absoluta causa in causatis«. l. c. 39.

Das Werdenkönnen aber ist in allen gewordenen Dingen das, was da geworden. Nichts ward nämlich, aufser das, was werden konnte. Nur die Seinsweise ist verschieden, unvollkommener ist in dieser Hinsicht die Möglichkeit, vollkommener die Wirklichkeit. Demnach sind das Werdenkönnen und das gewordene Können in ihrer Wesenheit nicht verschieden.[1]) Aber wohl gemerkt: das Wirkenkönnen ist nicht die Wesenheit; vielmehr ist es deren Ursache,[2]) die Wesenheit dessen Wirkung. Weil aber das Werdenkönnen nicht gewordenes Können ist, so ward das Werdenkönnen nicht aus dem Werdenkönnen. Aber vor dem Werdenkönnen existiert nur das Wirkenkönnen, aus nichts also ward, wie es heifst, das Werdenkönnen. Darum also sagen wir zwar, das Wirkenkönnen gehe dem Nichts voran, aber nicht, das Werdenkönnen. Weil nun das Werdenkönnen durch das Wirkenkönnen aus nichts hervorgebracht und nicht aus anderem gemacht ist, so sagen wir von ihm, es sei aus nichts geschaffen.[3]) Indem wir aber das absolute Wirkenkönnen den Allmächtigen nennen, so sagen wir von dem Allmächtigen, er sei ewig, weder geworden, noch geschaffen, könne weder vernichtet, noch anders werden, wie er ist; denn er existiert vor dem Nichts und vor dem Werdenkönnen.[4])

3. Das Können.

a) Begriff.

Aus dem Vorstehenden geht unzweideutig so viel hervor, dafs unter dem Wirkenkönnen, dieser bewirkenden, urbildlichen

---

[1]) »Non igitur posse fieri et posse factum in essentia differentia«. l. c. 39.

[2]) »Sed posse facere, licet non sit aliud, tamen, cum sit c a u s a e s s e n t i a e, non est essentia. Essentia enim est i p s i u s c a u s a t u m«. l. c. 39.

[3]) »De nihilo igitur posse fieri, cum sit per posse facere productum et non factum, creatum dicimus«. l. c. 39.

[4]) »Cum autem ipsum absolutum posse facere nominemus omnipotentem, dicimus omnipotentem aeternum nec factum nec creatum et qui nec annihilari aut aliter fieri potest, quam est, quia ante nihil et posse fieri«. l. c. 39.

und Zweckursache aller Dinge, Gott zu verstehen ist. Einen
passenden Namen für denselben aber fand der Autor in jenem
Ausdrucke allem Anscheine nach nicht; er nennt Gott nämlich
vor [1]) wie nach [2]) noch immer das »wirkliche Können«.
Überhaupt erscheint ihm, wie er selbst bemerkt, der neu ge-
wonnene Begriff nicht gehörig verarbeitet und nicht ganz ab-
geklärt.[3])

Bei dieser Sachlage versteht es sich von selbst, dafs er
eifrig darauf sann, das Mangelhafte an demselben zu beseitigen.
Und wie ihm dies zu seiner völligen Zufriedenheit gelang, davon
giebt das kleine Gespräch »über die Krone der Erkenntnis«[4])
vollgültiges Zeugnis. Zwar glaubt man,[5]) dieses Gespräch sei
schon vor dem »Suchen nach Weisheit« verfafst, aus dem
Grunde, weil diese Schrift, wie schon erwähnt,[6]) nach der Absicht
des Verfassers die letzte sein sollte; indessen ist dieser Grund
offenbar nicht stichhaltig. Zudem verbietet eine derartige Annahme, wie sich sogleich zeigen wird, durchaus der Inhalt des
Gespräches. Sieht man einzig auf diesen, so könnte dasselbe
unter den vielen letzten Kapiteln[7]) des »Suchens nach Weisheit« gar wohl das allerletzte bilden; so eng gehört zu dieser
Schrift inhaltlich die »Erkenntniskrone«.[8])

---

[1]) Vgl. z. B. De ven. sap. c. 13. 26. 37.

[2]) Vgl. »Non est nisi unum causale principium, quod possest
nomino«. l. c. 39.

[3]) »Per haec arbitror mearum venationum rudem et non plene
depuratum conceptum, quantum mihi possibile fuit, explicasse omnia
submittens melius haec alta sapienti«: Schlufssatz des »Suchens nach
Weisheit«.

[4]) »De apice theoriae«.

[5]) Scharpff, Reformator 213; ihm schliefst sich Storz S. 282 und
Falckenberg S. 7 an.

[6]) Vgl. oben S. 91. Anm. 3. S. 113 f.

[7]) Deren Überschriften sehe man oben S. 119. Anm. 4; dazu nehme
man dann noch weiter c. 38 »Rememoratio« und c. 39 »Epilogatio«. —
Als das 40. Kapitel kann man, was Inhalt und Umfang betrifft, das kleine
Gespräch »De apice theoriae« ansehen.

[8]) Dieser innere Zusammenhang war für mich der Grund, weshalb
ich schon früher, in meiner Dissertation über die »Philosophie des N. Cusanus« S. 7. 55, das Gespräch »De apice theoriae« nach der Schrift »De
venatione sapientiae« stellte.

Die am Schlusse jener noch nicht völlig klare Vorstellung
wird nämlich in dieser zu ihrem endgültigen Abschlusse gebracht. Man beachte, sagt hier der Autor, wie das in sich
bestehende Wesen für alle Substanzen die unveränderliche Subsistenz bildet.[1]) Daher läfst sich dieses Wesen nicht vergröfsern,
nicht vervielfältigen, daher ist es auch nicht dies und jenes
Wesen sonstiger Dinge; es ist vielmehr eine und dieselbe
Hypostase aller.[2]) Wer dies einsieht, mufs notwendig zugeben,
eben diese Hypostase oder Subsistenz sei das Können.[3]) Weil
sie nämlich sein kann, so kann sie schlechterdings ohne das
Können nicht sein; denn wie könnte sie sein ohne das Können?
Demnach kann ohne das Können gar nichts irgend etwas sein;
das Können subsistiert am meisten von allem, was es geben
kann.[4]) Daher ist es das gesuchte Wesen, ohne welches
nichts existieren kann.[5])

Die vorstehend bezeichneten Verhältnisse hatte Cusanus
lange Zeit nicht beachtet. Viele Jahre hatte er sich gedacht,
man müsse das absolute Wesen erhaben über jede Erkenntnis-
kraft und vor jeder Mannigfaltigkeit, vor jedem Gegensatze
suchen. Dies bezeugt er gegenwärtig selbst;[6]) dafs dem wirklich so ist, wissen wir bereits zur Genüge. Die ganze Darstellung der Entwicklung von der Einheit der Gegensätze bis
zu dem Nichtandern bildet dafür einen fortlaufenden Beleg.
Nunmehr[7]) geht sein Streben im Anschlusse an das Gespräch

---

[1]) »Attendi quidditatem in se subsistentem esse omnium substantiarum
invariabilem subsistentiam«. De apice theoriae fol. 219ª.

[2]) »Attendi . . . ideo nec multiplicabilem, nec plurificabilem et hinc
non aliam et aliam aliorum entium quidditatem, sed eandem omnium
hypostasim«. l. c.

[3]) »Vidi necessario fatendum ipsam rerum hypostasim seu subsistentiam
posse esse«. l. c.

[4]) »Ideo posse ipsum, sine quo nihil quicquam potest, est, quo nihil
subsistentius esse potest«. l. c.

[5]) »Quare est ipsum quid quaesitum seu quidditas ipsa, sine qua
non potest esse quicquam«. l. c.

[6]) »Cum igitur annis multis viderim ipsam ultra omnem potentiam
cognitivam, ante omnem varietatem et oppositionem quaeri oportere, non
attendi . .« Vgl. gerade vorher Anm. 1 und 2.

[7]) »Deinde vidi necessario fatendum . .« vgl. Anm. 3.

über das »wirkliche Können« und an die Schrift über das
»Suchen nach Weisheit« dahin, das absolute Wesen in der
Mannigfaltigkeit, in dem Gegensätzlichen zu erkennen und
andererseits in dem absoluten Wesen die Hypostase, Subsistenz,
das Können für alle Dinge zu sehen.

Mit dieser neuen Theorie beschäftigte er sich sehr eingehend in den Ostertagen des Jahres 1463. Die Theorie
verursachte ihm ungeheuere Freude,[1]) ihre schriftliche Fixierung
für das Können ist die »Krone der Erkenntnis«.

b) Vorzüge.

Nach dieser also hat man das absolute Wesen einfach das
Können zu nennen.[2]) Doch wozu die abermalige Änderung
der Bezeichnung des absoluten Wesens? Bereits wurde so vieles
über das »wirkliche Können« gesagt und in dem bezüglichen Dialoge aus einander gesetzt. Es wäre doch auffallend,
weshalb das alles nicht genügen soll.[3])

Allerdings, bemerkt hierauf der Autor, genügt dieser frühere
Name seinem Zwecke nicht in dem Grade, wie der jetzige.
Es giebt nichts, was mächtiger, früher und besser, wie das
Können, ist. Das Können bezeichnet daher jenes Wesen, ohne
welches nichts sein, leben und erkennen kann, weit passender,
wie das wirkliche Können oder sonst irgend ein anderer Name.[4])
Wenn sich nämlich das absolute Wesen benennen läfst, so
wird dasselbe unbedingt durch das Können noch am treffend-
sten bezeichnet. Einen vollkommeneren Namen kann es nicht
geben; es kann, so glaubt der Autor, keinen andern Namen

---

[1]) »Circa hanc theoriam in his festivitatibus (vorher heifst es: »his
paschalibus [April 10.] diebus«) versatus sum cum ingenti delectatione«.
l. c. fol. 219ª.

[2]) Petrus. »Bene video posse ipsum quidditatem dici posse«. l. c.

[3]) Petrus. »Sed miror, cum iam ante de possest multa dixisses et
eo in dialogo explanasses, cur illa non sufficiant«. l. c.

[4]) Cardinalis. »Videbis infra posse ipsum, quo nihil potentius, nec
prius, nec melius esse potest, longe aptius nominare illud, sine quo
nihil quicquam potest esse, nec vivere, nec intelligere, quam possest
aut aliud quodcunque vocabulum«. l. c.

geben, der so klar, so wahr oder so leicht verständlich
wäre.[1]

Mancher freilich glaubt, nichts sei so schwierig, wie die
Wahrheit, die stets gesucht und nie vollständig gefunden wird,
zu erkennen und zu benennen.[2] Einst war Cusanus selbst dieser
Ansicht; einst nämlich glaubte er, wie er ausdrücklich hervor-
hebt, man finde die Wahrheit in dem Dunkeln und Geheimnisvollen noch am besten.[3] Jetzt denkt er anders. Je klarer
die Wahrheit, desto leichter ist sie verständlich. Grofse Macht
besitzt die Wahrheit, in welcher das Können kräftig hervortritt.[4]
Sie ruft nämlich, wie es in dem Büchlein von dem Idioten
heifst, auf den Strafsen; sie zeigt sich überall und ist sicherlich
leicht zu finden.[5] Wer kennt das Können nicht? Sagt doch
ein jeder von sich, er könne essen, könne laufen, sprechen.
Wenn etwas bekannt, so ist es das Können; wenn etwas leicht,
so ist es das Können; wenn etwas gewifs, so ist es das Können.
Was ist in allem Bewirkten und Verursachten anders als das
Können der ersten Ursache? Woher haben die mannigfaltigen
Ursachen ihre Kraft anders als von dem absoluten, unbe-
schränkten und durchaus allmächtigen Können?[6] Darum ist
also das Können das Wesen und die Hypostase von allem, in
welcher sowohl das, was ist, wie auch das, was nicht ist, notwendig enthalten ist.[7] Die sämtlichen Dinge sind daher nichts

---

[1] »Sive enim nominari potest, utique posse ipsum, quo nihil perfectius esse potest, melius ipsum nominabit; nec aliud clarius, verius aut
facilius nomen dabile credo«. l. c.

[2] Petrus. »Quomodo ais facilius, quando nihil difficilius arbitror
re semper quaesita et nunquam plene inventa?« l. c. fol. 219b.

[3] »Putabam ego aliquando ipsam (sc. veritatem) in obscuro melius
reperiri«. l. c. Vgl. oben S. 108. Anm. 1.

[4] »Magnae potentiae veritas est, in qua posse ipsum valde lucet«. l. c.

[5] »Clamitat enim in plateis, sicut in libello de idiota legisti (vgl.
oben S. 94); valde certe se undique facilem repertu ostendit«. l. c.

[6] Cardinalis. »Quid in omnibus causatis et principiatis?« Petrus.
»Dicerem me non nisi posse causae primae et primi principii videre«. l. c.

[7] Cardinalis. »Hinc posse ipsum est omnium quidditas et hypo-
stasis, in cuius potestate tam ea, quae sunt, quam ea, quae non sunt,
necessario continentur«. l. c. Das letzte Wort ist offenbar mit »complicari« synonym.

wie verschiedene Erscheinungen des Könnens; dieses erscheint
in ihnen auf mannigfache Art.[1])

Auf das Können und dessen Erscheinung aber ist jede
spekulative Präzision zu gründen. Alle, welche richtige Einsicht besafsen, suchten dies zum Ausdrucke zu bringen.[2]) Wer
nämlich versicherte, es existiere nûr das Eine, dachte an das
Können; wer daher von dem Einen und Vielen sprach, an das
Können und die vielen Seinsweisen der Erscheinung. Wer
sagte, es könne nichts Neues werden, dachte an das Können
eines jeden Sein- oder Werdenkönnens, wer aber die Neuheit
der Welt und der Dinge behauptete, richtete sein Augenmerk
auf die Erscheinung des Könnens. Wer sagte, es gebe Formen,
die Sein verleihen, dachte an das Können, und wer sagte, es gebe
spezifische Formen, achtete auf die spezifischen Erscheinungsweisen des Könnens. Wer sagte, Gott sei die Quelle der Ideen,
es gebe deren eine gröfsere Zahl, wollte damit, wie wir, fügt
hier der Autor hinzu, sagen, Gott sei das Können, welches in
mannigfaltigen und spezifisch verschiedenen Seinsweisen erscheint;[3]) wer Ideen und derartige Formen leugnete, dachte
dabei an das Können, welches allein das Können eines jeden
Könnens ist. Wer sagt, dafs nichts untergehen könne, denkt
an das ewige und unvergängliche Können, wer den Tod etwas
sein läfst und glaubt, Dinge gingen unter, richtet den Blick
auf die Erscheinungsweisen des Könnens. Wer sagt, Gott, der
allmächtige Vater, sei Schöpfer von Himmel und Erde, sagt
das, was wir sagen, das Können, dies Mächtigste, das es giebt,
schaffe Himmel und Erde und alle Dinge durch sein Erscheinen;

---

[1]) »Et non videbis varia entia nisi apparitionis ipsius posse varios
modos; . . . est posse ipsum varie apparens«. l. c. fol. 220ᵃ.

[2]) »Puta omnem praecisionem speculativam solum in posse ipso et
eius apparitione ponendam, ac quod omnes, qui recte viderunt, hoc conati
sunt exprimere«. l. c. fol. 220ᵇ.

[3]) »Qui dixerunt deum fontem idearum et plures esse ideas, hoc
dicere voluerunt, quod nos (das Pronomen fehlt in den Drucken) dicimus,
scilicet deum posse ipsum, quod variis et specie differentibus essendi modis
apparet«. l. c.

denn in allen, welche sind oder sein können, kann man nichts
anderes als das Können sehen.[1])

Wie »die Einheit der Gegensätze« 1460 durch das »wirkliche Können«, so wird also jetzt, Ostern 1463, das »wirkliche
Können« verdrängt und ersetzt durch das »Können« schlechthin, ein Name, der, wie wir sahen, so leicht verständlich, daſs
ihn jedes Kind versteht, der leichter verständlich, als irgend
etwas, das bislang dagewesen.

»Das Können und seine Erscheinung« aber verdrängt ferner
das dreierlei Können: das Wirken-, das Werden- und das gewordene Können. An die Stelle des Wirkenkönnens tritt »das
Können« schlechthin, aber auch nur an dessen Stelle; denn,
wie wir hörten, ist dieses »Können« das gesuchte, in sich
bestehende Wesen, die unveränderliche Subsistenz oder Hypostase aller Substanzen. Diese Prädikate passen nur auf das
früher sogenannte Wirkenkönnen; überdies erklärt der Autor
selbst bei einer späteren Gelegenheit, das Werdenkönnen dessen,
was geworden, sei nicht das absolute Wirkenkönnen des allmächtigen Gottes.[2]) Weil es nun von dem letzteren früher,
in dem »Suchen nach Weisheit«,[3]) ausdrücklich hiefs, daſs es
die Ursache, nicht die Wesenheit des Werdenkönnens und des
gewordenen Könnens sei, so muſs, falls wir nicht annehmen
wollen, Cusanus habe von dem obersten Prinzipe widersprechende
Prädikate ausgesagt, von »quidditas« (Wesen) die »essentia«
(Wesenheit) scharf geschieden werden. In der »Belehrung
über das Nichtwissen« geschieht dies freilich nicht; daselbst

---

[1]) »Qui dicunt deum patrem omnipotentem creatorem coeli et terrae,
id, quod nos dicimus, dicunt, scilicet·posse ipsum, quo nihil est potentius, creare coelum et terram et omnia per suam apparitionem; nam in
omnibus, quae sunt aut esse possunt, non potest quicquam aliud videri
quam posse ipsum«. l. c.

[2]) »Fieri posse eius, quod factum est, non est ipsum facere posse
absolutum omnipotentis dei«. De ludo globi I. fol. 154ᵃ. Ich bemerke
hier, daſs die beiden Gespräche »De ludo globi« nach ganz unzweideutigen
inneren und äuſseren Zeugnissen in das Jahr 1464, höchstwahrscheinlich
in den März dieses Jahres, fallen. Falckenberg S. 7 giebt unbestimmt
1454—59, Scharpff, Reformator 223 als terminus a quo das Jahr 1460 an.

[3]) De ven. sap. c. 39. Vgl. oben S. 129. Anm. 2.

heißt Gott sowohl »quidditas rerum«, wie »essentia omnium
entium«;[1]) in dem »Suchen nach Weisheit« hingegen geschieht
es. Das »Wirkenkönnen«, beziehentlich das »Können« schlechthin wäre demnach die Ursache und zugleich das Wesen (quidditas), aber nicht die Wesenheit (essentia) der Dinge.

Die »Erscheinung« des Könnens umfaßt somit von den
früheren Arten des Könnens zwei: das Werden- und das gewordene Können; oder richtiger vielleicht gesagt: das Werdenkönnen hat inzwischen seine selbständige Stellung gänzlich
eingebüßt, so daß sich die »Erscheinung« mit dem gewordenen
Können völlig deckt.

Klar nämlich scheint mir das »Werdenkönnen« von vorn-
herein nicht gedacht zu sein. So viel freilich steht fest: das
Werdenkönnen ist nicht, wie Stöckl[2]) annimmt, Materie in
scholastischem Sinne: nicht zweite Materie; denn diese wäre
im Sinne des Cusanus nicht Werden-, sondern gewordenes
Können, aber auch nicht erste Materie; denn nach Cusanus
ist in dem Werdenkönnen, das allerdings wie die erste Materie aus nichts geschaffen ist, »die Natur aller einzelnen
Dinge, wie sie nach der vollkommenen Entfaltung der
göttlichen Vorherbestimmung werden müssen«.[3]) Außerdem
wird[4]) das Werdenkönnen mit dem gehorsamen Schüler verglichen; dem Werdenkönnen oder genauer der ihm angeschaffenen Natur übergab Gott den entworfenen Weltplan, damit
jene das Werdenkönnen der Welt diesem Plane der »Vernunft«
gemäß entfalte. Wenn je, so streift hier Cusanus an Neuplatonismus; indem er nämlich Gottes Wesen von dem der Welt
möglichst abzusondern versucht, schiebt er zwischen beide ein
Glied, das einmal, wie der Name anzudeuten scheint, nichts
als bloße Möglichkeit, noch weniger also, wie die erste Materie der Scholastik, sodann aber, man weiß nicht wie, welt-

---

1) De docta ign. I; 3. vgl. oben S. 10. Anm. 4; De docta ign. I, 17.
vgl. S. 29. Anm. 2.

2) A. a. O. III, 60. 62. 63. 65.

3) De ven. sap. c. 3. Vgl. oben S. 116. Anm. 2.

4) De ven. sap. c. 4. Vgl. oben S. 117. Anm. 2.

bildend thätig erscheint. Nur eins fehlt: dieses Werdenkönnen müfste aus dem obersten Wesen emaniert, nicht von ihm geschaffen sein, und wir hätten, soweit die zweite Beschaffenheit desselben in Betracht kommt, den neuplatonischen Nus. So streift denn hier Cusanus hart an den Neuplatonismus, und doch will er von den Grundgedanken des Neuplatonismus durchaus nichts wissen. Dies erklärt er ganz unzweideutig in derselben Schrift, wo er das Werdenkönnen aufstellt.[1])

Dafs nun aber ein mit so widersprechenden Eigenschaften, wie das Werdenkönnen, gedachter Begriff sich auf die Dauer nicht halten läfst, liegt auf der Hand, und es zeugt von dem Scharfsinn des Autors, dafs er ihn in aller kürzester Frist, innerhalb weniger Monate, wieder aufgab; viel Worte machte er nicht darum. Vorläufig ging er schweigend über denselben hinweg und zurück auf den Begriff, der schon in dem Gespräche über »das wirkliche Können« vorkommt, auf den Begriff der »Erscheinung«, der sich demnach mit dem gewordenen Können deckt. Bei einer späteren Gelegenheit aber, in dem ersten Gespräche über das »Kugelspiel«, das höchstwahrscheinlich im März 1464 verfafst ist,[2]) erklärte er, unter dem Werdenkönnen, der Möglichkeit oder der Materie sei durchaus nicht etwas zu verstehen, woraus die Welt, wie z. B. die Kugel aus Holz, geworden, sondern nur, dafs die Welt aus der Seinsweise der Möglichkeit, des Werdenkönnens oder der Materie in die der Wirklichkeit übergegangen ist.[3])

Mit dem Worte »Erscheinung« aber hätten wir wieder den Begriff, der nach Stöckl auf theistischem Standpunkte nicht zu-

---

[1]) Vgl. »Supervacuos ... fecit Proclus labores in sex libris de theologia Platonis volens investigare .. deorum illorum aeternorum differentias et ordinem .. cum non sit nisi deus unus aeternus, qui ad omnia ...sufficientissimus est huius totius mundi administrator.« De ven. sap. c. 21.

[2]) Vgl. oben S. 127 Anm. 2.

[3]) Johannes. »Intelligisne per posse fieri, possibilitatem seu materiam aliquid, de quo factus est mundus, ut de ligno mundus?« Cardinalis. »Nequaquam; sed quod mundus de modo, quae possibilitas seu posse fieri aut materia dicitur, ad modum, qui actu esse dicitur, transivit.« De ludo globi I. fol. 157ᵇ.

lässig sein soll.[1])   Es sei darum ausdrücklich bemerkt, dafs jetzt
Cusanus ebensowenig, wie früher, an eine Wesensgemeinschaft
zwischen dem, was erscheint, und der Erscheinung selbst denkt.
Das Können mit einem Zusatze, erklärt er vielmehr, ist ein
Bild des Könnens schlechthin, nichts ist einfacher, als dieses
letztere. So ist denn das Seinkönnen ein Abbild des Könnens,
ebenso das Lebenkönnen und das Erkennenkönnen.[2]) In allen
dreien sieht der Beobachter das Können, wie man im Bilde
die Wahrheit erblickt; und wie das Bild die Erscheinung der
Wahrheit, ebenso sind alle drei nichts wie Erscheinungen des
Könnens.   Wie sich das Können des aristotelischen Geistes,
heifst es weiter, in dessen Büchern, ebenso offenbart sich das
Können schlechthin in allen Dingen.   Jene Bücher zeigen das
Können ihres Urhebers nicht vollständig, das eine Buch thut
dies besser, wie ein anderes; alle Bücher aber sind nur zu dem
Zwecke veröffentlicht, damit sich darin der Geist desselben
zeige; auch ist dieser nicht zur Veröffentlichung gezwungen;
denn er ist frei und will sich frei offenbaren.   Ganz dasselbe
gilt von dem Können.[3])

Durch das Können also wird der dreifaltige und eine Gott
bezeichnet; sein Name ist der Allmächtige (omnipotens) oder
das Können eines jeden Könnens. Bei ihm sind alle Dinge
möglich, nichts unmöglich.[4]) Er ist die Stärke der Starken
und die Macht der Mächtigen. Seine Erscheinung ist die Welt
mit allem und jedem Einzelnen, was darin ist.

Von der Formel »das Können und seine Erscheinung«

---

[1]) A. a. O. 67.

[2]) »Posse cum addito imago est ipsius posse, quo nihil simplicius.
Ita posse esse est imago ipsius posse et posse vivere imago ipsius posse
et posse intelligere imago ipsius posse«. De apice theoriae fol. 221ª.

[3]) »Sicut posse mentis Aristotelis se in libris eius manifestat, non quod
ostendant posse mentis perfecte, licet unus liber perfectius quam alius, et
libri non sunt ad alium finem editi, nisi ut mens se ostendat, nec mens ad
edendum libros fuit necessitata, quia libera mens et nobilis se voluit manifestare: ita posse ipsum in omnibus rebus«. De apice th. fol. 221ª.

[4]) »Per posse ipsum deus trinus et unus, cuius nomen omnipotens
seu posse omnis potentiae, apud quem omnia possibilia et nihil impossibile«. l. c. fol. 221ᵇ.

aber versprach sich der Autor sehr viel. Durch sie, so hoffte
er, werde alles leicht verständlich, durch sie verwandle sich alle
Meinungsverschiedenheit in Übereinstimmung.[1]) Es ist dies
Streben nach Einigung widerstreitender Anschauungen ein
Grundzug in dem Charakter des Cusanus. Im Jahre 1433 tritt
er für die »allgemeine Einigung« in kirchlichen und politischen
Dingen,[2]) 1453 für »den Frieden und die Einigung im Glauben«[3])
und jetzt 1463 für die allgemeine Einigung in wissenschaftlichen Fragen ein. Er thut dies aus innerster Überzeugung und
bekundet dadurch, wie Zeller[4]) treffend bemerkt, bei aller Ent-
schiedenheit seines christlichen Glaubens eine gewisse Weit-
herzigkeit. Mancher leicht mifsverständliche Ausdruck läuft
dabei in dem Bestreben mit unter, in allen noch so sonderbar
scheinenden Aussagen ein Körnchen Wahrheit zu finden. Dies
leicht Mifsverständliche verdient daher nicht den Vorwurf der
Unklarheit, den man wohl hie und da erhoben;[5]) jenes edle
Streben nach Einigung aber dürfte, auch wenn es, wie im
vorliegenden Falle, voraussichtlich erfolglos bleibt, ohne Zweifel
berechtigten Anspruch erheben auf unsere Anerkennung.

IV.
Das Gesamtergebnis.

1. Die zwei verschiedenen Denkrichtungen.

Nach den vorstehenden Darlegungen haben wir in der
Gotteslehre des Cusanus zwei Strömungen zu unterscheiden.
Die älteste ist die symbolische.

Wir erkennen nichts, was von unserem Geiste verschieden,
was er nicht selbst hervorbrachte, genau so, wie es an sich
ist. Am allerwenigsten vermögen wir Gott präzis zu erkennen.

---

[1]) »Talibus igitur resolutionibus vides cuncta facilia et omnem differentiam transire in concordantiam«. l. c. fol. 220ᵇ.

[2]) Vgl. seine berühmte, aber in ihrer Haupttendenz meines Erachtens
bisher nicht richtig gewürdigte Schrift »De concordantia catholica«.

[3]) Vgl. »De pace seu concordantia fidei« 1453.

[4]) Geschichte der deutschen Philosophie seit Leibniz S. 212.

[5]) Vgl. z. B. oben S. 67.

Er ist von unserem Geiste nicht blofs verschieden, sondern
steht hoch über demselben. Zwischen dem unendlichen Gott
und unserem endlichen Verstande giebt es keine Proportion.
Gott ist demnach für uns unbegreiflich. Er ist nichts von
allem dem, was wir begreifen oder adäquat benennen können.
Wenn wir daher nicht ganz auf jede Erkenntnis Gottes verzichten wollen, so bleibt uns nichts anderes übrig, als ihn
durch Symbole, namentlich durch Symbole aus der Mathematik,
unserem Verständnisse einigermafsen näher zu bringen. Dies
ist der Grundzug der ältesten symbolischen Richtung im Denken
unseres Autors. Begründet wurde dieselbe durch »die Belehrung über das Nichtwissen«, verteidigt durch »die Apologie
der Belehrung«, fortgeführt durch das Zwiegespräch über »das
Werden« und durch die Meditation über »das Bild Gottes oder
das Gottschauen«, zum Abschlusse gebracht durch das Gespräch
über »das Nichtandere«.

Neben der symbolischen läuft eine zweite Denkrichtung
teilweise einher, drängt jene aber schliefslich in den Hinter-
grund. Angebahnt ist sie im Jahre 1450 durch das Gespräch
über »die Weisheit«, entfaltet 1460 durch das Gespräch über
»das wirkliche Können«, kritisch geprüft 1463 durch die Schrift
über »das Suchen nach Weisheit« und vollendet durch das
kleine Zwiegespräch über die »Krone der Erkenntnis«. Diese
zweite Denkrichtung dringt in erster Linie auf eine exakte
Beobachtung der Dinge aufser uns; deren genaue Erkenntnis
ist einmal an sich wertvoll, sie dient zweitens aber auch zu
einer besseren Erkenntnis dessen, was über uns ist. Die Welt
ist das grofse Buch, das Gott eigenhändig geschrieben hat. In
diesem Buche sollen wir lesen, um den Verfasser desselben zu
erkennen. Mit Rücksicht auf den Punkt, von dem die zweite
Denkrichtung ausgeht, wird man daher diese die exakte, mit
Rücksicht auf das Ziel, dem sie zustrebt, die spekulative nennen
können. Um nicht mifsverstanden zu werden, will ich ausdrücklich bemerken: Cusanus selbst verweilt zwar nicht lange
im Gebiete der beobachtenden Naturforschung, er giebt nur
Aufgaben an, die hier zu allererst zu lösen sind, erhebt sich
dann sofort in das Gebiet der Spekulation, zu der Erforschung

des letzten Grundes; aber geht hierbei doch von Begriffen aus, die dem Gebiete der Beobachtung entnommen sind. Die exakte Forschung ist blofs gefordert, aber sie ist doch gefordert und als Notwendigkeit hingestellt. In diesem Sinne also und mit dieser Einschränkung möchte ich bei Cusanus an zweiter Stelle von einer exakten Denkrichtung sprechen.

Spekulativer Natur sind, streng genommen, beide Richtungen. Beide wollen die letzte Ursache aller Dinge ergründen. Auch sind beide mathematischer Natur. Nur gebraucht die eine die Figuren und Begriffe der Mathematik als Symbole zur Versinnbildlichung des Übersinnlichen, die andere dagegen als Hülfsmittel zur exakten Erforschung des Sinnlichen. Wenn man daher beide Richtungen genau bezeichnen wollte, müfste man in dem einen Falle symbolisch-mathematisch-spekulative und in dem anderen exakt-mathematisch-spekulative Richtung sagen. Wenn man sie dagegen blofs nach ihrem Unterschiede und ganz kurz bezeichnen will, so wird symbolische Richtung für die eine, exakte für die andere genügen.

Die soeben charakterisierten Richtungen aber sind der Typus für die wissenschaftlichen Bestrebungen der folgenden Jahrhunderte. Der exakten Richtung gehören die berechnenden Naturforscher: ein Peurbach, ein Regiomontan, ein Kopernikus, ein Kepler an; die symbolische Richtung im weiteren Sinne, so dafs darin nicht blofs die Mathematik eine Rolle spielt, ist durch die Kabbalisten, namentlich durch Reuchlin, und die Lullisten, wie Giordano Bruno, vertreten.

2. Die Verschiedenheit beider Richtungen.

Der symbolischen Richtung ist, im Anschlusse an Pseudo-Dionysius, eigen die Betonung der Unbegreiflichkeit Gottes, die Vorliebe für negative Theologie. Nach ihr wissen wir am besten anzugeben, was Gott nicht ist. Es ist nicht die Wahrheit, nicht die Vernunft, nicht das Licht, nicht Substanz, nicht Accidenz. Er ist mehr als Accidenz, mehr als Substanz, Substanz ohne Substanz und wie die Ausdrücke alle heifsen mögen, die ja in der That zahllos sind; denn alles, was wir uns vorstellen, ist

Gott und ist es auch nicht. Er ist alles, das Gröfste sowohl wie das Kleinste, in ihm sind alle Gegensätze eins, er ist die Einheit der Gegensätze.

Die Einheit der Gegensätze ist das allererste Ergebnis der symbolischen Forschung. Dieser Begriff spielt in der neueren Philosophie eine nicht unbedeutende Rolle. Reuchlin nimmt denselben in seine kabbalistische Kunst auf, Giordano bildet ihn in pantheistischem Sinne um, was nach dem früher Gesagten nicht schwierig sein konnte, Schelling adoptiert den pantheistisch umgedeuteten Begriff.

Cusanus selbst aber geht alsbald über denselben hinaus, er bildet seine ursprüngliche Lehre fort, erklärt, Gott stehe über, Gott befinde sich jenseits der Einheit der Gegensätze. Er sei stets der Selbige mit sich, der Nichtandere für die Dinge. Mehr und mehr geht die symbolische Richtung in eine mystische über.

Aber aus der engen, düsteren Zelle des mystischen Dunkels, der mystischen Finsternis, führt die exakte Denkrichtung die Gotteslehre wiederum in die weiten, lichten Räume, der Welt zurück. Jetzt gilt es, nach dem öfters wiederholten Worte des Völkerapostels den unsichtbaren Schöpfer aus der sichtbaren Welt zu erkennen. Nicht der Unsichtbare selbst wird hier geschaut, aber sein Bild, die Wirkung der höchsten Ursache, das Geschöpf des Schöpfers, die Offenbarung des unsichtbaren Gottes. Nach dem Bilde gilt es jetzt das Urbild, nach der Wirkung ihre Ursache, nach dem Geschöpfe den Schöpfer, nach der sichtbaren Offenbarung den unsichtbaren Gott zu bestimmen. Jetzt erscheint Gott als das absolute Können, die absolute Wirklichkeit und deren Verbindung d. h. als das wirkliche Können (possest); nein, noch einfacher läfst er sich bezeichnen: Gott ist das Können (posse ipsum).

3. Die Übereinstimmung der beiden Richtungen.

Dies wäre der Unterschied zwischen den beiden vorbezeichneten Richtungen. Das Gemeinschaftliche beider läfst sich in zwei ganz kurze Sätze zusammendrängen. Der erste lautet: Gott ist alles, was sein kann, aktuell, er ist die reine Wirklichkeit.

Man hat dies bisher nicht gehörig beachtet; Werner behauptet,[1]) Cusanus bezeichne »Gott nicht als actus purus«. Aber mit Unrecht. Die Grundvoraussetzung in der »Belehrung über das Nichtwissen« ist der Satz: Gott ist alles das, was sein kann; und weil er dies ist, so ist er durchaus aktuell.[2]) Wie die unendliche Linie, heißt es einige Kapitel später,[3]) auf unendliche Art das aktuell ist, was in dem Vermögen der endlichen liegt, ebenso ist das absolut Größte alles das aktuell, was in dem Vermögen der absoluten Einfachheit liegt. Wie groß, ruft der Autor 1445 aus, ist doch unser Gott! er ist die Wirklichkeit jeder Möglichkeit.[4]) Er ist die reinste Wirklichkeit. Doch wozu diese einzelnen Stellen? Das ganze Gespräch über das »wirkliche Können« ließe sich hieher setzen. Der Name »possest«, wirkliches Können, selbst deutet genugsam an, daß es hier nichts wie lautere Wirklichkeit giebt.[5])

Stets also ist Gott für Cusanus die lauterste Wirklichkeit; er ist für ihn zweitens die Ursache alles dessen, was außer ihm existiert. Absolute Ursache ist Gott sowohl in der »Belehrung über das Nichtwissen«,[6]) wie in der »Krone der Erkenntnis.«[7]) Ursache ist er in einem dreifachen Sinne;[8]) er ist schon gleich in der »Belehrung« die bewirkende, die formale und die finale Ursache;[9]) in den späteren Schriften wird derselbe Gedanke wiederholt ausgesprochen.[10])

---

[1]) A. a. O. III, 667.

[2]) »Maximum absolute, cum sit omne id, quod esse potest, est penitus in actu«. De docta ign. I, 3. Vgl. oben S. 17. Anm. 1.

[3]) De docta ign. I, 16. Vgl. oben S. 28.

[4]) »O quantus est deus noster, qui est actus omnis potentiae!« De quaerendo deum fol. 200ª.

[5]) »Possest hoc est, ubi posse est actu«. De ven. sap. c. 13. »In ipso Possest, actu aeterno, video...« l. c. 26. Vgl. auch oben S. 104 ff.

[6]) De docta ign. I, 21. II, praef. II, 2.

[7]) »Posse causae primae et primi principii«, vgl. oben S. 125. Anm. 6.

[8]) »Tricausalis«. De ven. sap. c. 8.

[9]) »Causa efficiens, quia centrum; formalis, quia diameter; finalis, quia circumferentia«. De docta ign. I, 21; vgl. oben S. 31.

[10]) De possest fol. 176ª. De ven. sap. c. 7. c. 8. c. 34. 39.

»Causa formalis« freilich erscheint manchem bedenklich. In
dieser Bezeichnung Gottes soll z. B. nach Werners Ansicht[1])
der Grundirrtum der cusanischen Gotteslehre zu suchen sein.
Indessen ist hiergegen zu bemerken, daſs nach der »Belehrung
über das Nichtwissen« Gott nicht diese oder jene Einzel-,
sondern die absolute Form ist; daſs nach dem Gespräche über
das »wirkliche Können«, sowie nach der Schrift von dem
»Suchen« formale so viel, wie urbildliche Ursache, bedeutet[2]); daſs Gott derselben Schrift zufolge »nicht die Form,
sondern die absolute Ursache der Formen ist.«[3])

Lautere Wirklichkeit, sodann bewirkende, urbildliche und
Zweckursache aber ist Gott auch nach der scholastischen Lehre.[4])
Die Grundanschauung der Scholastik hat demnach Cusanus
stets festgehalten. In dem Bestreben, diese Grundanschauung
unbekümmert um jede wissenschaftliche Autorität[5]), ganz selbständig immer wieder auf neue Weisen zu begründen, liegt
der Kernpunkt seiner zahlreichen Schriften, soweit sie Gott
betreffen. Das oberste Prinzip, allüberall ein und dasselbe, hat
sich unserem Autor auf mannigfaltige Art gezeigt, und er hat
dessen mannigfaltige Erscheinung mannigfaltig geschildert: dies
sagt er selbst von sich in seiner letzten Schrift.[6])

---

[1]) A. a. O. 668.

[2]) »Deus non est . . . forma alicuius, sed omnibus forma, quia causa
efficiens, formalis seu exemplaris et finalis«. De possest fol. 176ᵃ.
»Omnium . . . est causa efficiens, formalis seu exemplaris et finalis«.
De ven. sap. c. 39.

[3]) »Quod posse fieri praecedit, . . cum id non sit forma, sed
absoluta formarum et omnium causa«. De ven. sap. c. 34.

[4]) Vgl. z. B. St. Thomas, S. theol. 1. qu. 46. a. 1.

[5]) Vgl. »Nescio, an Pythagoricus, an alius sim; hoc scio, quod nullius
autoritas me ducit, etiamsi me movere tentet«. De mente c. 6 und oben
S. 3. 96.

[6]) »Reperies primum principium, undique idem, varie nobis apparuisse,
et nos ostensionem eius variam varie depinxisse«. Compendium c. 13.
Der »Grundriſs« schlieſst sich äuſserlich und innerlich an die beiden Gespräche »De ludo globi« an, kann also erst nach Ostern (1. April) 1464
verfaſst sein, ist demnach die letzte Schrift. Scharpff, Reformator 217
setzt dieselbe weit früher.

Dieses Selbstzeugnis ist richtig. Dessen Richtigkeit nachzuweisen ist der Zweck der vorliegenden Arbeit, jede andere Tendenz liegt ihr ferne. Sie ist bestrebt, alle Schriften des Cusanus nach einer einheitlichen, übereinstimmenden Ansicht zu deuten,[1]) sie zeigt, wie nach ihm trotz aller wechselnden Benennungen Gott stets ist die

lauterste Wirklichkeit und schöpferische Ursache[2]).

———

[1]) Vgl. die bezügliche Forderung: »Oportet, . . qui scribentis in re aliqua mentem investigat, ut omnia scripta . . in unam concordantem sententiam resolvat«. Apol. fol. 37ᵇ, oben S. 57; die gleiche Forderung ist Compendium c. 10 gestellt.

[2]) »Purissimus actus«. De ven. sap. c. 9: »causa creatrix«. l. c. 7.

Anhang.

Tetralogus de non aliud.

1. Vorbemerkungen.

Seit Jahrhunderten galt das Gespräch »über das Nicht-andere« für verloren. Auf den Handschriften E₂ und E₃ in der Bibliothek des St. Nikolaushospitals zu Cues[1]) beruhen nämlich in erster Linie unsere Drucke[2]) des Cusanus. Jene Handschriften aber enthalten den Tetralog »de non aliud« nicht. Die Existenz desselben aber war durch das »Suchen nach Weisheit« hinlänglich bezeugt. Daselbst nämlich sagt der Autor von sich, über das Nichtandere habe er in dem bezüglichen Gespräche zu vieren ausführlicher geschrieben[3].)

---

[1]) Den Inhalt der Handschriften verzeichnet Kraus im Serapeum XXVI, 53 f. Irrtümlich steht S. 54 unter E₃, 130 die Jahreszahl »1448« und der Ortsname »Boethenstein«; es muſs vielmehr nach der Handschrift heiſsen: »1458. 18. Augusti in castro sancti Raphaelis, alio vocabulo dicto Buchenstein«. Über die von Cusanus sog. Raphaelsburg, das Schloſs Andraz in Buchenstein, vgl. Jäger, Der Streit des Kardinals Nikolaus Cusanus mit dem Herzoge Sigmund von Östreich I, 45. 219.

[2]) Die Jnkunabel s. l. a. typ., erschienen (nach Holtrop, Catalogus libr. saec. XV. impressorum Nr. 687) um 1488 zu Straſsburg bei Martin Flach, beschreibt A. Richter, Die neuesten Darstellungen der Philosophie des Nikolaus von Cues in der Zeitschrift für Philos. und philos. Kritik LXXVIII, 285 f. Den Inhalt der Pariser Ausgabe von 1514 teilt Erdmann I³, 451 vollständig mit. Auſserdem giebt es noch eine Basler von 1565, und soll es (nach Fabricius, Bibliotheca I, 405) auch eine Nürnberger Gesamtausgabe von 1514 geben. Nirgends konnte ich, trotz vieler Bemühungen, die letztere bisher auftreiben. An eine Verwechselung mit der Pariser ist, da diese von Fabricius ebenfalls erwähnt wird, nicht zu denken. Dankbar wäre ich daher dem Leser, der mir näheres über die Nürnberger Ausgabe mitteilen würde. — Ausführlicher über diese Gesamt- sowie über die zahlreichen, hier nicht erwähnten Spezialausgaben, Übersetzungen u. s. w. gedenke ich ein anderes Mal zu berichten.

[3]) »Scripsi autem latius de non aliud in dialogo quadrilocutorio«. De ven. sap. c. 14.

Auf Grund dieser Notiz wuſste Jakob Faber, welcher die Pariser Ausgabe besorgte,[1]) um unser Gespräch und wandte sich, weil die Inkunabel dasselbe nicht enthielt, brieflich nach Schlettstadt an seinen Schüler Beatus Rhenanus. Diesem teilt er im Jahre 1508 mit, daſs er den Cusanus neu herauszugeben beabsichtige, es fehle ihm aber das Gespräch über das Nicht-andere.[2])

Rhenanus glaubte dasselbe leicht und schnell aus Mainz beschaffen zu können; denn es sei soeben erschienen[3].) Er frug also zu Mainz bei dem Universitätslehrer Dietrich Gresemund an, aber vergebens; darauf wandte er sich an Gregor Reisch auf dem St. Johannisberge bei Freiburg i. B. Dieser Karthäuser-prior hatte auf seinen Visitationsreisen oftmals Gelegenheit, verschiedene Bibliotheken und gerade in der Gegend, wo Cu-sanus seiner Zeit häufig gewesen, sorgfältig zu durchforschen.[4]) So hoffte Rhenanus, durch ihn ganz sicher in den Besitz des gesuchten Gespräches zu gelangen. Doch dieser versicherte, auſser dem kleinen Buch »über den verborgenen Gott« und einigen Predigten bisher nichts in Erfahrung gebracht zu haben. Weiterhin erkundigte sich der erstere bei Konrad Pellicanus, ob er nichts dergleichen gesehen; und dieser berichtete ihm zurück, daſs Reuchlin zwar viele von Cusanus verfaſste Schriften besitze, dieselben aber nur wenigen leihe, weil sie bei ihm in hohem Ansehen ständen.[5]) Nunmehr wandte sich Rhenanus

---

[1]) Vgl. den der Ausgabe vorgedruckten, herrlichen Brief Fabers an den Bischof von Toulon »ex Parisiensi academia anno . . . Christi . . . MDXIIII«.

[2]) »Hunc (sc. Cusanum) Faber recognitum impressioni tradet: sic suis mihi litteris significavit. Eget tamen ad operis completionem Directorio speculantis (über diese Bezeichnung sogleich das Nähere)«. Beatus Rhenanus an Michael Hummelberg. Schlettstadt, 15. Mai 1508. Horawitz und Hartfelder, Briefwechsel des Beatus Rhenanus Nr. 3. S. 16. Vgl. auch die Worte: Faber »rogavit, ut . . . praesertim Directorium speculantis . . . excribi curarem« ebendaselbst Nr. 11. S. 24 in dem Schreiben des Rhenanus an Joh. Reuchlin vom 10. November 1509.

[3]) »Quod ego ex Moguntia facile — modo enim apparuit — et brevi acquiram«. l. c. S. 16.

[4]) »Dedi iam ego operam apud multos, ut aliquid conquirerem, cum Moguntiae apud Gresemundum, tum Friburgi apud Gregorium Ruschium Cartusium, quod is visitatoris officio fungens varias bibliothecas eius prae-cipue regionis, ubi Cusa adhuc in humanis agens frequens fuisset, saepe perlustraret atque excuteret«. Beatus Rhenanus an Johannes Reuchlin. Schlettstadt, 10. November 1509. l. c. Nr. 11. S. 25. Vgl. auch L. Geiger, J. Reuchlins Briefwechsel in der Bibliothek des litt. Vereins Band CXXVI Nr. 111. S. 114.

[5]) »Retulit is te (sc. Capnionem) multa habere, quae Cusa compo-suisset, sed paucis ea communicare, quippe quae apud te essent in magno pretio«. ll. cc.

am 10. November 1509 auch an Reuchlin.[1]) Er bittet diesen,
sich doch bewegen zu lassen und ihm die Schriften des Cusanus[2]) zu leihen, nicht blofs um Fabers freundlicher Gesinnung,
sondern auch um des so grofsen Ruhmes willen, der durch
Drucklegung der Schriften jenes Gelehrtesten unter allen Deutschen für Deutschland und alle Deutschen erwachsen wird.[3])
Gedruckt sind bereits, fährt Rhenanus fort, viele Dialoge desselben, aber sie sind nicht frei von Druckfehlern. Wenn nun
die bereits gedruckten Schriften sorgfältig durchgesehen und
verbessert werden, wenn hierzu die Predigten, die Faber sich
bereits zu Rom in der päpstlichen Bibliothek hat abschreiben
lassen, und nun noch Deine (Reuchlins) Dialoge[4]) kommen,
dann wird das Ganze in der That ein Werk geben, das in
jeder Beziehung vollendet ist.[5])

Es ist interessant zu bemerken, welch grofse Mühe sich
Rhenanus dem Ruhme des d e u t s c h e n Namens und der
d e u t s c h e n Wissenschaft zu Liebe bei vielen Gelehrten
gab, um die noch ungedruckten Schriften des Cusanus, namentlich um das Gespräch »über das Nichtandere« herbeizuschaffen.
Reuchlin aber schickte, was er von Cusanus besafs. Nach dem
Briefe des Rhenanus an Reuchlin vom 14. April 1510[6]) waren
es einige Pergamentblätter; nach der Vorrede zu der Pariser
Ausgabe[7]) enthielten dieselben drei Briefe des Cusanus.

Nicht aber enthielten sie das in erster Reihe gesuchte Gespräch. Faber sah sich daher veranlafst, in der Vorrede[8]) zu
bemerken, er habe unter anderem auch dieses bisher nicht auf-
finden können.

Durch die Bemühungen eines andern Gelehrten ist uns
das Gespräch erhalten geblieben. Ungefähr ein Jahrzehnt früher,
als Faber darnach so eifrig suchen liefs, schrieb nämlich der
Nürnberger Bücherfreund Hartmann Schedel dasselbe ab. Er
vollendete die Abschrift am 6. April 1496.[9]) Dieselbe befindet

---

[1]) Brief Nr. 11. S. 24 ff. a. a. O.

[2]) »Cusani, omnium Germanorum doctissimi, opera« a. a. O. S. 24.

[3]) »Moveare itaque, praestantissime vir, ad mihi commodandos libellos,
non modo ob Fabri in te benevolentiam, sed et ob maximam Germaniae
laudem, quae inde Germanis omnibus adcrescet« a. a. O. S. 25 f.

[4]) D. h. die Dialoge des C u s a n u s, die sich in R e u c h l i n s Händen
befanden.

[5]) A. a. O. S. 26.

[6]) A. a. O. Nr. 14 S. 29.

[7]) Pagina aa 3ᵇ.

[8]) l. c.

[9]) »Scripsi Hartmannus Schedel, artium et utriusque medicinae doctor,
anno domini 1496 die 6. mensis Aprilis Nuerembergae«. Cod. lat. Monac.
24 848 fol. 185ᵃ.

sich heutigen Tages unter Nr. 24 848 in der Kgl. B. Hof-
und Staatsbibliothek zu München.

In der genannten Handschrift nun stehen fol. 131[b] die
Worte »Tetralogus Cusae de li non aliud, cuius meminit in
tractatu de venatione sapientiae campo tertio«.[1]) In diesen
Worten vermute ich einen Zusatz Schedels. Auf der folgenden
Seite, fol. 132[a], heifst es nämlich, als ob noch nichts voran-
ginge »Reverendissimi in Christo patris et domini Nicolai de
Cusa cardinalis sancti Petri ad vincula libellus incipit, qui in-
scribitur Directio speculantis«.

An dieser zweiten Stelle haben wir, wenn auch nicht ganz,
so doch annähernd denselben Titel, wie oben in den Briefen
des Beatus Rhenanus.[2]) Wer nun auch immer obigen Zusatz
machte, Schedel oder sonst jemand, derselbe hat richtig gesehen,
dafs beide Titel: »De li non aliud« und »Directio bez. Directorium speculantis« ein und dieselbe Schrift bezeichnen. Jakob
Faber freilich zählt[3]) neben dem »Directorium speculantis« auch
noch den »Dialogus de non aliud« als verloren auf. Diesen
zweiten Titel kannte derselbe aus dem »Suchen nach Weisheit«,[4])
jenen ersten aus Trithemius.[5]) Dieser Polyhistor aber erwähnt[6])
aufser dem Titel auch, wie gewöhnlich, die ersten Worte des
»Directorium speculantis«. Es sind ganz dieselben, wie bei
dem uns vorliegenden Gespräche »De non aliud«. Daher ist
nicht im geringsten daran zu zweifeln, dafs beide Titel dasselbe Gespräch bezeichnen.

Zu der verschiedenen Bezeichnung hat der Autor selbst den
ersten Anlafs gegeben. Am Schlusse des Gespräches ist nämlich von einer Anleitung (directio) die Rede, wodurch er die
Mitunterredner zu dem Prinzipe zu leiten versucht, welches
sich und alle Dinge definiert.[7]) In dem »Suchen nach Weisheit« aber ist nur von dem »Non aliud« die Rede. Wie durch
die Titel früherer Schriften die zwei ersten Felder, wie durch
»Docta ignorantia« das erste, durch »Possest« das zweite,
ebenso wird hier in ganz gleicher Weise durch »Non aliud«
das dritte Feld bezeichnet.

---

[1]) Gemeint ist De ven. sap. c. 14.
[2]) »Directorium speculantis«; vgl. oben S. 139 Anm. 2.
[3]) In seiner Vorrede zu der Pariser Ausgabe aa 3[b].
[4]) Vgl. oben S. 138 Anm. 3.
[5]) »Praesertim Directorium speculantis, quod Trithemius in catalogo
suo ponit« schreibt Rhenanus a. a. O. S. 24.
[6]) »De scriptoribus ecclesiasticis« in der von Freher besorgten Ausgabe pag. 360.
[7]) »Sufficit enim nobis directio tua, qua nos nisus es dirigere . .«
cap. 24.

Die »Directio s p e c u l a n t i s« ist also mit »De non
aliud« inhaltlich identisch, nicht aber die »Directio s p e c u -
l a n d a e v e r i t a t i s«. Den letzteren Titel führt nämlich[1])
nebenbei jene Schrift des Cusanus, welche für gewöhnlich, in den
Handschriften und in den Drucken, als Grundriſs (compendium)
bezeichnet wird. Jener Nebentitel dürfte auch hier auf eine
Stelle des Grundrisses zurückzuführen sein; am Schlusse desselben nämlich liest man: Es strebt die ganze Anleitung (directio) zu der Einheit hin.[2]) Soviel über den T i t e l des neu
aufgefundenen Gespräches.

Die P e r s o n e n, welche sich in demselben mit dem Kardinal
unterreden, oder, um die Worte der Handschrift zu gebrau-
chen,[3]) »interlocutores sunt cum cardinale J o a n n e s A n d r e a s
V i g e v i u s abbas, P e t r u s B a l b u s Pisanus, F e r d i n a n d u s M a -
t i m Portugallensis natione«.

Gar seltsam klingt der Name des zuletzt genannten Portu-
giesen. Da ich meiner eigenen Einsicht nicht recht traute, so
zog ich sehr tüchtige Handschriftenkenner zu Rate; aber auch
diese lasen nichts anderes wie »Matim«. Schwerlich ist diese
Lesart richtig; ob Schedel dieselbe in seiner Vorlage schon
vorfand, oder ob er sie erst in seine Abschrift durch ein Ver-
sehen hineinbrachte, ist, da er über seine Vorlage nichts sagt,
schwer zu entscheiden; auch lasse ich es dahingestellt sein, ob
etwa »Ma'tini« d. i. »Martini« zu verbessern ist. Aus dem Gespräche selbst ist nur dies Eine zu entnehmen, daſs derselbe
mit Vorliebe das Genie des Aristoteles zu erforschen suchte.[4])

Wie der Portugiese dem Aristoteles, so widmete sich der
Pisaner Petrus Balbus vorzugsweise dem Proklus; er war damals
gerade damit beschäftigt, dessen sechs Bücher über die Gotteslehre Platons aus dem Griechischen ins Lateinische zu übertragen.[5])

Für die Ehre, wie es scheint, in einer Schrift des Cusanus
Mitunterredner zu sein, zeigte sich Balbus dankbar. Er übersetzte den Auszug des Alkinous aus den Lehren Platons und
widmete die Übersetzung dem Cusanus. Da die Widmung
lehrreich, kurz und dazu gar nicht bekannt ist, so darf ich dieselbe wohl im Original unverkürzt hieher setzen.

---

[1]) Nach Fabricius. Bibliotheca I, 405.
[2]) »Tendit t o t a d i r e c t i o ad unitatem« Epilogus.
[3]) Fol. 152ᵃ.
[4]) »Ferdinandus . . Aristotelis perlustrat ingenium« c. 1.
[5]) »Petrus . . in theologia Platonis . . Proculi, quam de Graeca Latinam facit« c. 1; vgl. c. 20: »cum Proculum illum Platonicum in libro de
Platonis divini theologia de Graeco verterem h i s d i e b u s in Latinum . .«

»Cum te intelligam, sapientissime atque optime patrum,
tum Aristotelis acutissimi doctrinam ceterorumque priscorum
philosophorum magnifacere, tum vero divi Platonis sapientiam
purgatissimam imprimis admirari, saepe diuque mecum cogi-
tavi suorumque documentorum aliquid in Latinum vertere et,
quod tibi gratum fore existimarem, tuo potissimum nomini de-
dicare. Itaque cum libellos meos nuper evolverem, Alcinoi
opusculum quoddam repperi, in quo sub compendiaria miraque
brevitate opinio atque singula documenta Platonis attinguntur.
Feci igitur, ut potui, hoc Latinum tua quidem fretus humanitate
benivolentiaque, quam semper erga me ostendisti, quod si quid
in eo aut mendosum aut non bene positum reperies, tuo recto
certoque iudicio corrigeres. Neque sane curavi in cunctis sin-
gulisque verbis, ut facillime videbis, antiquos imitari, sed illis
potius usus sum vocabulis in plerisque locis, quae his nostris
temporibus in scholis philosophorum frequentantur. Putavi enim
ad hunc modum orationem fore clariorem, praesertim cum per
optime sciam tuae tantae sapientiae res magis curae esse, quam
verba. Legas igitur velim hunc libellum, sapientissime patrum.
Quodsi tibi, tanto viro, tanta doctrina totque virtutibus donato
coelitus atque illustrato, meus hic transferendi labor dignus
videbitur, ad eius modi cetera me deinceps quam maxime alli-
cies atque incitabis. Vale.«[1])

Der dritte Mitunterredner aber zeigte eine besondere Vorliebe für Platons Parmenides und den Kommentar des Proklus
zu demselben. Es ist der Abt Johannes Andreas. Schon früher
einmal hatte der Abt Gelegenheit, sich mit dem Cusanus zu
unterreden. Es war dies zwei Jahre vorher in dem Gespräche
»über das wirkliche Können«. Zu bemerken bleibt indessen,
daſs der Name an den zwei verschiedenen Stellen nicht ganz
übereinstimmend angegeben wird. Nach dem cod. 24 848 heiſst
der Abt nämlich »Joannes Andreas Vigevius«, nach dem cod. E₃
zu Cues dagegen »Joannes Andreas Vigerius«. Da mir cod. E₃

---

[1]) Ein Datum ist leider nicht angegeben; wahrscheinlich gehört der
Brief sowie die Übersetzung in das Jahr 1463 oder 1464; im Jahre 1469
heiſst es von ihr, sie sei vor nicht gar langer Zeit (»non ita pridem«) ge-
fertigt. In dem zuletzt genannten Jahre wurde sie mit andern Schriften
zu Rom gedruckt. Auf dem Titelblatte heiſst es mit Beziehung auf sie
»Alcinoi Disciplinarum Platonis Epitome, interprete Petro Balbo Pisano,
episcopo Tropiensi, cum eiusdem ad Nicolaum Cusensem cardinalem
Epistola«. Ein Exemplar der editio princeps, auf Pergament gedruckt,
befindet sich in der Hofbibliothek zu Wien, der Nachdruck von 1493 in
der K. Universitäts- und Landesbibliothek zu Straſsburg. Den Nachdruck
habe ich selbst in Händen gehabt; Herr Oberbibliothekar Dr. Barack hatte
auf Ersuchen die Güte, mir denselben übersenden zu lassen.

als Handexemplar des Autors gröfsere Gewähr für die richtige
Lesart bietet, so ziehe ich »Vigerius« vor.[1]   Abt war derselbe
von St. Justina;[2] ob mit diesem Namen die berühmte Abtei
zu Padua gemeint ist, konnte ich bislang nicht feststellen.

Der Abt Johannes Andreas aber dürfte wohl mit dem späteren Bischofe Johannes Andreas von Aleria auf Korsika identisch sein.   Urkundliche Belege fehlen mir zur Stunde für diese
Annahme.   Der Name desselben, wie ihn Gams mitteilt,[3]
spricht zwar mehr gegen, wie für sie; doch eine Thatsache
spricht ganz entschieden f ü r deren Richtigkeit.   Der fragliche
Bischof befand sich ununterbrochen sechs Jahre lang im Ge-
folge des Cusanus, und diese Stellung war nach seiner eigenen
Aussage für ihn sehr angenehm und nützlich.[4]   Der Bischof
war also seit 1458 mit Cusanus näher bekannt, der stete Be-
gleiter desselben.   Es wäre nun gewifs ein seltsamer Zufall,
wenn Cusanus um dieselbe Zeit noch einen zweiten Vertrauten
gehabt hätte, der ebenfalls Johannes Andreas hiefs, mit dem
er 1460 bereits sehr oft über wissenschaftliche Dinge gesprochen
hatte;[5] und wenn dem Bischof Johannes Andreas der ehe-
malige Verkehr mit Cusanus angenehm und nützlich war, so
können wir dies am besten dadurch erklären, dafs er mit dem
Abte Johannes Andreas identisch ist.

Wir sehen: nicht gegen, sondern entschieden für die Identität beider Personen spricht das ganz gleiche Verhältnis, in welchem beide zu Cusanus stehen.   Für die Identität spricht fernerhin
die gleiche wissenschaftliche Neigung; wie der Abt,[6] so stellt

---

[1] Finis trialogi . . . habiti a . . . Nicolao de Cusa . . . cum duobus
familiaribus suis: dom. Bernhardo (über ihn vgl. oben S. 106. Anm. 2)
. . . et J o a n n e A n d r e a V i g e r i o«. Cod. E₃ zu Cues. In dem ältesten Drucke dagegen steht »Vigenio«; hiermit hätten wir eine d r i t t e
Lesart, die natürlich nicht in Betracht kommen kann.

[2] »Abbate monasterii sanctae Justinae«. Dieser Angabe sind in der
Handschrift unmittelbar noch die zwei Wörter »de Sezadio« beigefügt, eine
nähere Bestimmung, deren Deutung fraglich ist. In der Inkunabel sind
dieselben unverändert stehen geblieben, dagegen macht Faber »Sezadiensis«
daraus, bezieht dieselben also auf »Justinae«. Die Änderung ist unbegründet
und höchstwahrscheinlich auch sachlich unrichtig. Wahrscheinlich soll durch
»Sezadium« der G e b u r t s o r t des Abtes bezeichnet werden. Ein kleiner
Ort dieses Namens liegt bei Bozen.

[3] Gams, Series episc. pag 765 schreibt unter »Aleriensis« zu dem
Jahre 1469 »Joannes Andreas de B o s s i s«.

[4] »Cuius (sc. Nicolai Cusensis) nos ipsi in gratissimo nobis et utilissimo fuimus sex continuos annos obsequio«. Botfield, Praefationes et
epistolae editionibus principibus auctorum veterum praepositae pag. 75.

[5] Joannes. »Audivit iam m e s a e p i s s i m e«. De possest fol. 174ᵇ.
Vgl. De non aliud c. 22: Joannes. »Audivi te, pater, et a n t e s a e p e et
nunc (d. i. 1462) maxime . .«

[6] Vgl. De non aliud c. 1.

auch der Bischof[1]) Platon am höchsten; beide beschäftigen sich
vorzugsweise mit dem »göttlichen Platon«. Sind demzufolge die
beiden identisch, so bekommt der Abt Johannes Andreas, von
dem man bisher nicht einmal den vollständigen Namen wußte,
für uns Gestalt und Leben.

Durch Cusanus höchstwahrscheinlich an die päpstliche Kurie
gezogen, wird er nach dem Tode seines Gönners Bischof
und päpstlicher Bibliothekar. Er ist es, der eine ganze Reihe von
Autoren zum Drucke besorgte: 1469 den Apulejus, den Cäsar,
den Gellius, den Livius, den Lukanus, den Virgilius, 1470 Ciceros Briefe an Brutus, 1471 den Ovidius, Ciceros Reden.
1471—72 endlich die Glosse des Nikolaus von Lyra zur heil.
Schrift. All diese Ausgaben versah er mit schwungvollen, kür-
zeren oder längeren Vorreden.[2])

Höchst wichtig für uns hier ist die »Epistola dedicatoria«
zum Apulejus, gerichtet an Papst Paul II. Den Werken jenes
Platonikers ist nämlich »Alcinoi Disciplinarum Platonis Epitome,
interprete Petro Balbo Pisano, episcopo Tropiensi, cum eiusdem
ad Nicolaum Cusensem cardinalem Epistolâ«[3]) zum Schlusse
angehängt.

Dies gab die Veranlassung, daß sich der Bischof Johannes
Andreas in seiner Widmungsepistel also vernehmen läßt:

»Extremum in hoc opere posuimus non ita pridem con-
versum Alcinoum philosophum et ipsum Platonicum latius paulo
divini Platonis sanctiones et decreta explicantem, cuius inter-
preti patri reverendo episcopo Tropiensi[4]) honorem suum iuste
servavimus praefationem eius libro Alcinoi apponendo, quod
eo etiam pleniore egimus voluptate, quia hic libellus ad virum
maximum Nicolaum Cusensem cardinalem dum viveret
Sancti Petri ad Vincula, cuius nos ipsi in gratissimo nobis
et utilissimo fuimus sex continuos annos obsequio, est in-
scriptus.

De cuius quidem viri summis laudibus et virtute quisquis
velit scribere, facillime quod laudet obvium promptumque in-
veniet: ubi tamen desinat, aut cui quid praeferat[5]) de summis
eius meritis vel ornamentis, nunquam, si sapiat, poterit exacte
iudicare. Fuit enim vir ille, quod non tibi, pater beatissime,
sed posteris dico, tanta bonitate, ut vir eo melior nunquam
sit natus: vitiorum omnium hostis acerrimus atque publicus
inimicus; et fastus atque ambitionis ita adversarius, ut quivis.

---

[1]) Vgl. Botfield pag. 68 ff.
[2]) Botfield pag. 68. 78. 80. 91. 98. 99. 107. 115. 116. 48.
[3]) Vgl. oben S. 143. Anm. 1.
[4]) »Tropiensis« druckt die Editio princeps.
[5]) »cui quod preferat« Editio princeps.

maxime quibusdam hominum, quorum perversa[1]) opinio: quanto
magis abundant, eo se putant firmius et augustius dignitatis
suae locum gradumque servare seque ipsos magis honorari;
tanta vero integritas, ut facilius Apenninus aut Alpes reliquae,
quam sancte et iuste ab eo semel concepta sententia, loco po-
tuerint dimoveri, nec quisquam illi viro absque iustitia et
pietate carus unquam fuit; ea honestorum laborum patentia in
declivi etiam senectute iam posito, ut annos cum labore aesti-
mantes aliquid in eo maius homine facile esse sentirent; ea et
benefaciendi et gratificandi promptitudo, ut natus omnibus
maxime, sibi ipsi minime videretur; ea gratiae referendae, si
praeventus ut fit a quopiam merito foret, festinatio et copia,
ut vitam quoque pro bene merentibus effundendo se tamen
satisfacere non posse beneficiis iudicaret; usque adeo vero studiosus, ut me ipso praesente et maxime admirante in hyberno
quoque longo itinere totum diem ultra milia passuum quadra-
ginta Germanica transigens equitatione, quae solet esse labo-
riosior, noctibus tamen et senex et quod credi poterat defatigatus
strato se proripiens suo gravissimas theologiae interdiu secum
obiter commentatas manu sua scriberet quaestiones nobisque
audiendi eius percupidis in via postridianis semper mansionibus
faciendis divini animi sui inventiones explicaret. Sane quidem
tanta doctrinarum omnium ubertate Nicolaus, quod est dictu
mirabile, fuit, ut quicquid ex tempore dicendum incidisset, tali
id semper ille copia edissereret, ut ei solum facultati censeretur
studuisse; vir ipse, quod rarum est in Germanis, supra opinio-
nem eloquens et Latinus, historias idem omnes non priscas
modo, sed mediae tempestatis tum veteres, tum recentiores usque ad nostra tempora memoria retinebat; gesta praecipue con-
ciliorum omnium, ecclesiasticam scilicet historiam non summatim, sed per capita singula et veluti diarias ipsas actiones
examussim crebro referebat; rerum origines quasi Christianus
Cato et facti cuiusque ordinem explicabat, ut vel unica ista re
videri facile quiret admirabilis,[2]) quae tamen maioribus ceteris
comparata inter illius laudes locum sibi minimum vindicabit;
poetas et oratores dissimulabat sane, verum, ut erat ingenio
peramoeno, nequaquam ignorabat. In disciplinis mathematicis
suo tempore Nicolao doctior fuit nemo, quod quidem viri
illius plurimae testantur scriptiones. Ius civile et pontificium recte
pureque didicerat et, ut immortali atque aeterna memoria erat,
tanquam tunc primum ex illorum studiorum officina prodiisset,
memoriter sanctiones et patrum decreta omnia et doctorum

---

[1]) »maxime. quibus hominum quorundam perversa« Editio pr.
[2]) »admiralis« Editio pr.

insuper sententias recitabat. Philosophiae Aristotelicae acerrimus disputator fuit; theologiae vero Christianae summus interpres et magister et coelestis arcani antistes sapientissimus; at Platonis nostri et Pythagoreorum dogmatum ita cupidus atque studiosus, ut nemo magis illi scientiae putaretur intendisse, quod equidem duobus exemplis breviter et verissime confirmabo. Proclum habebat Platonicum mendosissime scriptum, acri tamen ingenio adeo ei rei intelligendae assiduus institerat, ut etiam ex mediis librariorum mendis solidam rerum eliceret veritatem, quod ea ratione perspectum est, quia deinde oblato illi forte fortuna vero quodam exemplari ita inventus est Proclus ipse scripsisse, veluti Nicolaus ingenio suo fuerat coniectatus. Parmenidem Platonis magna veluti ardens siti de Graeco in Latinum fecit converti; item Platonis theologiam a Proclo quem modo nominavimus scriptam. His ille libris veluti thesauris suis et propriis maxime recreabatur, ut nulli alii rei tantopere vigilaret.

Quod quare in epistolae huius calce dedita opera posuerim, tibi, pater beatissime, ut dicam est necesse; nam de Nicolao tuo cetera me rectius et plenius ipse cognovisti. Ostendi initio meae praefationis virum excellentissimum Bessarionem cardinalem Nicenum Platoni magna ratione esse affectissimum; id ipsum et de Nicolao Cusensi cardinale dum viveret sancti Petri declaravi. Quis igitur nisi ineptus et vanus audebit nostra aetate a v i r i s h i s d u o b u s, f a c i l e d o c t o r u m p r i n c i p i b u s, dissentire, quis gravis et sanus non maxime consentire?«[1])

Die Existenz dieses Panegyricus an sich dürfte ein weiterer Beweis für die Identität des Bischofes mit dem Abte Johannes Andreas sein. Balbus, ein Mitunterredner in dem Gespräche »über das Nichtandere«, widmet dem Autor desselben aus Anerkennung seine Übersetzung des Alkinous; der Abt macht diese Übersetzung bei der ersten Gelegenheit, die sich bietet, durch den Druck bekannt, hebt die Widmung ganz besonders hervor und nimmt davon den Anlaß, auch seinerseits dem inzwischen verstorbenen, hochgeschätzten Meister Worte der höchsten Anerkennung zu widmen. Daß auch diese, daß auch der Inhalt des Panegyricus für jene Identität sprechen, wurde bereits früher ganz kurz angedeutet.

Dies wäre der erste Grund, weshalb ich die Lobrede vollständig hieher setzte; es giebt noch einen zweiten, an sich

---

[1]) Den Nachdruck bei Botfield pag. 75—77 verglich mit dem ersten Drucke auf mein Ersuchen in der zuvorkommendsten Weise Herr Dr. Alfred Göldlin v. Tiefenau, Scriptor der k. k. Hofbibliothek zu Wien, und stellte fest, daß Botfield jenen Druck genau wiedergiebt. In dem Vorstehenden sind einige Stellen geändert und, wie ich glaube, verbessert.

weit triftigeren, der allerdings über den Bereich der vorliegenden Untersuchung hinausgeht. Auf den Bischof Johannes Andreas von Aleria nämlich berufen sich zum Beweise für die hohe wissenschaftliche Bedeutung des Cusanus sowohl die verschiedenen Herausgeber seiner Werke, wie auch Trithemius. Bei diesem liest man ungefähr dasselbe, wie in den kurzen Vorreden zu den zwei Bänden der Inkunabel; die Basler Ausgabe druckt das nach, was der Pariser Herausgeber, Jakob Faber, in knappem Auszuge mitteilt. Aber nirgends ist die Quelle genau angegeben; Faber bezeichnet sie offenbar ganz falsch, er spricht von einem Panegyricus, den der gelehrte Bischof beim Tode des Cusanus hielt.[1]) Seinem Fingerzeige gemäß suchte ich die Quelle lange vergebens in einer Grabrede und fand sie endlich in einer Vorrede.

Diese Vorrede charakterisiert denn auch hinlänglich die Haupt- und an letzter Stelle zu erwähnende Person unseres Gespräches, den Autor. Er erscheint nach derselben als ein sehr grofser Verehrer des göttlichen Platon und mehr noch, nach dem Gespräche selbst,[2]) des Dionysius vom Areopag.

Durch die Vorliebe der einzelnen Mitunterredner für diesen oder jenen Autor ist dann weiterhin der Verlauf und die Gliederung des Gespräches vollkommen bedingt. Der erste Teil geht auf Dionysius, der zweite auf Aristoteles, der dritte auf Proklus und der vierte auf Platon.[3]) Der erste ist der weitaus umfangreichste und wichtigste, er bezweckt, wie bekannt,[4]) die konsequente Ausgestaltung der Lehre des Areopagiten; der zweite setzt sich mit Aristoteles, der dritte mit Proklus und der vierte mit Platon aus einander. In dem ersten ist Cusanus, im zweiten Ferdinand, im dritten Balbus, im vierten Johannes Andreas Vigerius die Hauptperson; mit Cusanus unterredet sich im ersten Ferdinand, in allen übrigen Teilen mit der bezüglichen Hauptperson der Autor selbst.

---

[1]) »Et ne videar ex me ipso tantum opus tamque insignem autorem magis ex affectu, quam ex veritate, praeconiis prosequi velle, operae pretium existimavi doctissimi viri Joannis Andreae et non minus veracis, prius episcopi, deinde cardinalis Aleriensis, cardinalis Cusae dum viveret admiratoris et ob raras et praeclaras dotes observatoris immodici, hoc in loco de titulis Cusae testimonium inserere. Hic enim de egregio patre Cusa loquens in panegyrico, quem in morte ipsius habuit, sic inquit: Quisquis velit . .« Zu diesen einleitenden Worten ist zu bemerken: Die Angabe »cardinalis Aleriensis« findet sich bei Gams a. a. O. nicht, wird daher schwerlich richtig sein. Der Nachfolger des Johannes Andreas auf dem Bischofsstuhle zu Aleria ist nach Gams wirklich Kardinal; vielleicht liegt also eine Verwechselung vor.

[2]) Vgl. oben S. 87 Anm. 6.

[3]) Cap. 1—17; cap. 18. 19; cap. 20. 21; cap. 22—24.

[4]) Vgl. oben S. 85.

Angehängt sind der Unterredung zwanzig Sätze, in denen die Hauptgedanken des voraufgehenden Gespräches kurz zusammengefaßt sind. Eigentlich enthalten sie noch mehr, sie wollen in den Grundzügen eine Weltanschauung bieten, die sich auf dem Nichtanderen aufbaut. Sie stehen daher ziemlich selbständig da. Dies mag auch der Grund sein, weshalb die »Propositiones« von Schedel[1]) ausdrücklich als das Werk »eiusdem reverendissimi patris, domini Nicolai cardinalis de virtute ipsius non aliud« bezeichnet werden. Rhenanus aber scheint von ihrer Zugehörigkeit zu dem Gespräche keine Ahnung gehabt zu haben; er erwähnt nämlich[2]) die »Propositiones« ganz getrennt von dem »Directorium speculantis«.

Von diesen zwanzig Sätzen nun aber ganz abgesehen, bildet dem Gesagten zufolge das Gespräch selbst, streng genommen, kein einheitliches Ganze, kein Gespräch zu vieren,[3]) sondern vier auf einander folgende Zwiegespräche. Hierin zunächst liegt ein ganz entschiedener Mangel an richtiger Komposition. Das früher geschriebene Gespräch über das »wirkliche Können« ist in dieser Hinsicht weit besser. Auch scheint mir das ganze, recht lange vierzehnte Kapitel mit seinem Citatenreichtum, mit seiner genauen Quellenangabe in ein Gespräch durchaus nicht zu passen.

Sollen wir in diesen Mängeln an künstlerischer Vollendung eine bloße Nachlässigkeit oder aber das Zeichen des anbrechenden Alters sehen? Gegen die zweite Annahme würde der Autor wahrscheinlich Widerspruch erheben. Er läßt sich nämlich durch Ferdinand bezeugen, daß er sogar in seinem anbrechenden Greisenalter sich noch unermüdlich zeige, daß er wieder jung zu werden scheine, wenn er auf Befragen von der höchsten Wahrheit spreche.

Nicht die Folge, nur die Thatsache des Alters wird also zugestanden. Cusanus schrieb nämlich das Gespräch in seinem einundsechzigsten Lebensjahre. Diese Zeitbestimmung ergiebt sich aus folgendem. Cusanus starb am 11. August 1464 und lebte 63 Jahre.[4]) Als er das »Suchen nach Weisheit« schrieb, hatte er das 61. Lebensjahr vollendet,[5]) er schrieb dasselbe demnach 1462 auf 63, genauer: vor Ostern 1463; denn in die Ostertage dieses Jahres fällt, wie bekannt,[6]) bereits das Gespräch

---

[1]) In der mehrfach erwähnten Handschrift 24 848 fol. 180ᵃ.
[2]) In dem Briefe vom 10. November 1509 a. a. O. S. 26.
[3]) Keinen »tetralogus«, keinen »dialogus quadrilocutorius«.
[4]) »Obiit MCCCCLXIIII. XI. Augusti ... Vixit annis LXIII« heißt es in der Grabschrift.
[5]) »Sexagesimum .. primum transegi annum«. De ven. sap. prologus.
[6]) Vgl. oben S. 124. Anm. 1.

über »die Krone der Erkenntnis.« Ein Jahr nun vor dem »Suchen« ist das Gespräch über »das Nichtandere« verfafst, also 1461 auf 62, und zwar zu Rom.[1]) Hierselbst aber weilte um die angegebene Zeit Cusanus vom Oktober 1461 bis etwa in den Mai 1462. In diesen Zeitraum fällt also unser Gespräch, genauer: in eine recht kalte Jahreszeit, wo es sogar zu Rom Eis gab,[2]) höchstwahrscheinlich also in den Januar 1462.

Soviel über die Auffindung, den Titel, die vier Teilnehmer, die Gliederung, den Ort und die Zeit des Gespräches.

2. Der Text.

I. ABBAS. Tu nosti nos tres, qui studio dediti tecum colloqui admittimur, in altis versari: ego enim in Parmenide Proculique commentariis, Petrus vero in theologia Platonis eiusdem Proculi, quam de Graeca Latinam facit, Ferdinandus
5 autem Aristotelis perlustrat ingenium; tu vero, cum vacat, in Areopagita Dionysio theologo versaris. Gauderemus audire, anne ad illa, quae per iam dictos tractantur, compendiosior tibi clariorque occurrat modus.

NICOLAUS. Undique circa profunda mysteria occupamur,
10 neque, ut credo, brevius quisquam faciliusque illa diceret, quam hi, quos lectitamus, licet mihi aliquando visum sit illud per nos negligi, quod propinquius nos duceret ad quaesitum.

PETRUS. Hoc aperiri deposcimus.

FERDINANDUS. Ita omnes veritate afficimur, quod ipsam
15 undique reperibilem scientes illum habere magistrum optamus, qui ipsam nostrae mentis oculis anteponat; tu autem te infatigabilem ostendis in eo etiam tuo declinante senio et, quando pulsatus de ipsa loqueris, videris iuvenescere. Dicito igitur tu illud quod prae nobis ipse considerasti.

20 NIC. Dicam et tecum, Ferdinande, hoc pacto colloquar, quod omnia quae a me audies, nisi compellaris ratione, ut levia abiicias.

FERD. Sic philosophi, praeceptores mei, agendum esse docuerunt.

---

[1]) »Romae anno transacto«. De ven. sap. c. 14.
[2]) »Si cessaret frigus, cessaret et glacies, quae iam Romae videtur multiplicata«. De non aliud c. 7.
14. »veritati« schreibt Schedel.

NIC. Abs te igitur in primis quaero: quid est quod nos apprime facit scire?

FERD. Definitio.

NIC. Recte respondes; nam oratio seu ratio est definitio. Sed unde dicitur definitio? 5

FERD. A definiendo, quia omnia definit.

NIC. Bene sane. Si igitur omnia definit definitio, et se ipsam igitur definit.

FERD. Utique, cum nihil excludat.

NIC. Vides igitur definitionem omnia definientem esse 10 non aliud quam definitum.

FERD. Video, cum sui ipsius sit definitio. Sed quaenam sit illa, non video.

NIC. Clarissime tibi ipsam expressi. Et hoc est id, quod dixi nos negligere in venationis cursu quaesitum prae- 15 tereuntes.

FERD. Quando expressisti?

NIC. Jam statim, quando dixi definitionem omnia defini- entem esse non aliud quam definitum.

FERD. Nondum te capio. 20

NIC. Pauca quae dixi facile rimantur, in quibus reperies non aliud; quodsi toto nisu mentis aciem ad li non aliud convertis, mecum ipsum definitionem se et omnia definientem videbis.

FERD. Instrue nos, quonam modo id fiat; nam magnum 25 est quod affirmas et nondum credibile.

NIC. Responde igitur mihi: quid est non aliud? Estne aliud quam non aliud?

FERD. Nequaquam aliud.

NIC. Igitur non aliud. 30

FERD. Hoc certum est.

NIC. Definias igitur non aliud.

FERD. Video equidem bene, quomodo non aliud est non aliud quam non aliud; et hoc negabit nemo.

NIC. Verum dicis; nonne nunc certissime vides non 35 aliud se ipsum definire, cum per aliud definire non possit?

FERD. Video certe, sed nondum constat ipsum omnia definire.

NIC. Nihil cognitu facilius; quid enim responderes, si quis te, quid est aliud, interrogaret? Nonne diceres non aliud 40 quam aliud? Sic, quid coelum, responderes non aliud quam coelum.

FERD. Utique veraciter sic respondere possem de omni- bus, quae a me definiri expeterentur.

NIC. Cum igitur nihil maneat dubii, quin hic definiendi modus, quo non aliud se et omnia definit, praecisissimus sit atque verissimus, non restat nisi circa ipsum attente immorari et quae humanitus sciri possunt reperire.

5 FERD. Mira dicis et promittis; cuperem quidem in primis audire, si quis palam hoc expresserit ex omnibus contemplativis.

NIC. Licet nullum legerim, prae ceteris tamen Dionysius propinquius videtur accessisse. Nam in omnibus quae varie
10 exprimit non aliud ipse dilucidat; quando vero ad finem mysticae pervenit theologiae, creatorem affirmat neque quicquam nominabile, neque aliud quid esse; sic tamen hoc dicit, quod non videatur ibi magni aliquid propalare, quamvis intendenti non aliud secretum expresserit undique per ipsum aliter ex-
15 plicatum.

II. FERD. Cum cuncti primum principium deum appellent, videris tu quidem ipsum per li non aliud velle significari. Primum enim ipsum fateri oportet, quod et se ipsum et omnia definit; nam cum primo non sit prius sitque ab omnibus posterioribus
20 absolutum, utique non nisi per semet ipsum definitur. Principiatum vero cum a se nihil, sed quicquid est habeat a principio, profecto principium est ratio essendi eius seu definitio.

NIC. Bene me capis, Ferdinande. Nam etsi primo principio multa attribuantur nomina, quorum nullum ei adaequatum
25 esse potest, cum sit etiam nominum omnium sicut et rerum principium, et nihil principiati omnia antecedat: per unum tamen significandi modum mentis acie praecisius videtur, quam per alium. Neque hactenus equidem comperi quodcumque significatum humanum visum rectius in primum dirigere. Nam
30 omne significatum in aliquid aliud sive in aliud ipsum terminatur, quemadmodum alia omnia, quod sunt ab ipso non aliud, utique non dirigunt in principium.

FERD. Video quae dicis sane sic se habere. Nam aliud terminus visionis principium videntis esse non potest. Aliud
35 enim cum sit non aliud quam aliud, utique non aliud praesupponit, sine quo non foret aliud. Omne igitur significatum aliud a significato ipsius non aliud in alio quam in principio terminatur: hoc certe verum perspicio.

NIC. Optime; cum nos autem alter alteri suam non
40 possumus revelare visionem nisi per vocabulorum significatum,

---

21. »Principatum« schreibt Schedel.

30. »omne significatum quod in aliquid aliud sive in aliud ipsum terminatur: quemadmodum alia omnia   sunt ab ipso« S.

praecisius utique li non aliud non occurrit, licet non sit nomen dei, quod est ante omne nomen in coelo et terra nominabile, sicut via peregrinantem ad civitatem dirigens non est nomen civitatis.

FERD. Sic est, ut dicis, et hoc clare conspicio, quando 5 deum esse non aliud quam deum video et aliquid non aliud quam aliquid et nihil non aliud quam nihil et non ens non aliud quam non ens et ita de omnibus, quae qualitercumque dici possunt; per hoc enim video non aliud talia omnia ante-cedere, quia ipsa definit, et ipsa alia esse, cum non aliud 10 antecedat.

NIC. Placet mihi mentis tuae promptitudo et vivacitas, quia et bene capis et cito quae volo. Ex his igitur nunc plane vides de li non aliud significatum non solum ut viam nobis servire ad principium, sed innominabile nomen dei propin- 15 quius figurare, ut in ipso tamquam in pretiosiori aenigmate relucescat inquirentibus.

III. FERD. Quamvis appareat te per li non aliud videre principium essendi et cognoscendi, tamen, nisi id ipsum mihi clarius ostendas, non percipio. 20

NIC. Dicunt theologi deum nobis in lucis aenigmate clarius relucere, quia per sensibilia scandimus ad intelligibilia. Lux profecto ipsa, quae deus, ante aliam est lucem qualiter-cumque nominabilem et ante aliud simpliciter; id vero, quod ante aliud videtur, non est aliud. Lux igitur illa, cum sit ipsum 25 non aliud et non lux nominabilis, in sensibili lucet lumine. Sed sensibilis lux visui comparata sensibili ita sese habere ali-qualiter concipitur, sicut lux, quae non aliud, ad omnia quae mente videri queunt. Visum autem sensibilem absque luce sensibili nihil videre experimur et visibilem colorem non esse 30 nisi sensibilis lucis terminationem sive definitionem, ut iris ostendit; et ita sensibilis lux principium est essendi et visibile sensibile cognoscendi. Ita quidem coniicimus principium essendi esse et principium cognoscendi.

FERD. Clara manuductio et grata; nam sic se habet in 35 auditu sensibili. Sonus enim est principium essendi audibilis et cognoscendi. Deus igitur per non aliud significatus essendi et cognoscendi omnibus principium est. Quem si quis sub-trahit, nihil manet neque in re, neque in cognitione; quemad-modum luce subtracta iris aut visibile nec est, nec videtur, et 40 sublato sono nec est audibile, nec auditur: sic subtracto non

---

18. »videri«. S.

aliud neque est, nec cognoscitur quicquam. Ista mihi sic se habere certissime teneo.

NIC. Utique bene tenes, sed advertas, quaeso: dum aliquid vides, puta lapidem quempiam, licet non consideres, non
5 tamen nisi per lucem ipsum vides; et ita dum aliquid audis, non nisi per sonum audis, quamvis non attendas. Prioriter igitur essendi cognoscendique principium sese offert, tamquam sine quo frustra ad videndum intenderes seu audiendum; ceterum quia ad aliud, quod videre cupis audireve, est intentio, in prin-
10 cipii consideratione non defigeris, quamquam id principium, medium et finis est quaesiti. Eodem modo in non aliud adverte. Nam cum omne quod quidem est sit non aliud quam id ipsum, hoc utique non habet aliunde; a non alio igitur habet. Non igitur aut est, aut cognoscitur esse id quod est
15 nisi per non aliud, quae quidem est eius causa, adaequatissima ratio scilicet sive definitio, quae sese prioriter offert, quia principium, medium et finis per mentem quaesiti, sed nequaquam iuxta esse consideratur, quando quidem id quod quaeritur quaeratur ut aliud. Nam proprie non quaeritur principium, quod
20 quaesitum semper antecedit, et sine quo quaesitum minime quaeri potest. Quaerit autem omnis quaerens attrectare principium, si id, ut Paulus ait, valeret; quod quoniam fieri nequit, veluti in sese est, ante aliud quaerens ipsum, cum ipse sit aliud: ipsum sane quaerit in alio, sicut lux, quae in se est per hominis
25 visum invisibilis, ut in solaris lucis exprimitur puritate, videri quaeritur in visibili. Neque enim opus est lucem quaeri, quae se ipsam est comprehendens et alioquin incomprehensibilis; oporteret enim lucem luce quaeri. Lux igitur in visibili, ubi percipiatur, exquiritur, ut sic saltem attrectabiliter videatur.
30 IV. FERD. Circa non aliud immorandum admonuisti; ob maxima igitur tua promissa abire nequaquam festinabo; dic ergo: quid tu per non aliud intelligis?

NIC. Id quod ipsum intelligo per alia aliter exprimi nequit; nam omnis post ipsum foret alia expositio et minus ipso pro-
35 fecto. Id enim quod per ipsum mens conatur videre, cum omnia quae aut dici aut cogitari possunt antecedat, quonam modo aliter dicetur? Omnes enim theologi deum viderunt quid maius esse, quam concipi posset, et idcirco supersubstantialem, supra omne nomen et consimilia de ipso affirmarunt, neque
40 aliud per super, aliud per sine, aliud per in, aliud per non et per ante nobis in deo expresserunt; nam idem est: ipsum esse substantiam supersubstantialem et substantiam sine substantia

---

27. »quae se ipsam   alioquin incomprehensibilis«. S.

et substantiam insubstantialem et substantiam non substantialem
et substantiam ante substantiam. Qualitercumque autem dixeris,
cum id ipsum quod dicis non aliud sit quam idem ipsum, patet
non aliud simplicius et prius esse per aliudque ineloquibile atque inexpressibile. 5

FERD. Visne dicere non aliud affirmationem esse vel
negationem vel eius generis tale?

NIC. Nequaquam, sed ante omnia talia et istud est, quod
per oppositorum coincidentiam annis multis quaesivi, ut libelli
multi quos de hac speculatione conscripsi ostendunt. 10

FERD. Ponitne non aliud aliquid, aut aufert aliquid?

NIC. Videtur ante omnem positionem atque ablationem.

FERD. Neque igitur est substantia, neque ens, neque unum,
neque aliud quodcumque.

NIC. Sic equidem video. 15

FERD. Eo pacto neque non ens, nec nihil.

NIC. Et hoc utique sic video.

FERD. Sequor te, pater, quantum valeo, mihique videtur
certissimum non aliud nec affirmatione negationeve aut alio
quolibet modo comprehendi, sed mirum in modum ad aeternum 20
ipsum videtur accedere.

NIC. Stabile, firmum, aeternum multum de non aliud
videntur participare, cum alteritatem aut mutationem non aliud
nequaquam possit accipere; cum tamen aeternum sit non aliud
quam aeternum, erit sane aeternum aliud quidem quam non 25
aliud, et ideo ipsum ante aeternum et ante saecula perspicio
supra omnem esse comprehensionem.

FERD. Ita quidem necesse est omnem quemcunque tecum
perspicientem dicere: quoniam ad omnium quae dici possunt
intendit antecedens. Verum equidem miror, quomodo unum 30
et ens et verum et bonum post ipsum existant.

NIC. Quamvis unum propinquum ad modum ad non
aliud videatur, quando quidem omne aut unum dicatur aut
aliud, ita quod unum quasi non aliud appareat: nihilominus
tamen unum, cum nihil aliud quam unum sit, aliud est ab 35
ipso non aliud. Igitur non aliud est simplicius uno, cum ab
ipso non aliud habeat, quod sit unum; et non econverso.
Etenim vero quidam theologi unum pro non aliud accipientes
ipsum unum ante contradictionem perspexerunt, quemadmodum
in Platonis Parmenide legitur atque in Areopagita Dionysio: 40
tamen, cum unum sit aliud a non uno, nequaquam dirigit in
primum omnium principium, quod sive ab alio sive a nihilo

---

21. accedere] »aliter aspirare« fügt Schedel hinzu.

aliud esse non potest, quod item nulli est contrarium, ut inferius videbis. Eodem modo de ente considera; nam etsi in ipso non aliud clare videatur elucere, cum eorum, quae sunt, aliud ab aliquo minime videatur: tamen ipsum non aliud prae-
5 cedit. Sic de vero, quod quidem similiter de nullo ente negatur, et bono, licet nihil boni expers reperiatur. Sumuntur quoque ob id omnia haec pro apertis dei hominibus, tametsi praecisionem non attingant. Non tamen proprie dicitur illa post non aliud esse; si enim forent post non aliud, quomodo eorum
10 quodlibet esset non aliud quam id, quod est? Sic igitur non aliud ante ista videtur et alia, quod post ipsum non sunt, sed per ipsum. Recte igitur tu quidem miratus es de iis, quae non aliud antecedit, si post ipsum sunt, et quonam modo id possibile.
15 FERD. Si recte te capio, ita non aliud videtur ante omnia, quod ex iis, quae post ipsum videntur, nullis abesse possit, si quidem etiam sint contradictoria.

NIC. Ita utique verum perspicio.

V. FERD. Oro te, pater, patere me loqui ea quae equidem
20 sic in non aliud ductus intueor, ut, si me errantem senseris, more corrigas tuo.

NIC. Eloquere, Ferdinande.

FERD. Non aliud seorsum ante omne aliud intuens ipsum sic video, quod in eo quicquid videri potest intueor; nam neque
25 esse neque cognosci extra ipsum quicquam possibile; aliud etiam ipsum ab esse et cognosci id nequit effugere. Esse enim intelligereve quippiam extra non aliud ne fingere quidem mihi est possibile; adeo ut, si ipsum quoque nihil et ignorare videre absque non aliud coner, videre frustra et incassum coner. Quo-
30 modo enim nihil nihil visibile nisi per non aliud, ut sit non aliud quam nihil? Pari modo de ignorare et ceteris omnibus; omne enim quod est in tantum est, in quantum non aliud est; et omne quod intelligitur in tantum intelligitur, in quantum non aliud esse intelligitur; et omne quod videtur verum usque
35 adeo videtur verum, in quantum non aliud cernitur; et summatim quicquid videtur aliud in tantum aliud videtur, in quantum non aliud. Sicut igitur sublato non aliud nec manet, nec cognoscitur quicquam: sic in ipso quidem omnia et sunt et cognoscuntur et videntur. Ipsum enim non aliud adaequatissima ratio
40 est discretioque et mensura omnium quae sunt, ut sint; et quae non sunt, ut non sint; et quae possunt esse, ut esse possint; et quae sic sunt, ut sic sint; et quae moventur, ut moveantur; et quae stant, ut stent; et quae vivunt, ut vivant; et quae intelligunt, ut intelligant et eiusmodi omnia. Ita enim necessarium

esse video in eo, quod video ipsum non aliud se definire ideoque et omnia quae nominari possunt.

NIC. Recte in deum aciem iecisti per non aliud signi-ficatum, ut in principio, causa seu ratione, quae non est alia nec diversa, cuncta humaniter visibilia conspiceres, quantum tibi 5 nunc quidem conceditur. Tantum autem conceditur, quantum ipsum non aliud, scilicet rerum ratio, tuae se rationi seu menti revelat sive visibilem exhibet; sed hoc nunc medio per non aliud, quia sese definit, revelavit clarius, quam antea. Nam quo pacto mihi se visibilem praestiterit, in libellis pluribus legere 10 potuisti: nunc autem in hoc aenigmate significati ipsius non aliud per rationem potissimum illam, quia se definit, foecundius et clarius, adeo ut sperare queam ipsum deum sese nobis ali-quando sine aenigmate revelaturum.

FERD. Licet in praemissis quaecunque videri per nos 15 possunt omnia complicentur, ut tamen acrius excitemur, certa dubia tangamus, ut per illorum evacuationem pronior fiat visio exercitata.

NIC. Placet, ut ita facias.

FERD. In primis quaerit scientiae avidus, ubi sumi debeat 20 ratio, quod deus trinus et unus est per li non aliud significatus, cum non aliud numerum omnem antecedat.

NIC. Ex iis quae dicta sunt unica ratione omnia videntur, quam tu quidem vidisti esse, quia principium per non aliud significatum se ipsum definit. In explicatam igitur eius defi- 25 nitionem intueamur, quod videlicet non aliud est non aliud quam non aliud; idem triniter repetitum si est primi definitio, ut vi-des, ipsum profecto est unitrinum et non alia ratione, quam quia se ipsum definit; non enim foret primum, si se ipsum minime definiret; se autem quando definit, trinum ostendit. Ex 30 perfectione igitur vides resultare trinitatem, quam tamen, quo-niam ante aliud vides, nec numerare potes nec numerum esse affirmare, cum haec trinitas non sit aliud quam unitas, et unitas non sit aliud quam trinitas, quia tam trinitas quam unitas non sunt aliud quam simplex principium per non aliud significatum. 35

FERD. Optime perfectionis primi necessitatem video, quia se definit, exigere, ut sit unitrinum ante aliud tamen et nume-rum, cum ea quae ipsum primum praesupponunt ad eius nihil conferant perfectionem. Sed cum alias et saepe hanc divinam foecunditatem nisus sis aliquo modo, maxime quidem in docta 40 ignorantia, explanare per alios terminos: satis erit, si istis nunc pauca addideris.

NIC. Trinitatis secretum dei utique dono fide receptum, quamvis omnem sensum longe exsuperet atque antecedat, hoc

medio, quo in praesentia deum indagamus, non aliter nec praecisius, quam superius audisti, declarari potest. Sed qui patrem
et filium et spiritum sanctum trinitatem nominant, minus praecise quidem appropinquant; congrue tamen nominibus illis
5 utuntur propter scripturarum convenientiam. Qui vero unitatem, aequalitatem et nexum trinitatem nuncupant: propius ac-
cederent, si termini illi sacris in litteris reperirentur inserti; sunt
enim hi, in quibus non aliud clare relucescit; nam in unitate,
quae indistinctionem a se dicit et ab alio distinctionem, profecto
10 non aliud cernitur. Ita et in aequalitate sese manifestat et nexu
consideranti. Adhuc simplicius hi termini: hoc, id et idem luci-
dius praecisiusque non aliud imitantur, sed minus sunt in usu.
Sic itaque patet in non aliud et non aliud atque non aliud,
licet minime usitatum sit, unitrinum principium clarissime reve-
15 lari supra omnem tamen nostram apprehensionem atque capa-
citatem. Quando enim primum principium ipsum se definit
per non aliud significatum, in eo definitivo motu de non alio
non aliud oritur atque de non alio et non alio exorto in non
alio concluditur definitio, quae contemplans clarius, quam dici
20 possit, intuebitur.

VI. FERD. Haec de hoc quidem sufficiant; nunc ut in
alio non aliud ostendas, porro perge.

NIC. Non aliud neque est aliud, nec ab alio aliud, nec
est in alio aliud non alia aliqua ratione, quam quia non aliud
25 nullo modo esse aliud potest, quasi sibi desit aliquid, sicut alii.
Aliud enim, quia aliud est ab aliquo, eo caret, a quo aliud; non
aliud autem, quia a nullo aliud est, non caret aliquo, nec extra
ipsum quicquam esse potest. Unde sicut non potest sine ipso
neque dici quicquam nec cogitari, quod per ipsum non dicatur
30 aut cogitetur, sine quo non esse, non discerni aliquid possibile
est, cum talia omnia antecedat: tunc ipsum in se antecedenter
et absolute non aliud quam ipsum videtur et in alio cernitur
non aliud quam ipsum aliud; puta si dixero deum nihil visibilium esse, quoniam eorum causa est et creator, et dixero ipsum
35 in coelo esse non aliud quam coelum; quomodo enim coelum
non aliud quam coelum foret, si non aliud in ipso foret aliud
quam coelum? Coelum autem cum a non coelo aliud sit, idcirco aliud est; deus vero, qui non aliud est, non est coelum,
quod aliud, licet nec in ipso sit aliud nec ab ipso aliud, sicut
40 lux non est color, quamvis nec in ipso nec ab ipso aliud sit.
Oportet te attentum esse, quomodo omnia quae dici aut cogi-

21. »Nec«. **S.**
24. »non aliud quod nullo«. **S.**

tari possunt, ideo non sunt primum per non aliud significatum, quia ea omnia a suis oppositis alia sunt; deus autem, quia non aliud est ab alio, non est aliud, quamvis non aliud et aliud videantur opponi; sed non opponitur aliud ipsi, a quo habet quod est aliud, ut praediximus. Nunc vides, quomodo recte theo- 5 logi affirmarunt deum in omnibus omnia, licet omnium nihil.

FERD. Nemo est qui quidem mentem applicans haec tecum non videat. Ex quo constat unicuique deum innominabilem omnia nominare, infinitum omnia finire, interminum omnia terminare et de omnibus eodem modo.   10

NIC. Recte; nam cum ipso non aliud cessante omnia quae sunt quaeque non sunt necessario cessent: clare perspicitur, quomodo in ipso omnia anterioriter ipsum sunt et ipsum in omnibus omnia. Cum igitur in alio ipsum intueor aliudque in ipso ipsum prioriter: quomodo per ipsum sine alio aliquo omnia 15 id sunt, quod quidem sunt, video; non enim creat coelum ex alio, sed per coelum, quod in ipso ipsum est. Sicut si ipsum intellectualem spiritum diceremus seu lucem et in ipso intellectu rationem omnium esse ipsum consideraremus, tunc enim ratio, cur coelum coelum et non aliud, prioriter in ipso est, 20 per quam constitutum est coelum, sive quae in coelo est coelum. Sensibile igitur coelum non est id, quod est, ab alio aut quid aliud a coelo, sed ab ipso non aliud ab aliquo, quod vides ante nomen, quia omnia in omnibus est nominibus et omnium nullum. Nam eadem ratione, qua rationem illam coelum no- 25 minarem, eadem ratione ipsam terram nominarem atque aquam et pari de singulis modo. Et si rationem coeli non video coelum nominandam, quasi causa causati non habeat nomen, sic ipsum eadem ratione nullo nomine video nominabilem. Non video igitur innominabilem quasi nomine privatum, verum ante 30 nomen.

VII. FERD. Intelligo et ita etiam verum cerno. Si enim cessaret causa, cessaret effectus; et ideo cessante ipso non aliud cessaret omne aliud et omne nominabile et ita etiam ipsum nihil, cum nihil nominetur; ostende mihi, 35 quaeso, ut id ipsum perspiciam.

NIC. Certum est quod si cessaret frigus, cessaret et glacies, quae iam Romae videtur multiplicata; verum propterea aqua prior glacie non cessaret; cessante vero ente cessaret et glacies et aqua, ita quod actu non esset; et tamen materia seu 40 possibilitas essendi aquam non cessaret. Quae quidem possibilitas essendi aquam una dici possibilitas potest; cessante vero

---

15. »peroritur«. S.

uno et glacie et aqua: et essendi aquam cessaret possibilitas.
At non cessaret omne intelligibile, quod posset ad essendi aquam
possibilitatem necessitari per omnipotentiam; puta ipsum intelligibile nihil vel chaos non cessaret, quod quidem ab aqua
5 distantius est, quam ipsa essendi aquam possibilitas, quae, quamvis remotissima confusissimaque, omnipotentiae tamen neces-
sitatur obedire. Vigor autem omnipotentiae in ipsum non
cessaret per unius cessationem. Verum si ipsum non aliud cessaret, statim omnia cessarent, quae ipsum non aliud antecedit.
10 Atquae ita non entium solummodo actus cessaret ac potentia,
sed et non ens et nihil entium, quae non aliud antecedit.

FERD. Satis dubio fecisti. Nunc nihil video, quod est
non aliud quam nihil, non aliud ante se habere, a quo distat
ultra actu esse et esse potentia. Videtur enim mente quam
15 confusissimum chaos, quod infinita dumtaxat virtute, quae non
aliud est, ut determinetur, potest astringi.

NIC. Dixisti virtutem actu infinitam esse non aliud, quomodo id vides?

FERD. Virtutem unitam et minus aliam video fortiorem,
20 quae igitur penitus non aliud, illa erit infinita.

NIC. Optime et rationabiliter in primis dicis; rationabiliter inquam: Sicut enim sensibilis visio quantumcumque acuta
absque omni sensatione seu sensibili motu esse nequit, ita
et mentalis non est absque omni ratione seu motu rationali.
25 Et quamvis recto intuitu te videam uti, scire tamen opto, an
ipsum non aliud sic per mentem videatur in omnibus, quod
non possit non videri.

FERD. Ad principium se et quae dici queunt omnia definiens recurro videoque, quomodo videre est non aliud quam
30 videre, et video equidem, quod ipsum non aliud tam per videre
quam non videre conspicio. Si igitur mens sine ipso non aliud
nec videre potest nec non videre, non igitur ipsum non aliud
potest non videri, sicut non potest non sciri, quod per scientiam scitur atque ignorantiam. In alio ipsum non aliud cernitur,
35 quia, cum aliud videtur, aliud videtur et non aliud.

NIC. Bene ais; sed quomodo vides aliud, si in alio non
aut vides aut in non alio?

FERD. Quoniam positio ipsius non aliud omnium est positio et eius sublatio omnium sublatio, ideo aliud nec extra non
40 aliud est, nec videtur.

NIC. Si in non alio aliud vides, utique non vides ipsum
ibi esse esse aliud, sed non aliud, cum in non alio esse aliud
sit impossibile.

---

29. »quam non videre«. **S.**

FERD. Aliud in non alio videre me idcirco aio, quia extra
ipsum nequit videri. Sed si me, quid sit aliud in non alio, in-
terrogares, dicerem esse non aliud.

NIC. Recte.

VIII. FERD. De quidditate aliquid attingere expedit. 5

NIC. Attingam; non haesitas, ut opinor, ipsius non aliud
quidditatem non aliud ipsum esse; ideo dei sive ipsius non
aliud quidditas ab aliqua quidditate non est alia, sed in omni
alia quidditate ipsum non aliud est ipsa non alia. Alia igitur
a quidditate ipsius aliud idcirco accidunt ei, quia aliud, quod 10
sine alio non aliud foret. Alia igitur illa ad ipsius aliud quidditatem consequenter se habentia quidditatis ipsius aliud splen-
dores sunt, qui in nihil umbra occumbunt. Quidditas igitur,
quae non aliud, quidditatis ipsius aliud quidditas est, quae quidem quidditatis est prioris relucentia. Suntque alia, quae illi 15
accidunt, in quibus quidditas illa, cui accidunt, lucet. Quidditas,
quam mente ante quantitatem video, cum sine quanto imaginari non possit, in imaginatione varias recipit imagines, quae
sine varia quantitate esse non queunt; et licet de quidditatis
essentia quantitas non sit, quam mens quidem supra imagina- 20
tionem contemplatur, cumque quidditas illa, quam mens videt,
non alia a quidditate sit, quam imaginatio imaginatur: quantitas
tamen sic est consequenter ad imaginis quidditatem, quod sine
ipsa esse nequit imago. Sic de magnitudine dico, quae mente
supra imaginationem videtur ante imaginariam quantitatem, sed 25
in imaginatione cernitur quantitas; quanto est autem absolutior
eius imaginatio a grossa et umbrosa quantitate subtiliorque atque
simplicior: tanto in ea magnitudinis quidditas simplicius et certius et imaginaria verior relucescit; non enim quantitas aliquid
est ad magnitudinis quidditatem, quasi ex eo constituatur, neces- 30
sarium, cum maxima simplicitas sive indivisibilitas magna sit
absque quantitate. Sed si debet imaginari magnitudo sive imaginabiliter apparere, statim quantitas est necessaria, tamquam
sine qua hoc non sit possibile. Quantitas igitur est relucentia
magnitudinis in sua imagine imaginabiliter, verum in intelli- 35
gentia certius relucet. Magnum enim intellectum et scientiam
magnam dicimus; ibi autem intellectualiter relucet magnitudo,
separatim scilicet et absolute ante corpoream quantitatem, sed
supra omnem intellectum verissime cernitur, scilicet supra et
ante omnem modum cognitivum, et ita incomprehensibiliter 40
comprehenditur incognoscibiliterque cognoscitur, sicut invisibiliter videtur; quae quoniam supra hominis cognitionem est

---

31. »sive imaginabiliter imaginabiliter apparere« **S.**

cognitio, non nisi negative in humaniter cognitis attrectatur.
Nam non dubitamus, quin imaginabilis magnitudo non aliud
quam imaginabilis sit et sic intelligibilis non aliud quam intelligibilis, et ita magnitudinem illam videmus, quae in imaginabili
5 imaginabilis et intelligibilis est in intelligibili, non illam, quae
non aliud ipsum est et ante aliud, qua non existente neque
intelligibilis foret.   Imaginabilis enim magnitudo magnitudinem
praesupponit, quae est ante imaginabilem contractionem, et intelligibilis eam, quae ante contractionem intelligibilem, quae
10 sic et sic relucet in speculo et aenigmate, ut, quae est ante aliud
et modum et omne effabile et cognoscibile, cognoscatur. Qualis
est illa dei, cuius non est ullus finis, magnitudo, quae nullis
cognoscibilibus terminis comprehenditur.   Ita universaliter quidditas, quae est ipsum non aliud, sese et rerum omnes definit
15 quidditates, sicut est dictum de magnitudinis quidditate. Quem
ad modum igitur non aliud non est multiplicabile, quia est ante
numerum, eodem modo et quidditas, quae non aliud, licet aliis
in rebus aliisque in modis alia sit.

FERD. Aperuisti mihi oculos, ut videre incipiam, quo-
20 modo se habeat veritas quidditatis; et in aenigmate quidditatis
magnitudinis me ad gratissimam utique visionem perduxisti.

NIC. Bene nunc quidem clareque mente vides ipsum non
aliud in omni cognitione praesupponi et cognosci, neque quod
cognoscitur ab ipso aliud esse, sed esse ipsum incognitum, quod
25 in cognito cognite relucescit, sicut solis claritas sensibiliter invisibilis in iridis coloribus visibilibus visibiliter relucet varie in
varia nube.

IX. FERD. Dic, rogo te, aliqua de universo, ut te se-
quens ad dei melius subintrem visionem.

30 NIC. Dicam; dum corporeis coelum oculis video terramque
et quae in iis sunt et illa quae vidi, ut universum imaginer,
colligo: intellectualiter conspicio quodlibet universi suo in loco
et congruenti ordine ac pace pulchrum contemplor mundum
et cum ratione omnia fabrefacta, quam in omnibus comperio
35 relucere tam in his quae tantum sunt, quam in hiis quae sunt
simul et vivunt in iisque quae pariter sunt, vivunt et intelligunt,
in primis quidem obscurius, vivacius in secundis et clarius, in
tertiis vero lucidissime et in singulis modis varie in variis.
Deinde ad ipsam me rerum rationem converto, quae mundum
40 praecedit et per quam mundum video constitutum, et illam

---

4. »imagibili« S.
6. est] »esse« S.
13. »cognoscibilis«. S.

incomprehensibilem invenio. Non enim haesito ipsam mundi rationem, per quam omnia rationabiliter facta sunt, omnem cognitionem praesupponere et in creatis ipsam omnibus elucere, cum nihil sit factum absque ratione: ipsam tamen minime comprehendo. Nam si ipsam comprehenderem, profecto, cur mundus sic est et non aliter, scirem, cur sol sol, luna luna, terra terra et quodvis id quod est et nec aliud, nec maius, nec minus; quippe si statim haec scirem, non ego essem creatura et portio universi, quia ratio mea esset ars universi creativa ita et sui ipsius creatrix; quare ipsum non aliud comprehendo, quando quidem universi rationem non esse comprehensibilem video, cum antecedat omne comprehensibile; ipsam igitur incomprehensibilem, quod in comprehensibilibus comprehensibiliter relucet, perspicio.

FERD. Difficile comprehenditur, quod esse praecedit.

NIC. Forma dat esse et cognosci; ideo quod non est formatum, quia praecedit aut sequitur, non comprehenditur, sicut deus et hyle et nihil et talia. Quando illa visu mentis attingimus, supra vel citra comprehensionem attingimus; sed sine verbo visionem communicare non valentes sine li esse, quod non est, explicare non possumus, quia aliter audientes non comprehenderent. Unde hae mentis visiones, sicut sunt supra comprehensionem, sic etiam supra expressionem, et locutiones de ipsis sunt impropriae praecisione carentes, sicut cum dicimus materiam esse materiam, hyle esse hyle, nihil esse nihil et huius modi. Oportet igitur speculantem facere, uti facit videns per vitrum rubeum nivem, qui nivem videt et apparentiam rubedinis non nivi, sed vitro attribuit; ita facit mens per formam videns informatum.

FERD. Quo pacto hoc verum videbo, quod theologi dicunt omnia dei creata voluntate.

NIC. Voluntas dei est non aliud, nam velle determinat; quo autem voluntas perfectior, eo rationabilior atque ordinatior. Voluntas igitur, quae ante aliud non aliud cernitur, non est alia a ratione, neque sapientia, nec alio quolibet nominabili. Si voluntatem igitur esse ipsum non aliud vides, ipsam esse rationem, sapientiam, ordinem vides, a quibus non est aliud; et sic illa vides voluntate omnia determinari, causari, ordinari, firmari, stabiliri et conservari; et in universo relucere, sicut Traiani in sua columna, voluntatem, in qua sapientia est atque potentia. Nam cum posteris gloriam suam ostendere Traianus vellet, quae non nisi in aenigmate ostendi sensibili potuit sensibilibus, quibus gloriae suae praesentiam exhibere fuit impossibile: hoc fecit in columna, quae sua dicitur, quia sua voluntate id est

11*

columna quod est et non est ipsa columna aliud ab eius voluntate,
licet columna nequaquam sit voluntas, sed quicquid est columna
hoc habet ab ipsa voluntate, quae ipsam definit et terminat;
sed in voluntate sapientia cernitur ordoque, quae relucet in
5 sculpturis rerum bellicarum peractis cum felicitate; in pretio-
sitate quoque operis, quod ab impotente perfici non potuisset,
Traiani potentia relucet. Eo te iuvabis aenigmate, ut videas
regem regum, qui per non aliud significatur, ad gloriae suae
ostensionem voluntate, in qua est sapientia et potentia, univer-
10 sum et quamlibet eius partem creasse, quae etiam triniter relucet
in omnibus, essentialiter scilicet intelligibiliter et desiderabiliter,
ut in anima nostra experimur. Nam ibi relucet ut principium
essendi, a quo anima habet esse, et ut principium cognoscendi,
a quo cognoscere, et ut principium desiderandi, a quo habet
15 et velle, et suum unitrinum in his principium speculando ad
eius accenditur gloriam.

FERD. Optime ista sic esse contemplor et video voluntatem, quae non aliud, creatricem ab omnibus desiderari et nominari bonitatem. Nam quid desiderant omnia, quae sunt?
20 non aliud utique quam esse; quid quae vivunt? non aliud
quam vivere; et quae intelligunt? non aliud quam intelligere.
Hoc igitur quodlibet desiderat, quod ab ipso est non aliud.
Non aliud vero cum ab aliquo non sit aliud, ab omnibus sum-
mopere desideratur tamquam principium essendi, medium con-
25 servandi et quiescendi finis.

NIC. Recte in ipsum non aliud intendis, in quo omnia
elucescunt.

X. FERD. Quidam theologorum creaturam aiebant non
aliud quam dei participationem, circa hoc te audire percupio.
30 NIC. Primum tu vides quidem ipsum non aliud innominabile, quia nullum nomen ad ipsum attingit, cum omnia praecedat; omne nomen tamen id est quod est ipsius participatione;
nominatur igitur minime nominabile, sic in omnibus imparticipabile participatur. Sunt sane quae obscure non aliud partici-
35 pant, quia confuse atque generaliter; sunt quae magis specifice;
sunt quae specialissime, sicut animae vitam aliqua membra
obscure, aliqua clarius, aliqua vero specialissime participant;
potentiae item animae aliae clarius, aliae obscurius participant
intelligentiam. Creaturae quoque, quae minus ab aliis aliae
40 sunt, veluti purae intelligentiae, de ipso plus participant; at quae
magis ab aliis aliae sunt, ut puta corporales, quae sese uno non
compatiuntur loco, de natura eius, quae non aliud est ab aliquo,
minus participant.

---

30. »nominabile« S.

FERD. Video ita se habere quae dixisti; sed adhuc, quaeso, adiicere ne pigriteris, quonam id modo verum videtur, quod rerum essentiae incorruptibiles sunt.

NIC. Primum non haesitas tu quidem ipsum non aliud esse incorruptibile; si enim corrumperetur, in aliud corrumpe- 5 retur; posito autem aliud et non aliud ponitur; non est igitur corruptibile. Deinde certum est ipsum non aliud se et omnia definire. Omnes igitur rerum essentiae nisi ipsius non aliud non sunt. Ex quo ipsum non aliud igitur in ipsis est ipsae essentiae, quomodo non aliud perdurante corrumperentur? Sicut 10 enim ipsum non aliud essentias praecedit et omne nominabile, ita mutabilitatem ac fluxibilitatem, quae in alterabili materia radicatur, praecedunt essentiae. Non aliud quidem non est essentia sed, quia in essentiis essentia, essentia dicitur essentia- rum; dicebat apostolus: Quae videntur temporalia sunt; quae 15 non videntur, aeterna. Materialia enim sunt, quae sensu quo- cumque sentiuntur, et secundum materiae naturam fluxibilia atque instabilia; quae vero non videntur, sensibiliter et tamen sunt, temporaliter quidem esse non videntur, verum sunt aeterna. Dum essentiam in alio, ut in Socrate vides humanitatem ipsam, 20 in alio aliam vides ideoque propter hoc in Socrate corruptibili per accidens esse corruptibilem. Sin eam ab alio videas sepa- ratam et in non alio, nempe secundum ipsius naturam, in quo illam vides, ipsam vides incorruptibilem.

FERD. Videris essentiam illam, quam non aliud praecedit, 25 et aliud sequitur, ideam sive speciem dicere.

NIC. Sic rerum exemplaria ante res et post deum vidit Plato; namque rem ratio rei antecedit, cum per ipsam fiat; varietas autem rerum varias dicit rationes, quas oportet post fontem esse, a quo secundum ipsum emanant. Sed quia non 30 aliud ante res est, quod adaequatissima causa est, cur quodlibet id est quod est, non aliud autem multiplicabile non est: idcirco rerum ratio, quae aliud praecedit, et numerum praecedit et pluralitatem et innumerabiliter secundum res ipsam participantes numeratur. 35

FERD. Videris dicere rerum essentias non esse, verum unam esse, quam rationem asseveras.

NIC. Nosti tu quidem unum, essentiam, ideam, formam, exemplar sive speciem non aliud istud non attingere. Quando

---

10. »non aliud igitur in ipsis est ipsae essentiae, quomodo non aliud igitur in ipsis est ipsis essentiae quomodo non aliud per- durante«. **S.**

16. »quae videntur aeterna«. **S.**

39. »ista«. **S.**

igitur in res intueor ipsarum essentias videns, cum res quidem
per ipsas sint: per intellectum eas ipsas prioriter contemplando
alias et alias assevero; quando ipsas vero supra intellectum ante
aliud video, non video alias aliasque essentias, sed non aliud
5 quam essentiarum, quas in rebus comtemplabar, simplicem
rationem; et ipsam non aliud aut essentiarum essentiam appello,
cum sit quicquid omnibus in essentiis cernitur.

FERD. Essentiae igitur esse essentiam dicis, quod eam
ob rem Aristoteles non admisit, ne in infinitum transitus fieret
10 nunquamque deveniretur ad primum et scientia omnis interiret.

NIC. Recte dicebat Aristoteles in infinitum non posse
pertransiri, prout quantitas mente concipitur, ideoque ipsum
excludit; sed uti est ante quantitatem atque omne aliud et in
omnibus omnia, eiusmodi non refutavit infinitum, sed ad ipsum
15 cuncta deduxit ut de primo motore, quem virtutis repperit infinitae; et hanc participari in omnibus virtutem vidit, quod
equidem infinitum non aliud dico. Unde non aliud formarum
est forma sive formae forma et speciei species et termini terminus et de omnibus eodem modo sine eo, quod sic ulterius
20 in infinitum sit progressus, cum iam ad infinitum omnia definiens sit perventum.

XI. FERD. Velis, optime pater, aliquo aenigmate me ducere ad dictorum visionem, ut melius quid velis intuear.

NIC. Perlibenter; videsne hunc lapillum carbunculum, quem
25 rustici rubinum nuncupant, hac ipsa tertia noctis hora, tempore
et loco obscurissimo, nec opus candela esse, quia in eo lux
est? Quae dum se ipsam vult exserere, medio lapilli hoc facit,
quia in se esset sensui invisibilis; non enim occurreret sensui
ideoque nequaquam sentiretur, cum nisi obvium sibi sensus
30 non cognoscat. Illa igitur lux, quae fulgescit in lapillo, ad
lucem, quae in oculo est, id defert quod de lapillo illo visibile
est. Considero autem, quomodo carbunculorum alius plus,
alius minus fulget, et perfectior is est, qui fulgidior; et maior
quantitate, minor autem fulgore; ille quidem ignobilior; fulgoris
35 igitur intensitatem eius preciositatis mensuram perspicio non
autem corporis molem, nisi secundum ipsam fulgoris etiam
intensitas sit micantior. Non ergo molis quantitatem de carbunculi essentia video, quia et parvus lapillus carbunculus est,
sicut et magnus. Ante magnum igitur corpus et parvum car-
40 bunculi substantiam cerno; ita de colore, figura et ceteris eius
accidentiis. Unde omnia, quae visu, tactu, imaginatione de

---

8. »quod   ob rem« **S.**
18. forma] »formae« **S.**

carbunculo attingo, carbunculi non sunt essentia, sed quae ei
accidunt cetera, in quibus, ut sensibilis sit, ipsa enitescit, quia
sine illis nequit esse sensibilis. Illa igitur quae accidens praecedit substantia ab accidentibus nihil habet. Sed accidentia
habent ab ipsa omnia, quoniam eius sunt accidentia seu sub- 5
stantialis lucis eius umbra vel imago. Lux igitur illa substantialis carbunculi in clarioris fulgore splendentiae se clarius
ostendit ut in similitudine propinquiori; carbunculi autem, hoc
est rubini, color, rubeus scilicet, non nisi lucis terminus est
substantialis, non autem substantia, sed est similitudo substan- 10
tiae, quia extrinsecum est sive sensibilis. Lux igitur substantialis, quae praecedit colorem et omne accidens, quod
quidem sensu et imaginatione potest apprehendi, intimior et
penitior carbunculo est et sensui ipsi invisibilis, per intellectum autem, qui ipsum anterioriter separat, cernitur. Ipse sane 15
illam carbunculi substantiam videt non aliud quam carbunculi
esse substantiam, et ideo ipsam etiam ab omni substantia non
carbunculi aliam videt; et hoc in aliis atque aliis operationibus
experitur, quae substantiae carbunculi virtutem sequuntur et non
alterius rei cuiuscunque. Quia igitur sic aliam substantialem 20
invisibilem carbunculi lucem videt, aliam substantialem invisibilem magnetis substantiam, solis aliam, aliam leonis et ita de
omnibus: substantialem lucem in visibilibus omnibus aliam et
aliam videt et ante omne sensibile intelligibilem, cum substantia,
quae prior accidente videtur, non nisi intellectu videatur, qui 25
solum videt intelligibile. Acutius deinde mente introspiciens
in universum ipsum et eius singulas partes is videt, quod sicut
carbunculi substantia a sua quantitate non est alia colore, du-
ritie et reliquis, quando quidem eius sunt accidentia et ipsa in
ipsis est omnia quaecunque illa sunt, quamquam non est ipsa 30
nec quantitas illa nec qualitas nec accidentium aliud sed in
ipsis ipsa quae alia sunt atque alia, quoniam aliud accidens quantitas est, aliud qualitas et pari de omnibus modo: ita necessarium video, quod, cum alia carbunculi substantia sit, alia magnetis,
alia hominis, alia solis, tunc in ipsis omnibus aliis aliisque sub- 35
stantiis non aliud ipsum antecedere necesse est, quod quidem
ab omnibus quae sunt non sit aliud, sed omnibus in omnibus
sit omne id scilicet quod in quocunque subsistit. Quem ad
modum Joannes evangelista deum lucem dicit ante aliud, scilicet tenebras, quia ipsum asserit lucem, in qua ullae non sunt 40
tenebrae. Si lucem igitur id, quod ipsum est non aliud, dixeris,
erunt creaturae tenebrae aliud. Sic mens cernit ultra intelligibilem,

---

13. »intimor« **S.**

substantialem lucem singulorum lucis principium non aliud, quia non aliud a singulis est substantiis.

XII. FERD. Intelligere te equidem videor mihi; ut tamem experiar, dicito: Nonne tu admittis parvum hunc carbunculum 5 esse alium ab illo grandiori?

NIC. Cur non admittam?

FERD. At cum ambo sint carbunculi, substantia utique unius ab alterius substantia alia non videtur; unde sunt ergo ab invicem alia?

10 NIC. Tu quidem in substantiam absolutam intueris, quae in aliis alia esse non potest per ipsam substantificatis, at quae, ut sensibilis fiat substantia, materiam requirit substantificabilem, sine qua non posset substantificari. Quomodo enim substantificari posset absque sensibiliter essendi possibilitate? Idcirco 15 cum ab illo alius sit iste carbunculus, ex essendi possibilitate, in uno alia quam in altero, hoc evenire necesse est. Cum igitur materia sensibilis ad sensibilem substantiam necessaria sit, erit substantialis materia in sensibilibus, ex quo secundum substantialem hanc materiam, quae alia in alio est carbunculo, 20 substantialiter duo carbunculi differunt. At vero secundum intelligibilem substantiam, quae essendi forma possibilis sensibilisque substantiae intelligitur, alii et alii duo non sunt carbunculi.

FERD. Erit igitur carbuncularis id est rubinalis substantia 25 non alia a qualibet cuiusvis carbunculi substantia, cuius quidem extrema ei accidentia, ut sensibilis et materialis est, ipsam consequuntur.

NIC. Optime intelligis. Nam in diversis carbunculis est substantia, quae non est alia a quacunque cuiuslibet carbunculi 30 substantia, licet neutrius substantia sit ob substantialis possibilitatis ipsorum et accidentium consequenter advenientium varietatem. Prima igitur substantia, quam intellectus videt separatam, est substantia seu forma specifica; alia vero, quae sensibilis dicitur, est per primam et materiam specificabilem 35 specificata.

FERD. Clarissima haec sunt, sed nonne sic ipsum non aliud se habere ad alias et alias intelligibiles substantias vides?

NIC. Praecise.

FERD. Non erit igitur unum universum quasi unus iste 40 carbunculus.

NIC. Quam ob rem hoc?

FERD. Quia eius substantia a qualibet ipsius partis substantia alia non foret, puta eius substantia non foret alia a carbunculo vel hominis substantia, sicut nec hominis substantia a substantia manus eius, licet non sit manus, quae alia est substantia.

NIC. Quid tum?

FERD. Absurdum profecto. Nam ipsum non aliud substantia foret universi et ita ipsum universum foret, quod tamen 5 video impossibile, quando ipsum ante universum et aliud conspicio. Universum vero illud utique aliud video.

NIC. Non aberras nec devias, Ferdinande; nam cum omnia ad deum seu non aliud ordinentur et nequaquam ad aliud post ipsum, non est considerandum universum quasi finis univer- 10 sorum; tunc enim deus esset universum. Sed cum ad suum sint principium ordinata universa — per ordinem enim a deo universa esse se ostendunt — ad ipsum igitur ut ordinis in omnibus ordinem sunt ordinata; omnia enim ordinat, ut ipsum non aliud sive ordinis ordo in ordinatorum ad ipsum perfectione 15 perfectius relucescat.

XIII. FERD. Colligendo quae iam intellexi ita in pluribus carbunculis aliquid cernit intellectus, quod eiusdem ipsos speciei efficit; et licet ipsis hoc insit omnibus ut specificans, anterioriter tamen ipsum tale ante pluralitatem illam carbunculorum 20 intuetur ipsius non aliud similitudinem, quia carbunculi quemlibet esse carbunculum facit, et carbunculi cuiuslibet est internum substantiale principium, quo subtracto carbunculus non manebit. Hoc igitur specificum principium specificat carbunculi possibilitatem essendi specificabilem ipsique possibilitati 25 esse tribuit actuale, quando quidem posse esse carbunculi facit actu suo actu esse carbunculum, quando confusam essendi possibilitatem per specificum actum determinatam et specificatam experimur; et tunc illud, quod prius intellectualiter absolutum vidisti, in singulo carbunculo possibilitatis actum vides, quoniam 30 actu est carbunculus, veluti si quis glaciem respiciens consideret fuisse prius fluidum rivulum, quem nunc concretam et stabilitam glaciem videt. Ille causam inspiciens reperit, quomodo frigus, quod intellectualiter separatum videt, essendi quaedam species est, quae in concretam et stabilem glaciem omnium rivulorum 35 materiam crustavit et perstrinxit congelabilem, ut quilibet rivulus ob ipsius causae suae actualis praesentiam actu glacies sit, quamdiu per ipsam, quominus effluat, continetur. Et licet a frigidis non reperiatur frigus separatum, intuetur tamen intellectus ut frigidorum causam ipsum ante frigida et frigefactum 40 actu per frigus frigidabile cernit in frigidis indeque ita glaciem ortam aut inveniri aut pruinam aut grandinem aut secundum frigidabilium varietatem eius generis reliqua. Sed quoniam materia frigidabilis calefactibilis quoque est, ideo in sese frigus

alioquin incorruptibile propter materiam, sine qua nequaquam
actu reperitur, dum ipsa per caliditatem utpote calefactibilis
alteratur, per accidens in corruptionem cadit. Sic mihi videris
ipse dixisse. Quomodo etiam consequenter se habent ad speci-
5 ficas substantias accidentia intelligo. Sicut alia sunt quae unam
quam aliam glaciem consequuntur, ˈalia item, quae nivem, pruinam, grandinem, cristallum et alium quemvis lapidem. Satis
ex his naturae operibus apertis et patulis profundiora quoque
reperio non aliter se habere, quam ipse breviter perstrinxisti,
10 formas videlicet specificas et substantificas separatas per intellectum conspici ac in specificatis rebus substantificatisque
modo praemisso attingi. De sensibilibus autem substantiis ad
intelligibiles me per similitudinem erigo.

NIC. Video te meum quidem conceptum in exemplo
15 naturae aptissimo dilucide explanasse et gaudeo; omnia enim
eo pacto considerando perspicies. Nam quod parvo calore
cristallum non dissolvatur, ut glacies, propter congelantis vic-
toriam frigoris super aquae congelatae fluxibilitatem, plane
ostendit, ubi materiae fluxibilitatem omnem forma in actu ponit,
20 veluti in coelo, illius corruptionem non sequi; ex quo impossi-
bilem esse intelligentiis corruptionem, quae in sensibilibus est,
patet, quod sunt a materia separatae, quae apta est alterari.
Unde cum in intelligente intellectum calor, ut calefiat, non
immutet, sicut in sentiente, ubi sensum immutat, facit, evidens
25 est intellectum materialem non esse aut alterabilem, quia sensibilia, quorum propria immutatio est, non sensibiliter in eo,
sed intellectualiter sunt; dumque acriter attente intellectum ante
sensum esse consideras et idcirco nullo attingibilem sensu,
omnia quaecumque in sensu sunt anterioriter in intellectu re-
30 peries. Anterioriter autem, hoc est insensibiliter, dico; sicut
in intellectu frigus est ac frigidum in sensu, frigus in intellectu
ad sensibile frigus anterioriter est; non enim sentitur, sed intelligitur frigus, cum frigidum ipsum sentiatur; sicut nec calor
sentitur, sed calidum, ita nec aqua, sed aqueum; neque ignis,
35 sed igneum in sensibilium regione reperitur. Quod similiter
de compositis omnibus est dicendum, quoniam omne sensibilis
mundi tale simplex, quod est de regione intelligibilium, antecedit; aliaque et alia intelligibilia non aliud ipsum, simplicium
intelligibilium simplicitas, praecurrit, quam ob rem non aliud
40 nequaquam in se, sed in simplici simpliciter, composite vero
intelligitur in composito, quae quidem sunt, ut sic dixerim,
non aliata eius, et a quibus scilicet ipsum non aliud aliud non
est. Video igitur, quomodo eorum, quae in regione sensibilium
reperiuntur, quicquam sentitur; simplex eius, quod quidem

intelligitur, antecedit; nec minus omnia, quae in intelligibilium
reperiuntur regione, principium quod non aliud nominamus
antecurrit. Intellectuale quippe frigus eius praevenit causa, quae
ipsum non aliud quam frigus esse definit. Sicut ergo intellectus
per intellectuale frigus omnia sensibiliter frigida intelligit sine 5
mutatione sui sive frigefactione, ita ipsum non aliud per se
ipsum sive non aliud omnia intellectualiter existentia facit non
alia quam id esse, quod sunt, sine sui vel mutatione vel alteritate. Et sicut frigidum sensibile intellectuale non est frigus,
licet aliud ab ipso frigus nequaquam sit, sic frigus intellectuale 10
principium non est primum, etsi primum principium, quod est
non aliud, ab ipso non sit aliud.

XIV. FERD. Apprime equidem et clarissime ita haec esse .
perspicio, quem ad modum ais, elicioque in intellectualibus non
aliud valde relucere principium, quoniam, etsi ipsa non sunt 15
sensibilia, tamen a sensibilibus non sunt alia. Frigus enim a
frigido non est aliud, ut dixisti, quoniam summoto frigore nec
frigidum erit, neque esse intelligetur; sic intellectus se habet
ad sensum similiter; ideo agens omne simile producere video,
quia omne id, quod est, ab ipso non aliud habet; quapropter 20
calor calefacere et frigefacere frigus nititur, et ita de omnibus
eodem modo. Sed haec nunc ita sufficiant. Quaeso vero, ut
iuxta tua promissa ab hoc me principio in magnum illum
theologum Dionysium aliosque quam brevissime introducas.

NIC. Obsequar tibi, quam fieri poterit brevissime, ut 25
poscis. Dionysius, theologorum maximus, impossibile esse
praesupponit ad spiritualium intelligentiam praeterquam sensibilium formarum ductu hominem ascendere, ut visibilem scilicet
pulchritudinem invisibilis decoris imaginem putet; hinc sensibilia intelligibilium similitudines seu imagines dicit, deum 30
autem, principium, asserit intelligibilia omnia praecedere, quem
scire se dicit nihil omnium esse, quae sciri possunt aut concipi. Ideo hoc solum de ipso credit posse sciri, quem esse
inquit omnium esse, quod scilicet omnem intellectum antecedit. 35

FERD. Dic eius, nisi tibi grave est, verba.

NIC. Alii aliter eius verba latine reddiderunt; ceterum
ego ex fratris Ambrosii Camaldulensium generalis, novissimi
interpretis, translatione quae mihi proposito videbuntur inservire
ex ordine subiungam. Ex capitulo primo coelestis hierarchiae: 40
Impossibile est hominem ad intelligentiam spiritualium ascendere, nisi formis et similitudinibus sensibilium ducatur, ut scilicet

40. § 3 Migne 121 C.

visibilem pulchritudinem invisibilis decoris imaginem putet. Ex
capitulo secundo: Cum simplex divinarum rerum substantia in
se ipsa et incognita sit nobis et intelligentiam fugiat nostram . .
Ex eodem: Dum ipsam esse aliquid negamus ex his, quae
5 sunt, verum profecto loquimur, etsi modum, quo illa indefinita
est, quippe supersubstantialem et incomprehensibilem atque ineffabilem prorsus ignoramus. Coelestis hierarchiae capitulo
quarto: Igitur omnia quaecumque subsistunt providentiae ratione
reguntur ex summa illa et omnium autore deitate manantis. Alio-
10 quin essent profecto nulla, nisi substantiae rerum atque principio communicarent. Itaque inanimata omnia hoc ipsum quod
sunt ab ipso suscipiunt, quippe esse omnium est ipsa divinitas,
 . quae modum totius essentiae superat. Eodem capitulo: Secretum ipsum dei quodcumque tandem illud est, nemo unquam
15 vidit, neque videbit. Eiusdem capitulo tertio decimo: Admo-
nebatur ergo theologus ex his quae cernebat, ut secundum
omnem substantialem eminentiam cunctis visibilibus invisibilibus-
que virtutibus absque ulla comparatione deus excelsior sit. De
ecclesiastica hierarchia capitulo primo: Ut vere et proprie
20 dixerim: unum quidem est quod appetunt omnes, qui unius
speciem praeferunt, sed non uno modo eius, quod idem atque
unum est, participes fiunt, verum ut cuique pro merito sortem
divina et aequissima libra distribuit. Eodem capitulo: Initium
est fons vitae, bonitatis essentia, unica rerum omnium causa,
25 beatissima trinitas, ex qua sola bonitatis causa quae sunt omnia,
ut et essent et bene essent, acceperunt; hinc transcendenti
omnia divinae beatitudini trinae atque uni, cui soli vere esse
inest modo nobis quidem incognito, sed sibi plane perspecto
et noto, voluntas quidem est rationalis salus humanae omnis
30 coelestisque substantiae. De divinis nominibus capitulo primo:
Sicut enim spiritalia carnales percipere et inspicere nequeunt,
et qui figmentis et figuris inhaerent ad simplicia figurisque
vacua non aspirant, quique secundum corporum lineamenta for-
mantur incorporearum rerum informitatem nec tactui nec figuris
35 obnoxiam nequaquam attingunt: eadem ratione veritatis super-
eminet substantiis omnibus supersubstantialis infinitas, sensusque
excellit omnes unitas sensu eminentior, ac mentibus omnibus

---

2. § 2. Migne 137 B.   4. § 5. Migne 141 A.
8. § 1. Migne 177 C.   13. § 3. Migne 180 C.
19. § 2. Migne 373 B.   23. § 3. Migne 373 C.
30. § 1. Migne 588 B.

4. »ipsum« S.
8. »quaeque« S.

inexcogitabile est unum illud mente superius, ineffabileque est
verbis omnibus bonum quod superat verbum. Eodem: Ipsa
de se in sacris tradit litteris, quod sit omnium causa, initium
et substantia et vita. Eodem: Invenies omnem, ferme dixerim,
theologorum laudationem ad beneficos divinitatis progressus 5
exponendos atque laudandos divina effingere nomina; quocirca
in omnibus ferme sanctis libris advertimus divinitatem sancte
praedicari ut singularem quidem atque unicam ob simplicitatem
atque unitatem excellentis illius individui, ex quo veluti unifica
virtute in unum evadimus dividuisque nostris alteritatibus supra 10
mundanum modum conglobatis in divinam monadem atque
unionem deum imitantem colligimur etc. Eodem: In quo termini omnes omnium scientiarum plus quam ineffabiliter prae-
subsistunt; neque intelligere, neque eloqui possumus, neque
omnino quomodolibet intueri, quod sit exceptus omnibus et 15
excellenter ignotus. Eodem: Si enim scientiae omnes rerum
substantium sunt atque;in substantiis desinunt, quae substantiam
excedit omnem, scientia quoque omni superior sit necesse est.
Cum percipiat et comprehendat atque anticipet omnia, ipsa tamen
omnino incomprehensibilis manet. Eodem: Ipsaque iuxta scrip- 20
turae fidem sit omnia in omnibus; verissime laudatur ut substantiae indultrix et consummatrix continensque custodia et domicilium
et ad se ipsam convertens atque ista coniuncte, incircumscripte,
excellenter. Eodem libro capitulo secundo: Ineffabile quoque
multis vocibus praedicatur, ignoratio, quod per cuncta intelli- 25
gitur, omnium positio, omnium ablatio, quod positionem omnem
ablationemque transcendit; divina sola participatione noscuntur.
In epistola Hierothei: Neque pars neque totum est, et pars est
et totum, utpote omne et partem et totum in se ipsa comprehenditur, et excellenter habeat, antequam habeat. Perfecta 30
est quidem in imperfectis utpote perfectionis princeps; porro
inter perfectos imperfecta est quippe perfectionem excellentia
temporeque transcendens. In eadem: Mensura est rerum et
saeculum et supra saeculum et ante saeculum. In eadem: Nec
unum est neque unius particeps longeque ab his unum est 35
super unum illud, quod in substantiis est. Eodem libro de
divinis nominibus capitulo tertio: Neque in aliquo subsistentium
est neque aliquid est horum. Eodem capitulo nono: Ipsi nihil

2. § 3. Migne 589 C.   4. § 4 Migne 589 D.
12. § 4. Migne 592 D.   16. § 4. Migne 593 A.
20. § 7. Migne 596 C.   24. § 4. Migne 641 A.
28. § 10. Migne 673 B.   33. § 10. Migne 673 C.
34. § 11. Migne 675 D.   37. § 1. Migne 679 B.
38. cap. 7 § 1 Migne 866 C; zu diesem Citat sei bemerkt: Wenn

contrarium. Eodem capitulo decimo: Qui invenitur ex omnibus, incomprehensibilem et investigabilem theologi dicunt. Eodem capitulo: Divina oportet non intelligamus humano more, sed toti integre a nobis ipsis excedentes atque prorsus in deum
5 transeuntes. Eodem capitulo: Non habet deus peculiarem scientiam sui, aliam vero communem omnia comprehendentem. Ipsa enim se omnium causam cognoscens qua tandem ratione, quae ab se sunt et quorum est causa, ignorabit? Eodem capitulo: In omnibus deus cognoscitur et seorsum ab omnibus et per
10 scientiam et ignorationem cognoscitur deus. Eodem capitulo: In omnibus omnia est et in nihilo nihil. Eodem capitulo undecimo: Virtus est deus et omnis virtutis auctor. Eodem capitulo: Infinite potens divina distributio in omnia quae sunt se intendit, et nihil est in rebus, quod non sit virtuti alicui per-
15 cipiendi idoneum. Eodem capitulo: Quod enim omnino nulla virtute subnititur, neque est, neque aliquid est, neque est penitus ipsius ulla positio. Eodem capitulo: Quique quae sunt omnia excellenter et ante tempora habeat supersubstantiali virtute sua, qui his quae sunt omnibus, ut esse possint et hoc
20 sint, excellentis virtutis copia et exuberanti profusione largitur. Eodem libro capitulo duodecimo: Magnus quidem appellatur deus iuxta propriam ipsius magnitudinem, quae magnis omnibus suimet consortium tradit et extrinsecus super omnem magnitudinem funditur et supra expanditur omnem continens locum,
25 omnem transcendens numerum, omnem transiliens infinitatem. Eodem: Magnitudo haec et infinita est et quantitate caret et numero. Eodem: Parvum vero sive tenue dicitur, quod molem omnem excedit atque distantiam, quod absque impedimento ad omnia pergit, quamquam certe omnium causa pusillum est nus-
30 quam enim inveniens pusilli speciem incommunicabilem. Eodem: Hoc pusillum quantitate caret et qualitate tenetur nulla, infinitum est et indeterminatum, comprehendens omnia et ipsum comprehensibile nulli. Eodem: Quod augeri minuique non possit ... Eodem: Porro alterum dicitur, quia omnibus providen-

im folgenden, wie hier, das Kapitel angegeben ist, so stimmt die Zählung bei Migne nicht mit der im Texte selbst erwähnten.

1.	cap. 7. § 1	Migne 866 C.	3.	cap. 7. § 1	Migne 868 A.
5.	cap. 7. § 2	Migne 870 C.	9.	cap. 7. § 3	Migne 872 A.
10.	cap. 7. § 3	Migne 872 A.	12.	cap. 8. § 2	Migne 889 D.
13.	cap. 8. § 3	Migne 892 B.	15.	cap. 8. § 5	Migne 893 A.
17.	cap. 8. § 6	Migne 893 C.	21.	cap. 9. § 2	Migne 909 C.
26.	cap. 9. § 2	Migne 909 C.	27.	cap. 9. § 3	Migne 912 A.
30.	cap. 9. § 3	Migne 912 B.	33.	cap. 9. § 4	Migne 912 C.
34.	cap. 9. § 5	Migne 912 D.			

7. »causa« S.   8. »ignorabat« S.   12. »omnis virtus« S.

tiae ratione deus adest et omnia in omnibus pro omnium
salute sit in se ipso et sua identitate manens. Eodem: Divinae
similitudinis virtus, per quam quae producuntur omnia ad autorem convertuntur; haec quidem deo similia dicenda sunt et
ad divinam imaginem et similitudinem ficta. Non autem illis 5
similis dicendus est deus, quia neque homo est suae imagini
similis. Eodem: Ipsa theologia ipsum dissimilem praedicat et
omnibus incompactum, ut ab omnibus alterum et, quod est
profecto mirabilius, nihil simile esse ait; et certe non adver-
satur hoc divinae similitudini, quippe eadem deo et similia et 10
dissimilia sunt. Similia, quia ipsum pro viribus imitantur, quem
ad libidum imitari possibile non est. Eodem: Hoc autem, quia
causalia auctore suo multum inferiora sunt et infinitis incon-
fusisque mensuris ab eo absunt. Eodem capitulo tertio decimo:
Ex se velut ex omnipotente radice cuncta producens . . . Eodem: 15
Neque sinens ea ab se cadere . . . Capitulo quarto: Theologi pe-
culiariter bonitatem summae deitati ex omnibus applicant ipsam,
ut reor, substantiam divinam appellantes. Eodem: Cum neque augeri neque minui possit substantia, quae bonum etc.
Eodem: Ex illo namque bono lux est et imago bonitatis; id- 20
circo lucis appellatione laudatur bonum veluti in imagine ex-
pressa primitiva forma. Eodem: Illuminat quae lucem admittunt
omnia et creat atque vivificat continetque et perficit mensu-
raque substantium est et saeculum et numerus et ordo etc.
Nota exemplum de sole. Eodem: Ut intelligibilis lux bonus 25
ipse dicitur, qui omnem supercoelestem spiritum spiritali im-
pleat luce omnemque ignorantiam pellat erroremque abigat ex
animabus, quibus sese insinuaverit, omnibus etc. Eodem:
Lux igitur intelligibilis dicitur bonum illud omnem superans
lucem ut principalis radius et exuberans effusio luminis. Eodem: 30
Bonum istud ut pulchrum quoque a theologis sanctis praedicatur. Eodem: Ut pulchri omnis principalem pulchritudinem
excellentissime in se ipso ante tempora habens . . . Eodem: Idem
pulchrum esse quod bonum perspicuum est. Eodem: Neque
est aliquod in substantiis rerum, quod pulchri et boni non sit 35

2.	cap. 9. § 6 Migne 913 C.		7.	cap. 9. § 7 Migne 916 A.
12.	cap. 9. § 7 Migne 916 A.		14.	cap. 10. § 1 Migne 936 D.
15.	cap. 10. § 1 Migne 937 A.		16.	§ 1 Migne 693 B.
18.	§ 4 Migne 697 B.		20.	§ 4 Migne 697 C.
22.	§ 4 Migne 697 C.		25.	Migne 697 D.—699 C.
25.	§ 5 Migne 699 D.		28.	§ 6 Migne 701 A.
30.	§ 7 Migne 701 C.		32.	§ 7 Migne 701 D.
33.	§ 7 Migne 703 B.		34.	§ 7 Migne 703 B.

---

12. »liquidum« S.

aliquatenus particeps, et istud item dicere disserendo prae-
sumimus id quoque, quod non est, pulchri et boni particeps
esse. Tunc enim etc. Eodem: Ut perstringam breviter: omnia
quae sunt ex pulchro et bono sunt; et quae non sunt, omnia
5 supersubstantialiter in pulchro sunt et bono, estque ipsum initium omnium et finis etc. Eodem capitulo octavo: Neque
est, sed iis, quae sunt, esse ipse est, neque ea, quae sunt, solum,
verum ipsum quoque eorum esse ex eo est, qui est ante saecula. Ipse enim est saeculum saeculorum, qui ante saecula est.
10 Eodem capitulo octavo: Resumentes itaque dicamus: et iis, quae
sunt omnibus et saeculis, esse ab eo est, qui ante est, et omne
quidem saeculum et tempus ab eo est. Eodem: Omnia ipsi
participant et a nullo existente discedit. Eodem: Si quid quomodolibet est, in ipso, qui ante est, et est et cogitatur atque
15 servatur ceterisque ipsius participationibus praefertur. Eodem:
Deus ante habet, ut ante sit et eminentissime sit excellenterque
ipsum esse habeat. Omnia ipsum in se ipso esse praestituit atque
ipso esse omne quod quomodolibet est, ut subsisteret, fecit; denique et rerum principia omnia esse ipsius participatione et sunt et
20 principia sunt et prius sunt, postea principia sunt, etsi velis vitam ipsam viventium ut viventium initium dicere et similium
ut similium similitudinem etc. Eodem: Haec esse ipsius invenies participare primum atque esse ipso primo manere, deinde
huius aut illius esse principia essentiaeque participando et esse
25 et participari; si autem ista participatione essentiae sunt, multo
magis, quae ipsorum participia sunt. Eodem: Bonitas prima
participationum celebratur. Eodem capitulo duodecimo: Ipse
omnium et saeculum et tempus et ante dies et ante saeculum
ac tempus, quamvis et tempus et diem et momentum et sae-
30 culum eum convenientissime appellare possimus, et qui per
omnem motum incommutabilis atque immobilis sit, cumque
semper moveatur, in se ipso manet ut saeculi et temporis et
dierum autor. Eodem capitulo tertio decimo: Vitam omnium
quae vivunt et ipsius vitae causam ipsum esse ipsamque vitam
35 et ipsam deitatem diximus principaliter quidem et divine et
secundum causam unum principia cuncta excellens. Eodem
capitulo quinto decimo: Omnem terminat infinitatem et supra
omnem expanditur finem atque a nullo capitur seu comprehenditur;

3. § 35 Migne 735 B.   6. cap. 5. § 4 Migne 817 D.
10. cap. 5. § 5 Migne 820 A.   12. cap. 5. § 5 Migne 820 A.
13. cap. 5. § 5 Migne 820 A.   15. cap. 5. § 5 Migne 820 B.
22. cap. 5. § 5 bei Migne 820 C.   26. cap. 5. § 6 Migne 820 C.
27. cap. 9. § 8 Migne 916 B.   33. cap. 11. § 6 Migne 954 C.
37. eap. 13. § 1 Migne 977 B.

sed pertingit ad omnia simul. Eodem: Neque est unum illud,
omnium causa, unum ex pluribus, sed ante unum etc. Eodem: Uniusque omnis ac multitudinis definitivum. Eodem: Si
omnibus omnia coniuncta quis ponat, erunt omnia in toto
unum. Eodem: Est unum omnium veluti elementum. Eodem: 5
Si unum tollas, neque totum erit, neque pars aliqua, neque
aliud quicquam in rebus. Omnia enim in se ipso unum uni-
formiter antea cepit atque complectitur. Eodem: Unum ante
finem atque infinitatem etc. Eodem: Omnia quae sunt
ipsumque esse determinat. Eodem: Quod supra ipsum unum 10
est, ipsum quod unum est determinat. Eodem: Unum quod
est, inter ea quae sunt connumeratur. Porro numerus substantiae particeps est. Unum vero illud supersubstantiale et
unum quod est et omnem numerum determinat. Circa finem
mysticae theologiae: Neque aliud aliquid ex his, quae nobis 15
aut alteri cuiquam in mundo est cognitum, neque aliquid
eorum quae non sunt, neque eorum quae sunt est. In eadem:
Neque est ulla eius positio, neque ablatio. In epistola ad Gaium:
Si aliquis videns deum intellexerit quod vidit, non ipsum vidit,
sed aliquid; non cognosci, neque esse est supersubstantialiter 20
et super mentem cognoscitur. Perfecta ignorantia cognitio est
eius, qui est super omnia quae cognoscuntur.

XV. FERD. Haec theologi ponderosa et profunda esse
dicta perspicio et talia, quae in ineffabilem divinitatem modo,
quo quidem homini conceditur, visum dirigunt. 25

NIC. Advertistine, quomodo de ipso non aliud loquitur?

FERD. Non adhuc clare percepi.

NIC. Tu saltem ipsum de prima causa loqui considerasti, quam in omnibus omnia nunc sic, nunc alio modo
ostendit. 30

---

1. cap. 13 § 2 Migne 977 D.   3. cap. 13 § 2 Migne 980 A.
3. cap. 13 § 3 Migne 980 B.   8. cap. 13 § 3 Migne 980 C.
10. cap. 13 § 3 Migne 980 D.   15. cap. 5 Migne 1048 A.
17. cap. 5 Migne 1048 A.   18. Epist. 1 Migne 1065 A.

---

22. Versagt habe ich mir, die vorbezeichneten Stellen im Originale
mitzuteilen. Ein Vergleich derselben mit diesem zeigt, dafs die Übersetzung
des Ambrosius viel, sehr viel zu wünschen übrig läfst. Dagegen hält
sie Cusanus für sehr gut; er schreibt: »Habeo textum Dionysii proxime
optime per quendam amicorum meorum translatum, qui mihi sufficit.«
An den Abt und die Brüder zu Tegernsee; Branzoll, 14. September 1453.
Der Brief findet sich im cod. lat. Monac. 18711 fol. 250 f.; ebenso, jedoch
mit Weglassung einiger Sätze am Schlusse, im cod. lat. Monac. 19114 fol.
155ᵇ—159ᵃ. Nebenbei sei bemerkt: Der gedruckte Handschriftenkatalog
nennt den Brief an letztgenannter Stelle »tractatulus«.

FERD. Sic videtur. Sed duc me, quaeso, ut id ipsum clarius tecum inspiciam.

NIC. Nonne, ubi ipsum principium unum nominat, considerasti, quomodo post hoc dicit unum supersubstantiale unum
5 quod est et omnem numerum determinare?

FERD. Consideravi et placuit.

NIC. Quare placuit?

FERD. Quia licet ipsum unum propinque ad ipsum non aliud accedat, adhuc tamen fatetur ante unum esse supersub-
10 stantiale unum; et hoc utique est unum ante ipsum unum quod est unum, et hoc tu quidem ipsum non aliud vides.

NIC. Optime cepisti; unde si A foret significatum de li non aliud, tunc A id de quo loquitur foret. Si autem, ut ait, unum est ante finem et infinitatem omnem terminans infini-
15 tatem, ad omnia simul pertingens et ab omnibus incomprehensibile manens uniusque et omnis multitudinis definitivum: utique A ipsum unum definiens ipsum unum sane, quod est aliud, antecedit. Nam cum unum sit non aliud quam unum, tunc A subtracto unum desineret.

20 FERD. Recte; nam cum dicat, quomodo unum quod supra unum est ipsum quod unum est determinat, hoc utique unum supra unum prius dixit unum ante unum. Determinat igitur A unum et omnia, cum, ut dicit, ipsum unum omnis unius et multitudinis sit definitivum.

25 NIC. Potuisti etiam videre, quomodo theologus ad ipsum ante mentem convertit dicens deum habere ante, ut ante sit et sit eminentissime, tamen A ante ante conspicitur, cum ante sit non aliud quam ante. Unde cum ante non nisi ante aliquid quod praecedit intelligatur, utique A est eminentis-
30 sime ipsum ante, cum aliud omne praecedat. Ante autem dici de alio potest, ut aliud quod praecedit, et aliud quod sequitur sit. Igitur si, ut theologus vult, in anteriori omnia eminenter sunt seu anterioriter quae reperiuntur in posteriori, in A utique eminentissime omnia cernimus, cum ante ipsum
35 ante sit.

FERD. Optime rememoras. Adverti enim, quomodo dicit theologus ipsum qui est ante saecula esse saeculorum saeculum et ita ipsum de omnibus velle arbitror dicere. Per hoc igitur, quod deum anterioriter ipsum A video, omnia in
40 ipso ipsum video; per hoc vero, quod deum posteriorier cerno in alio, ipsum in omnibus omnia esse cerno. Si ipsum ante saecula perspicio, in ipso saeculum deum esse perspicio; nempe ante saeculum videtur saeculum in suo principio seu ratione; si video ipsum in saeculo, ipsum saeculum video. Quod enim

ante vidi deum, post video saeculum; nam saeculum, quod in deo deum vidi, in saeculo saeculum intueor, quod quidem non est aliud, quam cum in ipso priori posterius ipsum videtur, tunc enim est ipsum prius; quodsi in ipso posteriori prius ipsum cernitur, tunc ipsum posterius est. 5

NIC. Omnia penetras per ea quae de ipso non aliud concepisti, et, quantum tibi lucis ipsum A principium praestitit, intueris ad ea quae tibi alioquin erant abscondita. Sed mihi adhuc unum dicito, quomodo apprehendis theologum asserere d e u m convenientissime s a e c u l u m et t e m p u s et d i e m et 10 m o m e n t u m posse nuncupari?

XVI. FERD. Intelligo iuxta theologi visionem. Vidit enim in tempore omnia temporalia temporaliter moveri, tempus tamen ipsum manere semper immutabile. Unde in tempore ipsum non aliud valde intelligere elucescit. In hora enim est 15 hora, dies in die, mensis in mense, in anno annus, et ut ante haec omnia cernitur, in ipso ipsum sunt, sicut ipsum in omnibus omnia. Et quamvis ipsum in omnibus quae de tempore participant omnia sit et ad omnia pergat et maneat cum omnibus inseparabiliter eaque definiat et terminet, non minus tamen 20 apud se ipsum stabile manet et immobile neque augetur neque minuitur, licet maius esse tempus maiori induratione videatur, ut in mense maius quam die, quod non nisi ex alio venit, quod de ipso plus minusve participat. Aliter igitur et aliter eo manente imparticipabili varie participatur. 25

NIC. Ut equidem video, nihil te latet, sed ut ad cuncta theologi verba mentem applices opus est. Nihil enim frustra dicit. Momentum enim ipsum deum convenientissime dici posse ait.

FERD. Utique sic dicit. Sed cur hoc attendendum acriter mones? 30

NIC. Momentum est temporis substantia. Nam eo sublato nihil temporis manet. Momentum igitur valde admodum de A participat ob suam simplicissimam indivisibilitatem et inalterabilitatem. Videtur enim ipsa substantialitas, quae si duratio nominaretur, tunc facillime cerneretur, quomodo in aeternitate 35 aeternitas est, in tempore tempus, mensis in mense, in die dies, in hora hora, momentum in momento et de omnibus durationem participantibus eodem modo. Et non est aliud ab omnibus quae durant ipsa duratio et maxime quidem a momento sive nunc, quod stabiliter durat. Igitur duratio in 40 omnibus est omnia, licet ante omnia quae ipsam participant. Unde quia alia sunt, quae ipsam participant, et a participantibus ipsa non est aliud: patet quomodo ipsum non aliud per aeternitatem seu verius durationem et momentum participatur.

12*

FERD. Puto te per momentum velle praesentiam dicere.

NIC. Idem esse nunc, momentum et praesentiam volo.

FERD. Clare iam video, quoniam praesentia est cognoscendi principium et essendi omnes temporum differentias atque
5 varietates; per praesentiam enim praeterita cognosco et futura,
et quicquid sunt per ipsam sunt, quippe praesentia in praeterito
est praeterita, in futuro autem est futura, in mense mensis, in
die dies et ita de omnibus. Et quamquam est omnia in
omnibus et ad omnia pergens, est tamen ab omnibus incom-
10 prehensibilis stabiliter manens absque alteritate.

NIC. Perfecte subintrasti atque ideo etiam nequaquam
te latet A praesentiam esse praesentiae. Nam ipsam antecedit
praesentiam, cum praesentia, quae non aliud est quam praesentia, ipsum non aliud quod in ipso est ipsum praesupponat.
15 Et quia praesentia est temporis substantia, recte quidem ipsum
A substantiae vides esse substantiam. Sublata enim praesentia
non permanent tempora, sed sublato A nec praesentiam, nec
tempora, nec aliud quicquam possibile est manere.

FERD. Bene admonuisti, pater, et iam equidem clare video
20 cuncta ipsius theologi dicta per ipsum A illuminari. Placetque
plurimum, quod Dionysius ipse affirmat theologos bonitatem
ipsius dei primam celebrare participationem, ex quo video, quod
omnia nomina divina inparticipabilem participationem significant,
sed, cum omnia talia ipso A sublato cessent a significatione et
25 participatione, quod A ipsum in omnibus participatur, habere
me gaudeo et prioriter quidem secundum theologos in bonitate.
Nam cum id quod ab omnibus appetitur sub boni ratione appe-
tatur, recte A ipsum, sine quo omnia cessant, bonitas nominatur. Moyses creatorem ad omnia creandum motum inquit,
30 quia ipsa vidit bona. Si igitur rerum principium bonum est,
omnia profecto in tantum sunt, in quantum bona sunt. Bonum
sicut non est aliud a pulchro, ut ait Dionysius, sic nec ab
omni existenti; hoc autem habet ab ipso A; idcirco in ipso
optime relucescit. Si enim A ipsum optime splendescit in
35 aliquo, id ipsum utique et est et dicitur bonum.

NIC. Perspicue cernis, quia medio ipsius A recte cuncta
perlustras; numquid et id etiam considerasti, quomodo unum
esse veluti omnium elementum theologus dicit, deum
tamen in mystica theologia unum negat?

40 XVII. FERD. Consideravi, inquam, ipsum dixisse, veluti
ais; sed, quaeso, quid per hoc expresserit, dissere.

NIC. Dicere ipsum voluisse arbitror: sicut uno sublato
cessant singula et quemadmodum elemento sublato desinunt
elementata, ita ipso A summoto omnia pariter cessant. Habet

enim se modo ad cuncta intimiore penitioreque, quam elementum ad elementata.

FERD. David igitur de Dynanto et philosophi illi, quos
secutus is est, minime errarunt, qui quidem deum hylen et
noyn et physin, et mundum visibilem deum visibilem nun- 5
cuparunt.

NIC. David hylen corporum principium vocat, noyn seu
mentem principium animarum, physin vero seu naturam principium motuum et illa non vidit differre inter se ut in principio, quocirca sic dixit. Tu autem iam ipsum A haec ipsa 10
vidisti definire ipsumque in ipsis esse, etsi ipsorum sit nullum.
Ideo haec et huiusmodi nihil te moveant, quod scilicet theologus unum veluti elementum dicat, sed semper ad ipsum A
et praemissa recurrens non errabis.

FERD. Sancte me instruis informasque, idque etiam mihi 15
admodum est gratum, quod ad Caium theologus scripsit. Est
enim lucidum et ad ea quae dixisti conforme atque consen-
taneum.

NIC. Quidnam illud?

FERD. Quando aiebat theologus: si quis deum videns 20
intellexerit quod vidit, non ipsum vidit, sed aliquid. Unde si
David de Dynanto deum vidisset esse hylen aut noyn aut
physin, utique aliquid et non deum vidisset.

NIC. Mirabilis es, Ferdinande; et mirabilior sane, si id
in dictis etiam verbis, quod est altius, considerasti. 25

FERD. Quid istuc est? rogo.

NIC. Quando scilicet inquit: cum omnia quae intelli-
guntur sint aliquid, ideo non sunt deus. Aliquid autem quid
aliud est. Deus igitur, si intelligeretur, utique non esse aliud
intelligeretur. Unde si non potest intelligi esse id, quod per 30
aliud et aliquid significatur, nec aliquid intelligi potest, quod
per aliquid non significetur. Ideo deus, si videretur, necesse
est quod supra et ante quid aliud et supra intellectum videatur.
Ast ante aliud nil nisi non aliud videri potest. Habes igitur
quod non aliud in principium nos dirigit intellectum et aliud 35
et aliquid et omne excellens et antecedens intelligibile. Haec
ibidem theologus declarat atque etiam, quomodo ipsius non
aliud cognitio perfecta dici potest ignorantia, quando quidem
eius, qui est super omnia quae cognoscuntur, est cognitio.
Haec nunc de nostro admirabili theologo sic dicta sint; suffi- 40
ciunt enim proposito ad quaeque alia per ipsum taliter dicta.

---

1. »in timore« S.
9. »illi« S.

XVIII. FERD. Nunc si otium tibi est, maximi illius Peripatetici et argutissimi A r i s t o l e l i s quaedam hoc nostro principio scripta forte non indigna subintremus. Et quoniam ignotus penitus nequaquam tibi est, dic, quaeso, quid nobis voluit osten-
5 dere tantae sollicitudinis philosophus?

NIC. Ea sane arbitror quae circa veri notitiam adinvenit.

FERD. Quid igitur invenit?

NIC. Equidem, ut ingenue fatear, nescio; sed quidditatem, obiectum intellectus, semper quaesitam, nunquam repertam dicit.
10 Sic enim ait in prima philosophia: Omnibus difficillimum est maximamque ambiguitatem habet, utrum unum et ens, ut Pythagorici et Plato dicebat, non est aliud quicquam sed entium substantia, an non; an aliud quidem subiectum, ut Empedocles amicitiam ait, alius ignem, alius aquam, alius aerem; et alibi
15 idem in eodem libro. Tam olim, quam nunc, et semper quaeritur semperque dubitatur, quidnam ipsum ens sit, hoc est quaenam substantia est. Hoc enim quidam unum aiunt esse, quidam plura.

FERD. Verba haec magni philosophi utique sunt aesti-
20 manda. Fac igitur, ut acuto visu hos philosophi sermones subintremus.

NIC. Tentabo pro virili; equidem considero, quomodo quaerit, utrum unum et ens non est aliud quicquam, sed entium substantia, qualiter per ipsum non aliud rerum substantiam
25 quaesivit. Vidit enim rerum substantiam non esse aliud quicquam et ideo de ente et de uno et de amicitia et de aere et aqua et omnibus dubitavit, an aliquid horum foret rerum substantia, quoniam illa omnia aliud aliquid esse perspiciebat. Esse igitur rerum substantiam praesupposuit et plures tales non esse;
30 dubitavit autem, sicut alii omnes, quaenam haec esset. Et cum omnibus quaerens concurrit, qui ipsam varie nominabat, sciscitans, an per aliquem esset bene nominata. Et demum illi visum est, quod illam bene nemo nominavit; quia, quicumque eam nominarunt, aliquid aliud sive quid aliud, non ipsam simpli-
35 cissimam rerum nominarunt quidditatem, quam utique vidit non posse esse aliud aliquid. Et in hoc quidem non erravit, sed ibi, sicut alii homines, cessavit. Vidit enim, quod omnis rationalis venandi modus ad capiendum ipsam tantopere desideratam et sapidam scientiam minime sufficit.
40 FERD. Video philosopho id accidisse, quod praedixisti.

NIC. Quid illud?

FERD. Quia qui quaerit videre, quaenam visibilium sit

2. »peripathetici« S.

substantia, cum visu illam inter visibilia quaerat, lucem se anterioriter percipere non attendit, sine qua nec posset quaerere nec reperire visibile. Quodsi ad illam attenderet, in aliquo alio quaerere desineret; nempe sic philosopho accidit, qui cum mente rerum quidditatem quaereret, lumen quod per non aliud 5 significatur illi sese obtulit, tamquam sine quo nequaquam reperiret. Ceterum ipse lumen ipsum non aliud a quaesito non esse aliud non attendit. Quia vero per non aliud aliud quaesivit, non nisi aliud ab aliis repperit, quocirca hinc quaerendo remotius nimis adinvenit. 10

NIC. Verum dicis; nam si lumen ipsum, quod mente medium esse vidit ad quaesitum perveniendi principium, etiam ac finem esse attendisset, non deviasset profecto et tot labores abbreviasset. Si enim dixisset: clarissime utique video rerum quidditatem quid aliud esse non posse; quomodo enim foret 15 rerum quidditas, si aliud foret? Aliud enim se ipsum quaesitum negat; quodsi non aliud esse debet, ab omni sane alio non aliud esse necesse est. Sed hoc, quod ab omni alio aliud esse non debet, certe aliter nominari non potest. Non aliud igitur recte nominabitur. Esto igitur quod A per non aliud ipsum 20 significetur, A profecto quaesitum erit.

XIX. FERD. Utinam, ut dicis, attendisset; magno quidem se et nos labore liberasset; nempe secretum hoc facillimis, clarissimis ac paucissimis verbis tradidisset; neque enim laboriosa logica nec difficili definiendi arte opus habuisset, quae, 25 cum vir ille maximo labore investigasset, ad perfectum tamen perducere non evaluit; cessassent quoque omnes circa species et ideas difficultates ac opinionum diversitates humanamque scientiam gloriose consummasset.

NIC. Ostendis eximiam erga philosophum utique diligen- 30 dum affectionem, qui quidem ratione lucidissima dotatus videtur fuisse; rerum idem fortasse de omnibus speculativis dici philosophis posset; difficilium enim haec est facilitas, quae ad veritatem speculantes direxisset omni visui mentis indubitabilem, qua meo quidem iudicio brevior nulla et artior vel tradi vel 35 apprehendi potest, quae sola perfecta est, cui nihil addi per hominem est possibile. Visum enim ad principium dirigit, ut ibidem contemplans delicietur assidueque pascatur et excrescat. Neque ulla alia reperibilis est perfecta absoluta et completa traditio. Omnia enim quae oculi mentis acie non videntur, 40 sed ratione investigantur, tametsi verum admodum appropinquare videantur, nondum tamen ad ultimam certitudinem pervenerunt. Ultima autem et omni ex parte cumulata certitudo visio est.

FERD. Cuncta quae dicis sic profecto se habent. Videtur sane philosophus ille omni suo tempore viam seu venandi rerum substantiam artem ex ratione elicere studuisse ac nullam quae sufficeret adinvenisse; nam nec ipsa etiam ratio ad id 5 quod rationem antecedit pertingit, minusque omnes a ratione productae artes possunt viam praebere ad id, quod omni rationi est incognitum. Philosophus ille certissimum credidit negativae affirmativam contradicere, quodque simul de eodem utpote repugnantia dici non possent. Hoc autem dixit rationis via 10 id ipsum sic verum concludentis. Quodsi quis ab eo quaesivisset, quid est aliud, utique vere respondere potuisset: non aliud quam aliud est; et consequenter si quaerens adiecisset: quare aliud est aliud? sane quidem, ut prius, dicere valuisset, quia non aliud quam aliud est; et ita non aliud et aliud neque 15 sibi ut repugnantia vidisset contradicere. Atque illud, quod primum principium nominat, pro viae ostensione perspexisset non sufficere ad veritatem, quae supra rationem mente contemplatur.

NIC. Tua equidem dicta laudo addoque, quod alio etiam 20 modo ad veritatem intuendam viam sibi ipse praeclusit; aiebat enim substantiae non esse substantiam nec principii principium, ut supra tetigimus; nam sic etiam contradictionis negasset esse contradictionem. At si quispiam eum interrogasset, numquid in contradicentibus contradictionem vidisset, veraciter se videre 25 respondisset. Deinde interrogatus, si id quod in contradicentibus vidit anterioriter sicut causam ante effectum videret, nonne tunc contradictionem videret absque contradictione, hoc certe sic se habere negare nequivisset. Sicut enim in contradicentibus contradictionem esse contradicentium contradictionem 30 vidit, ita ante contradicentia contradictionem ante dictam vidisset contradictionem, sicut Dionysius theologus deum oppositorum vidit oppositionem sine oppositione. Oppositioni enim ante opposita nihil opponitur. Verum etsi philosophus ille in prima seu mentali philosophia defecerit, multa tamen in rationali 35 ac morali omni laude dignissima conscripsit; quae quoniam praesentis speculationis non sunt, haec de Aristotele dixisse sufficiat.

XX. PETRUS BALBUS PISANUS. Audivi te, pater, cum Ferdinando multa et mihi quidem gratissima contulisse, 40 sed maxime ex Dionysii maximi theologi libellis recitata sum admiratus. Cum enim Proculum illum Platonicum in libro de Platonis divini theologia de Graeco verterem his diebus in

24. »contrahentibus« S.

Latinum, ea ipsa quasi eodem quoque expressionis tenore ac
modo repperi, quam ob rem de Platonica etiam te audire
theologia aliquid cupio.

NIC. Proculum tuum, Petre, Dionysio Areopagita tempore
posteriorem fuisse certum est; an autem Dionysii scripta viderit, 5
est incertum. Sed tu particularius narrato, quo in dicto con-
sentiant.

PETRUS. Sicut Dionysius inquit unum, quod est posterius
uno simpliciter, ita et Proculus Platonem referens asserit.

NIC. Forte sapientes idem omnes dicere voluerunt de 10
primo rerum principio, sed varie id ipsum varii expresserunt.
Plato autem, quem tantopere Proculus extollit, tamquam deus
quidem fuerit humanatus, ad anterius semper respiciens conatus
est rerum videre substantiam ante omne nominabile. Unde
cum rem corporalem divisibilemque ex se subsistere non posse 15
perspiceret nec se ipsam propter debilitatem et fluxibilitatem
suam conservare, ante illam animam, ante animam vero intellectum vidit atque ante intellectum unum. Posterius autem
prioris participatione subsistit. Primum igitur, cuius participatione
omnia id sunt, quod sunt, ante intellectum videtur, cum omnia 20
intellectu nequaquam participent. Intellectus igitur anterius sive
senius se ipso, ut verbis eius utamur, non attingit. Ex quo
Platonem reor rerum substantiam seu principium in mente sua
revelationis via percepisse modo, quo apostolus ad Romanos
dicit deum se illis revelasse, quam equidem revelationem in 25
lucis similitudine capio, quae sese per semet ipsam visui in-
gerit. Et aliter non videtur, neque cognoscitur, quam ipsa se
revelat, cum sit invisibilis, quia est ante et supra omne visibile. Haec Plato in epistolis sic se habere perbreviter exprimit
deum ipsum dicens vigilantissime et constanter quaerenti se 30
demum manifestare, quae Proculus quoque in Parmenidis commentariis resumit. Cum haec igitur vera supponat, animam
inquit, quae quidem omnia posteriora se ipsa contemplans in
se animaliter complicat, ut vivo in speculo cuncta inspicere,
quae eius participant vitam et per ipsam vivunt vitaliterque 35
subsistunt. Et quia illa in ipsa sunt, ipsa in sui similitudine
sursum ascendit ad priora, quemadmodum haec Proculus in
eius recitat theologia.

PETRUS. Declara id, quaeso, quod dixisti, ipsum idem
dicere, scilicet quod tu de non aliud praemisisti. 40

NIC. Faciliter consideranti id ipsum clarescet; namque,
ut ipse ait, omnium causam ab omnibus oportet participari.
Ideo ipsum unum, quod dicit esse ante unum, quod est unum
ab eo, non est aliud, cum eius sit causa; quare causam ipsius

unius quod est ideo unum _nominat, ut non aliud exprimat.
Unde sicut nominat unius quod est causam unum, sic entis
causam ens nuncupat et substantiae substantiam et de omnibus
eodem modo, per quod intelligi datur, omnia quae sunt et
5 nominantur id, quod sunt et nominantur, habere ab omni causa,
quae in existentibus omnibus est id, quod sunt et nominantur,
et non aliud. Vides igitur omnia nomina, quae nominatorum
nomina dicit, antecedere, sicut unum ante unum, quod est et
nominatur unum; ideo causae attribui, ut causam a causato
10 non esse aliud designetur. In omnibus igitur nominibus non
aliud est, quod significatur.

PETRUS. Video, pater, haec dubio carere: sed dum ad li
non aliud me converto, non possum equidem, quid sit, mente
concipere.

15 NIC. Si quidem posses id concipere, haud utique esset
omnium principium, quod in omnibus omnia significaret. Omnis
enim humanus conceptus unius alicuius conceptus est. Verum
ante conceptum non aliud est, quando quidem conceptus non
aliud quam conceptus est. Vocetur igitur ipsum non aliud
20 conceptus absolutus, qui videtur quidem mente, ceterum non
concipitur.

PETRUS. Ipsum ergo non aliud, cum ab aliquo non
sit aliud, sed in omnibus omnia, nonne omni in conceptu
omnia est?

25 NIC. Utique; ideo cum omnis conceptus non aliud quam
conceptus sit, in omni conceptu non aliud est, quodcunque
concipitur, manente sane conceptu, qui ipsum non aliud est in
conceptibili.

XXI. PETRUS. Me certe li quam turbat, quando ipse
30 definiendo dicis: terra non est aliud quam terra; id igitur, ut
explanares, vellem.

NIC. Plane tu quidem vides veram esse hanc terrae definitionem, qua dicitur: terra non aliud quam terra est, hanc
vero falsam: terra est aliud quam terra.

35 PETRUS. Video.

NIC. Veritas definitionis igitur unde dependet?

PETRUS. Adverto plane, quomodo tam in vera, quam
falsa definitione est quam; ideo nequeo ab ipso quam dicere
veritatem dependere, sed ab ipso non aliud potius.

40 NIC. Optime quam igitur non definit; non ergo te per-
turbet.

---

15. »esset« fehlt.
23. »concepto« S.

PETRUS. Quam ob causam apponitur?

NIC. Quia dirigit visum; nam cum non aliud dico non aliud quam non aliud, li quam in non aliud visum simpliciter dirigit, uti ante aliud est; quando autem dico: aliud est non aliud quam aliud, visum dirigit in non aliud, ut est in alio 5 aliud; et cum dico: terra non aliud quam terra est, dirigit obtutum in non aliud, ut est in terra terra et pari de omnibus modo.

PETRUS. Optime sane; nam nunc video ad quaestionem quid est terra, responsum hoc, terram non aliud esse quam 10 terram, mentis aciem explicare, qua mens quidem videt principium omnium per non aliud significatum terram definire, quod est non aliud in terra terram esse. Quodsi quaereretur, cur terra est terra, responderi debet, quia non aliud quam terra. Ideo enim terra est terra, quia ipsius principium seu 15 causa in ipsa ipsa est. Et sic si quaeratur: unde habet terra, quod terra est? dici sane debet ab ipso suo principio seu non aliud id habere; ab eo enim, a quo habet, ut non aliud quam terra sit, habet, quod est terra. Quocirca si quaeratur: a quo habet bonum, quod est bonum? responderi potest a non alio 20 a bono. Nam cum bonum ab alio a bono non habeat, quod sit bonum, necesse profecto est, quod id habeat a non alio a bono; sic terra habet, quod est terra, a non alio a terra et ita de singulis. Hoc modo prioriter omnia in principio, quod non aliud, video; et per non aliud simplicissime et absolute 25 significatur, quia A ab aliquo non est aliud. Ideo causa, exemplar, forma, idea, species et eiusmodi nomina ei per philosophos attribuuntur, quem ad modum ante me videre fecisti.

NIC. Subintrasti, Petre, videsque omnium principium per non aliud significari, ideo non aliud ab aliquo atque in 30 omnibus omnia. Sed tu nunc ad Platonem revertere, cuius utique erat intentio principium, quod omnia est, in omnibus intueri. Unde ille omnia, quae habere se aliter possunt, ut est figura, nomen, definitio ratioque et opinio et talia, quidditatem nequaquam videbat ostendere, cum rerum essentia et 35 quidditas haec omnia praecedat. Anterioriter igitur vidit ad illa, quae alia, instabilia et variabilia, ipsum, quod quidem aliud praecedit, omnium substantiarum substantiam et quidditatum esse quidditatem, quae cum in omnibus omnia sit, illa ipsum est, quod per non aliud significatur. Apud ipsum igitur pri- 40 mum ipsum omnia et ab ipso vidit omnia ut a fonte seu causa et eius gratia emanare.

---

42. eius] »cuius» S.

PETRUS. Haec aperte de se ipso Plato in epistolis scribit, verum adiicit illud, quo omnia prime apud regem primum sunt et apud secundum secunde, tertie vero apud tertium.

NIC. Diversos modos essendi rerum vidit. Nam omnia
5 ante aliud ipsum principium intuitus est simplicissimum, in quo quodlibet, quod in alio aliter, in ipso quidem non aliud cernitur. Quando enim de terra, quam rationis obtutu esse quid aliud a non terra video seu coelo sive igne, me ad intuendum ipsam in principio transfero: ibi ipsam a non terra aliam non
10 video, quia ipsam principium, quod ab aliquo non aliud est, video; non quod ipsam in perfectiori modo quam prius intuear, sed pretiosissimo modo atque verissimo. Tunc enim quodlibet videtur praecisissime, quando non aliud cernitur. Qui enim sic terram videt, quod non aliud ipsam videt, praecisissime
15 intuetur; et hoc est quidditatis ipsius et omnium quidditatem cernere. Namque alia est terrae quidditatis visio, quae intellectu a quidditate aquae aut ignis videtur esse alia, et illa non aliud sequitur, quia ab aliis alia est, et hic essendi quidditatis secundus seu intellectualis est modus. At tertius essendi est modus,
20 quem ad modum per animam hoc ab illo discernentem animaliter attingitur, prout res seu rei quidditas sentitur, quod quidem fortassis dicere voluit Plato aut altius quiddam. Suum enim hoc arcanum et secretum quam breviter et timide Plato patefecit et in paucis suis verbis acutissima multorum ingenia ex-
25 citavit.

XXII. JOANNES ANDREAS ABBAS. Audivi te, pater, et antea saepe et nunc maxime mentis tuae visionem nobis referentem, quodque illam in ipsum primum, quod quidem omnia in omnibus est, dirigis, quo prius quicquam concipi non
30 potest, quod non aliud nominas; et tamen ipsum asseris primum videri ante omne nominabile: quae mihi profecto videntur esse contraria.

NIC. Pater abba, bene tenes audita; sed ipsum non aliud non dico equidem illius nomen, cuius est super omne nomen
35 nuncupatio. Sed de ipso primo conceptus mei nomen per ipsum non aliud tibi patefacio; neque mihi praecisius occurrit conceptum meum exprimens nomen de innominabili, quod quidem a nullo aliud est.

ABBAS. Equidem mirarer, quonam modo ipsum, quod
40 tu vides ante et supra omne aliud, non sit aliud, cum aliud

---

26. »albas« S.
29. »dirigit« S.

ipsi non aliud videatur opponi, nisi pene idem Plato quoque diceret in Parmenide et commentator Proculus hoc dubium enodaret. Et si ibi de uno et altero tam Plato, quam Proculus disserant dicentes impossibile unum ab altero alterum esse, tu autem praecisiori expressione tui conceptus per ipsum non 5 aliud clare me facis intueri non aliud ipsum ab alio aliud esse non posse quocumque nominabili aut innominabili, cum omnia ipsum non aliud ita definiat, ut omnia in omnibus sit. Verum Dionysius ille Areopagita dicebat etiam deum alterum dici, quod quidem negatur in Parmenide. 10

NIC. Meministi, puto, Platonem negare quid rei definitionem attingere, quia quidditati circumponitur, uti etiam Proculus explanat. Unde non fit ita, cum ipsum non aliud se atque omnia definit. Non enim sic ipsum principium quidditativum definit, quasi qui lineis circumpositis triangularem determinat seu definit 15 superficiem, sed quasi superficiem, quae trigonus dicitur, constituat. Sed quod Plato et Dionysius sibi non repugnent atque adversentur, ipse quidem ex hoc vides. Dionysius enim ipsum alterum asserit, veluti communiter dicimus »amicus alter ego«, non sane propter separationem, sed agglutinationem et ad 20 essentiam ut sic dixerim talem, quod in omnibus omnia sit, ut ipse declarat; nec aliud intendit Plato.

ABBAS. Video certe hanc quam asseris definitionem, solum veram et quidditativam, non esse illam, quam Plato mancam et defectuosam dicit, et vehementer demiror, dum magis ad- 25 verto, quomodo hic modus, quanto notior quidem clarior et facilior, tanto ab omni obscuritate ac dubio est remotior atque absolutior. Quocirca cum dubitare nemo queat, quin hae tuae definitiones adeo sint verae, quod veriores esse non possint, in ipsis utique rerum quidditas veraciter elucescit. Sed quid 30 ad evangelium dices, ubi legitur Joannem Baptistam, quo inter natos mulierum nemo est maior, asserere, quod deum nemo vidit unquam, quodque hoc filius dei, qui veritas in eodem nominatur evangelio, revelavit.

NIC. Id ipsum sane aio, ipsum scilicet omni visionis 35 modo invisibilem. Nam etsi quis assereret se ipsum vidisse, is utique nequiret exprimere, quid vidisset. Nam qui est ante visibile et invisibile, quo pacto est visibilis, nisi quia excellit omne visibile, quod sine ipso nihil cernitur? Unde quando ipsum nec coelum, nec a coelo aliud esse video et univer- 40 saliter nec esse aliud, nec ab alio aliud esse: non video ipsum quasi sciens, quid videam. Videre enim illud, quod equidem ad deum refero, non est videre visibile, sed est videre in visibili invisibile. Sicut cum hoc esse verum video, quod nemo

scilicet deum vidit, tunc sane deum video super omne visibile
non aliud ab omni visibili; actualem autem illam infinitatem
omnem excedentem visionem, omnium quidditatum quidditatem, nequaquam visibilem video, cum visibile quidem seu
5 obiectum aliud sit a potentia, deus autem, qui ab aliquo aliud
esse non potest, omne obiectum excedat.

XXIII. ABBAS. Non est mirandum deum creatorem esse
invisibilem, quippe cum mira intellectus opera in civitatum
aedificiis, navibus, artibus, libris, picturis aliisque innumeris
10 videamus, intellectum tamen sensu visus non attingimus; deum
itaque in creaturis suis cernimus, quamvis nobis maneat invisibilis. Sic quidem opera dei sunt coeli et terra, quem nemo
unquam vidit.

NIC. Visus se ipse non videt, licet in alio quod videt se
15 videre attingat. Sed is visus, qui est visuum visus, suum
cernere in alio non attingit, cum ante aliud sit. Cum igitur
ante aliud cernat, in ipsa visione non est aliud videns, aliud
visibile et aliud videre ab ipsis procedens. Quare patet deum,
qui theos quod est a theoro seu video dicitur, visionem illam
20 ante aliud esse, quam non possimus perfectam nisi trinam
videre, quodque ipsum videre infinitum et interminatum in alio
est videre non aliud ab aliquo. Se igitur et omnia unico et
inenarrabili contuitu sapientes deum videre aiunt, quia est
visionum visio.

25 ABBAS. Quis non videret hoc verum, quod tu te iam
videre ostendisti? Nemo profecto negat nisi mentis carens
acumine deum, qui principium ante aliud et omnia est, non
esse privatum visu, qui quidem est ante privationem omnem;
quodsi visu privatus non est, sed a visu theos nominatur, per-
30 fectissimam habet visionem deus se ipsam et omnia perficientem
seu definientem eo modo, quo tu proxime explicuisti. Quod
autem deus habet, hoc ante aliud est. Visus ergo, qui et theos
unitrinus, non alia sane visione sese et alia alia videt, sed ea
visione, qua se, simul et omnia intuetur. Hoc videre definire
35 est. Neque enim videre ab alio motum habet, sicut in nobis
obiectum potentia movet, sed illius videre constituere est,
quem ad modum inquit Moyses deum vidisse lucem bonam et
factam esse. Lux igitur non aliud quam lux est, quae per
visum, qui non aliud est, lux visa est. Ex quo omnia una
40 video ratione non aliud quam id, quod sunt, esse, quia scilicet
visus, qui non aliud est, non aliud a se ipso vidit. Sed reli-
quum est ut te de bono audiam, quod Moyses praemittit in-
quiens: Videt deus, quod esset bonum, et mox creavit.

---

38. »lux, quae per visum est, qui non« S.

NIC. Legisti tu quidem in Parmenidis commentariis deum
bonum dici similiter et unum, quae idem esse, quia illa omnia
penetrant, probat. Ac si diceret: quia deus est omnia in omnibus, hoc ei est attribuendum nomen, quod quidem omnibus
centraliter adesse cernimus. Bonum autem relucet in omnibus. 5
Omnia suum esse diligunt, quia bonum, cum de se ipso amabile
sit bonum atque diligibile. Quando igitur Moyses universi
voluit describere constitutionem, in quo deus se manifestaret,
ad huius constitutionem singula creata bona dicit, ut universum
esset gloriae et sapientiae dei perfecta revelatio. Id igitur, 10
quod ante aliud in se bonum vidit, in universi constitutionem,
quia bonum, pervenit. Deus vero cum ante aliud videret bonum,
ab illo utique aliud ipse non fuit. Quodsi quis bonum solum,
ut est ipsum non aliud, posset intueri ante omne aliud, profecto is intueretur, quod nemo bonus nisi solus deus, qui est 15
ante non bonum. Omnia quippe alia, quia aliud, esse aliter
possent. Idcirco de ipsis bonum ipsum, quod quidem, quia
non aliud aliter esse nequit, minime verificatur. At vero attende,
quomodo principio bonum convenit, quia non bonum praecedit,
et non aliud praecedit aliud et principio convenit: et bonum, 20
quod de principio dicitur, non aliud est; praecisius tamen non
aliud, cum sese bonumque definiat.

ABBAS. Attende, an ita sit, quod bonum non bonum
antecedit, cum secundum Platonem non ens praecedat ens et
affirmationem generaliter negativa dictio. 25

NIC. Cum dicitur non ens praecedere ens, hoc non ens
ente quidem melius est secundum ipsum Platonem, ita etiam
negativa, quae affirmativam praecedit; ideo enim praecedit, quia
melior. Verum non bonum bono non est melius, quocirca
secundum hoc bonum antecedit, et solus deus bonum est, cum 30
bono nihil sit melius. Bonum vero, quia aliud videtur a non
bono, non est praecisum nomen dei. Et ideo negatur a deo,
sicut etiam alia omnia nomina, cum deus nec a bono, nec a
non bono aliud sit, neque denique ab omni nominabili. Quare
significatum li non aliud praecisius in deum, quam bonum, dirigit. 35

XXIV. ABBAS. Video nunc planissime, cur magister
veritatis aiebat solum deum bonum. Sed tu, pater, unum
adhuc, quaeso, adiice, quam ob causam idem magister deum
spirituum spiritum dicat, et tibi molesti esse desinemus.

NIC. Spiritum quidem esse deum inquit, quia, sicuti 40
corpus, loco non clauditur, cum incorporeus sit. Incorporeum

---

25. »dictio« fehlt.
40. »spiritum« fehlt.

enim ante corporeum, illocale ante locale, incompositum est
ante compositum. Quid enim omni in composito nisi simplex
dumtaxat cernitur seu incompositum? Compositum enim de
se suum principium incompositum dicit. Nam si in composito
5 compositum videretur et in illo composito item compositum,
unum utique magis compositum esse et aliud minus oporteret.
Ad incompositum tandem deveniretur, cum ante compositum
sit componens. Nihil enim compositum se ipsum composuit.
Erit ergo componens incompositum, quod ante partem et ante
10 totum est et ante universum et ante omne, in quo anterioriter
seu incomposite omnia sunt. Non igitur in compositis nisi
incompositum dumtaxat videtur. Sic mens ante compositam
lineam incompositum punctum contemplatur. Punctus enim
signum est, linea vero signatum. Quid autem videtur in signato
15 nisi signum, quippe signum est signati signum? Ideo principium, medium et finis signati est signum seu lineae est
punctus seu motus est quies sive temporis est momentum et
universaliter divisibilis indivisibile. Non video autem indivisibile in divisibili quasi eius partem, quia pars totius pars est,
20 sed ipsum indivisibile ante partem et totum video in divisibili
et ipsum non aliud ab ipso video. Si enim ipsum non cernerem, nihil penitus cernerem. Ultra ergo cum aliud in ipso
video, non nisi non aliud video. Deus igitur est spirituum
spiritus, qui per ipsum non aliud cernitur ante omnem spiritum.
25 Quo sublato nec spiritus, nec corpus, nec quicquam potest
manere nominabile. Sicut frigiditas propter suam invisibilitatem
activitatemque, quae in frigido seu glacie sentitur, dici spiritus
potest, qua sublata esse glacies desinit — subtracto enim spiritu
congelante seu glaciente, cessat et glacies — sic cessante spiritu
30 connectente in compositis compositum cessat, et cessante spiritu
essentiante cessat ens, et cessante spiritu discernente sive dis-
cretiante aut, ut praecisius exprimam, non aliante omnia pariter
cessant. Spiritus enim, qui omnia in omnibus operatur, per
quem quodlibet est non aliud quam est, per me non aliud
35 nominatur. Ille spirituum spiritus est, cum omnis spiritus non
aliud quam spiritus sit; ille spiritus non nisi in spiritu seu
mente in veritate conspicitur. Solus enim ille rationalis creaturae spiritus, quae mens dicitur, veritatem potest intueri. In
ipsa autem veritate videt spiritum, qui est spiritus veritatis, qui
40 quidem omnia veraciter efficit id esse, quod sunt; et sicut
ipsum videt, ita etiam ipsum adorat, in spiritu scilicet et
veritate.

---

11. »incomposita« S.

ABBAS. Duxisti me, pater, in spiritum, quem omnium creatorem video, ut propheta vidit, qui ad creatorem dixit: Emitte spiritum tuum et creabuntur, ac si desiderans glaciem emitti spiritum peteret spirantem glaciationem, ita ultra de omni desiderato; atque ut nostrum spiritum videam illius imaginem 5 spiritus. Etenim spiritus ille, qui de sua virtute ad omnia pergit, omnia scrutatur et creat omnium notiones atque similitudines; creat, inquam, quoniam rerum similitudines notionales ex alio aliquo non facit, sicut nec spiritus, qui deus, rerum quidditates facit ex alio, sed ex se aut non alio; ideo sicut ab aliquo 10 creabili non est aliud, ita nec mens est aliud ab aliquo per ipsam intelligibili. Bene etiam in una video mente a corpore magis absoluta perfectius spiritum relucescere creatorem et praecisiores creare notiones. Sed quoniam tui propositi non est nisi nos tecum rapere et ducere ad visionis primi viam, quod 15 omnia in omnibus est, quia in via alius alio citius currit, ut comprehendat, idcirco te deinceps sinam amplius conquiescere. Sufficit enim nobis directio tua, qua nos nisus es dirigere ad ipsum principium, quod sese et omnia definit, hactenus ab omnibus quaesitum semperque quaerendum in posterum; con- 20 tentamur sane de via, quam tu nobis per ipsum non aliud revelasti. Et ego tibi pro omnibus immortales gratias ago agemusque semper, quoad usque facie ad faciem deum deorum in Sion semper benedictum videbimus.

Propositiones

eiusdem reverendissimi patris domini Nicolai cardinalis
de virtute ipsius non aliud.

Prima propositio. Definitio, quae se et omnia definit, ea
est, quae per omnem mentem quaeritur.

Secunda. Quisquis videt verissimum esse, quod definitio
est non aliud quam definitio, is etiam videt ipsum non aliud
5 definitionis esse definitionem.

Tertia. Qui videt, quod non aliud est non aliud quam
non aliud, videt non aliud definitionis esse definitionem.

Quarta. Qui videt ipsum non aliud definire se et definitionem omnia definientem, is ipsum non aliud videt non esse
10 aliud ab omni definitione et ab omni definito.

Quinta. Qui videt ipsum non aliud principium definire,
cum principium sit non aliud quam principium, ipsum non
aliud videt principium esse principii, sic ipsum quoque videt
medium medii et finem finis et nomen nominis et ens entis
15 et non ens non entis atque ita de omnibus ac singulis quae
dici possunt aut cogitari.

Sexta. Qui videt, quomodo ex eo, quod non aliud se
ipsum definit, ipsum non aliud est non aliud ipsius non aliud,
et quomodo ex eo etiam, quod omnia definit et singula, est
20 in omnibus omnia et in singulis singula: ille quidem videt ipsum
non aliud esse aliud ipsius aliud et videt non aliud ipsi aliud
non opponi, quod est secretum, cuius non est simile.

Septima. Qui videt, quomodo subtracto ipso non aliud
non remanet nec aliud, nec nihil, cum non aliud sit nihil
25 ipsius nihil: ille sane videt ipsum non aliud in omnibus omnia
esse et nihil in nihilo.

Octava. Non est possibile quicquam in hominis cogita-
tionem posse venire absque ipso non aliud, cum sit cogitationum

cogitatio. Et licet ipsum non aliud non sit aliud a cogitatione de se ipso cogitante, non est tamen ipsa cogitatio, cum cogitatio non sit non aliud simpliciter, sed non aliud quam cogitatio; neque ipsum non aliud aliter se habet in omnibus quae dici possunt.

Nona. Quicquid mens videt, sine ipso non aliud non videt. Non enim videret aliud, si non aliud non foret ipsius aliud aliud. Sic nec ens cerneret, si non aliud non foret ipsius entis ens et ita de omnibus quae dici queunt. Ita videt mens omne aliud per aliud, quod non aliud, quasi sit etiam alia omnia. Aliam enim videt veritatem per veritatem, quae non aliud; aliam rationem per rationem, quae non aliud. Igitur quodlibet aliud prioriter non aliud videt. Et eodem modo videt omnia et nomen et quidditatem et alia quaecunque habent ab ipso non aliud habere.

Decima. Qui videt finitum non aliud quam finitum et infinitum non aliud quam infinitum, pari modo de visibili et invisibili, de numerabili quoque et innumerabili, mensurabili et immensurabili, conceptibili et inconceptibili, imaginabili et inimaginabili, intelligibili et inintelligibili et ceteris talibus: ille videt deum per non aliud significatum nec finito nec infinito finibilem, nec mensura mensurabili nec immensurabili mensurabilem, nec numero numerabili nec innumerabili numerabilem, ita nec conceptibilem, nec imaginabilem, nec intelligibilem, nec nominabilem nomine nominabili nec nomine innominabili, licet a nullo omnium illorum et aliorum quae dici possunt nec in ipsis aliud sit.

Undecima. Qui videt, quomodo ipsum non aliud se definiendo omnia definit, ille videt, quomodo ipsum est omnium adaequatissima mensura, maiorum maior, minorum minor, aequalium aequalis, pulchrorum pulchra, verorum vera et vivorum viva mensura, et de omnibus eodem modo.

Duodecima. Qui videt, quomodo ipsum non aliud sui et omnium est definitio et definitum, ille in omnibus quae videt non nisi non aliud videt se ipsum definiens. Nam quid videt in aliud nisi non aliud sese definiens? Quid aliud in coelo quam non aliud se ipsum definiens? Et de omnibus eodem modo. Creatura igitur est ipsius creatoris sese definientis seu lucis, quae deus est, se ipsam manifestantis ostensio, quasi mentis se ipsam definientis propalatio, quae praesentibus fit per vivam orationem et remotis per nuntium aut scripturam. In quibus ostensionibus mentis non est aliud nisi mens sese

definiens, se clarissime et vivaciter per propriam orationem
audientibus manifestans, remotis per legatam orationem, remo-
tissimis per scriptam.   Ita ipsum non aliud mentis se in
primis quidem creaturis clarius, in aliis vero occultius ostendit.
5   Tertia decima. Qui videt, quomodo li non aliud, quod est
ipsius non aliud non aliud, relucet in aeterno, ubi est aeternae
aeternitatis aeternitas, et in vero, ubi veritatis est veritas, et
in bono, ubi bonae bonitatis est bonitas, et ita in reliquis: ille
in omnibus deum videt se ipsum definientem unitriniter relu-
10 cere. Nam unitrinum non aliud in uno est unius unitatis
unitas et in ente entis entitatis entitas et in magnitudine magnae
magnitudinis magnitudo et in quanto quantae quantitatis quantitas et ita de ceteris.
      Quarta decima.   Qui videt in alio non aliud aliud, is
15 videt in affirmatione negationem affirmari; et qui deum videt
ante affirmationem et negationem, ille deum videt in affir-
mationibus, quae de ipso per nos fiunt, non esse negativam,
quae affirmatur, sed affirmationis affirmationem.
      Quinta decima. Qui videt in alio non aliud aliud, ille videt
20 in calefacto non calefactum calefactum et in frigefacto non frigefactum frigefactum et in formato non formatum formatum et
in facto non factum factum et in divisibili indivisibile divisibile
et in composito incompositum compositum et generaliter in
affirmato non affirmatum affirmatum, et videt negativam tale
25 principium affirmationis, quod ea sublata sublata est affirmatio.
Negationes igitur dirigunt visum mentis in quid, affirmationes
autem in tale quid.
      Sexta decima.   Qui videt, quomodo negationes, quae
mentis visum in quidditatem dirigunt, sunt priores affirmatio-
30 nibus, ille videt omne nomen significare tale quid; nam corpus
non significat quidditatem, quae incorporalis est, sed talem
scilicet corpoream, sic terra terrestrem et sol solarem et ita
de omnibus. Nomina igitur omnia ex aliquo sensibili signo
impositionem habent significativam, quae signa sequuntur rerum
35 quidditatem. Non igitur ipsam, sed talem significant. Mens
autem ipsam anterioriter contemplans vocabulum negat esse
proprium ipsius, quam videt quidditatem.
      Septima decima. Videt mens, quomodo ipsum non aliud
est actus ipsius actus et ipsius maximi maximum et ipsius
40 minimi minimum. Et ideo videt actum purum, qui purior esse
non potest, nunquam fuisse in potentia; nam per puriorem
actum in actum devenisset. Quare videt omnia, quae alia esse
possent, semper posse alia esse et ideo in recipientibus magis
seu maius nunquam deveniri ad actum maximum, quo maius

esse nequit, et quae aliud esse possunt, quia nunquam ad ipsum non aliud attingunt, semper possunt esse aliud.

Octava decima. Qui videt, quomodo non aliud, quod est aliud ipsius aliud, non est ipsum aliud, ille videt aliud ipsius aliud, quod est aliud aliorum; sic aequalis videt aequale, 5 quod aequalium est aequale; et bonum ipsius boni, quod est bonum bonorum et ita· de omnibus. Ille sane videt, quomodo non aliud, quod est aliud ipsius aliud, non participatur per ipsum aliud, quia ab ipso non est aliud, sed in ipso ipsum, sed aliud ab aliis participatur; sic de aequali et bono et ceteris. 10 Bonum igitur, a quo non aliud non est aliud, ab omnibus aliis bonis participatur et in aliis aliter. Nunquam igitur duo aeque bona aut aeque aequalia, quae meliora esse non possint aut aequaliora, de similibus eodem modo. Oportet enim omne aliud ab alio esse aliud, cum solum non aliud sit non aliud 15 ab omni alio.

Nona decima. Qui videt, deum non esse aliud nec ab omni eo quod intelligit, nec ab omni eo quod intelligitur: ille videt deum dare intellectui, quod est non aliud quam intellectus intelligens, et intelligibili, quod est non aliud quam intelligibile 20 ab intellectu, et quod intellectus intelligens non sit aliud ab intellecto. Ipsum igitur non aliud clarius relucet in intellectu, qui non aliud est ab intellecto, sicut scientia non aliud a scito, quam in sensibus. Visus enim non sic clare non aliud est a viso et auditus ab audito. Intelligentiae autem, in quibus 25 clarius ipsum non aliud relucet, citius et clarius intelligibilia, a quibus minus sunt alia, intelligunt. Hoc est enim intelligere, scilicet intelligibilia a se non alia facere, sicut lumen illuminabilia citius non alia a se facit, quando est intensius. Relucere autem videtur ipsum non aliud in omnibus, quando 30 constat, quod omnia se in omnibus nituntur definire. Sicut calor omnia nititur calida talia facere, ut ipse sit non aliud ab ipsis et se in omnibus definiat, sic intellectus, ut omnia sint intellectus et se in omnibus definiat; ita et imaginatio et omnia cetera. 35

Vicesima. Quando mens considerat non calidum calefieri et frigidum calefieri, per intellectum attingit non calidum, per sensum frigidum et videt non esse idem, quando per diversas potentias attingit. Et dum considerat non frigidum per mentem videri, sicut non calidum, ac quod non calidum potest calefieri 40 et non frigidum frigefieri, et quod frigidum potest calefieri et calidum frigefieri: videt, quomodo idem est non calidum et non frigidum et dicitur non calidum, quia, licet non sit actu calidum, potest tamen calefieri, et sic dicitur non frigidum,

quia, licet non actu frigidum, potest tamen frigefieri. Ideo
cum actu est calidum, adhuc manet potentia frigidum et, cum
actu est frigidum, manet potentia calidum. Potentia autem non
quiescit, nisi sit actu, cum sit finis et perfectio eius, alias
5 frustra foret potentia. Ideo non foret potentia, cum nihil sit
frustra. Quia autem potentia se ipsam non producit in actum —
hoc enim repugnat — ideo est motor necessarius, qui potentiam
ad actum moveat. Ita videt mens naturam et naturalem motum
et ipsum non aliud naturae naturam in se ipsa relucentem.